生涯规划与人生设计

张 晶 主编

清华大学出版社
北京

内容简介

本书以生涯经典理论为指导，基于学生身心发展规律、生涯发展特点和实际发展需要，系统地阐述与大学生生涯发展密切相关的七大主题，旨在帮助大学生提升生涯认知，合理进行生涯决策，有效进行生涯行动。全书共七章，第一章整体介绍生涯的相关概念，引导学生对生涯有更深入的理解，在此基础上激发学生的生涯发展意识，促进其生涯觉醒；第二章至第四章围绕自我认知的三大经典内容(兴趣、技能和价值观)进行介绍，对多种探索活动进行梳理，并结合笔者教学、咨询等工作案例进行具象介绍；第五章主要对职业世界进行介绍，引导大学生形成"行企职"的职业认知框架，并介绍职业世界探索的方法；第六章主要是引导大学生科学理性决策，并介绍生涯决策常用的方法和工具；第七章聚焦于生涯行动和管理，比较有特色的是分成学业生涯管理和职业生涯管理两个阶段进行介绍。

本书可以作为高等院校生涯规划课程的教材，也可以作为大学生进行生涯规划的参考书。

本书封面贴有清华大学出版社防伪标签，无标签者不得销售。

版权所有，侵权必究。举报：010-62782989，beiqinquan@tup.tsinghua.edu.cn。

图书在版编目(CIP)数据

生涯规划与人生设计 / 张晶主编. —北京：清华大学出版社，2023.3
ISBN 978-7-302-62820-0

Ⅰ. ①生… Ⅱ. ①张… Ⅲ. ①大学生—职业选择 Ⅳ. ①G647.38

中国国家版本馆 CIP 数据核字(2023)第 028765 号

责任编辑：王　定
封面设计：周晓亮
版式设计：思创景点
责任校对：马遥遥
责任印制：沈　露

出版发行：清华大学出版社
网　　址：http://www.tup.com.cn，http://www.wqbook.com
地　　址：北京清华大学学研大厦 A 座　　邮　编：100084
社 总 机：010-83470000　　邮　购：010-62786544
投稿与读者服务：010-62776969，c-service@tup.tsinghua.edu.cn
质 量 反 馈：010-62772015，zhiliang@tup.tsinghua.edu.cn

印 装 者：北京同文印刷有限责任公司
经　　销：全国新华书店
开　　本：185mm×260mm　　印　张：16.5　　字　数：341 千字
版　　次：2023 年 5 月第 1 版　　印　次：2023 年 5 月第 1 次印刷
定　　价：59.80 元

产品编号：086201-01

前　言

深入学习贯彻习近平总书记系列重要讲话精神，落实立德树人根本任务，准确掌握大学生群体的特征和个体特点，努力形成更高水平的人才培养体系，是有序推进新形势下高校教育工作改革创新的逻辑起点。近些年，随着国家新高考制度改革的实施，以及对一流大学和一流学科建设的深入推进，高校生涯教育作为一种综合性教育活动，在深化新时代教育领域综合改革、完善育人体系、创新思想政治工作载体、满足学生多元发展需求、促进人的全面发展和终身发展方面发挥着越来越重要的作用。很多教育主管机构、学校、教育研究者和实践者纷纷加入生涯教育研究大潮，不断探索中国特色社会主义生涯教育体系，以帮助大学生正确认识自我，探索外部世界，顺利实现学涯和职涯目标，加速与社会的有效衔接。可见，生涯教育无论是作为教育理念还是作为教育实践，都在给高校人才培养供给侧结构性改革注入新的活力和动力。

近些年，作为高校生涯教育工作实践者，笔者有幸参与其中，获得了教育部人文社会科学研究专项任务项目(高校辅导员研究)建设项目"大思政"视野下高校生涯教育一体化实践模式研究(项目编号：21JDSZ308)，这确保笔者能够深入、深刻且持续地参与高校生涯教育工作体系、内容、路径、队伍等方面的研究和实践。这些年的工作体会是：课程教学、咨询辅导、实践活动、测评调查和科学研究等都是非常有效的手段，但生涯课程起着主途径作用，掌握着主阵地，其价值意义不仅在于生涯课程本身内容和目标价值的实现，还在于在整个生涯教育体系中发挥着基础性和前提性的作用。然而，我们也需清醒地看到，由于受到教学传统、工作定位、师资力量、课程设置和课时数量等多种限制性因素的影响，不少地区和学校的生涯课程仍然缺乏专业性、系统性和持续性，实施效果也不甚理想。在此基础上，笔者总结了近十年的一线教学经验，并参考了众多理论者和实践者的研究成果，将思考所得撰写成《生涯规划与人生设计》一书，争取为一线教师和学生提供一些经验。

本书基于生涯规划和人生设计两种思维，以经典的生涯理论为基础。全书共包括七章，第一章认识生涯规划：促进生涯觉醒；第二章评估人生兴趣：表达真实自我；

第三章评估自身技能：发挥个人优势；第四章确定核心价值：强化平衡能力；第五章探索职业世界：拓展发展空间；第六章科学决策行动：果断自主选择；第七章强化生涯管理：实现人生价值。每一章包括三个方面的内容：一是理论知识。详细介绍生涯发展的相关概念和理论，为开展生涯教育活动提供理论依据。二是工具方法。详细介绍相关的生涯探索方法和工具，为师生自我认知和外部探索提供工具参考。三是案例经验。结合各个主题知识，介绍相关的真实教学和咨询案例，意图为抽象的知识点提供具象化的表达方法。

本书集理论与实务于一体，兼具知识性和工具性，体现时代性和创新性，意图解答师生的生涯发展困惑，满足持续性的成长需要。在编写过程中，笔者参考借鉴了国内外部分专家学者的研究成果，在此向原作者表示感谢。当然，由于能力有限，本书难免有不足之处，恳请各位专家与读者批评指正。

编　者

2023 年 3 月

目　录

第一章　认识生涯规划：促进生涯觉醒 …… 1
第一节　初识生涯 …… 2
一、生涯的基本概念 …… 2
二、生涯的四个层次 …… 9
三、生涯的四个维度 …… 10
四、职业生涯与职业生涯规划 …… 24
第二节　人的生涯发展 …… 26
一、生涯发展的基本概念 …… 27
二、生涯发展的阶段 …… 28
三、影响生涯发展的因素 …… 31
第三节　促进生涯觉醒 …… 32
一、生涯意识 …… 32
二、生涯任务 …… 33
三、生涯觉醒的意义 …… 41
四、生涯觉醒的标志 …… 42
五、生涯觉醒的三个层次 …… 44
六、生涯觉醒的操作方法 …… 45
思考题 …… 57

第二章　评估人生兴趣：表达真实自我 …… 58
第一节　兴趣与职业兴趣 …… 59
一、兴趣的定义 …… 59
二、兴趣的层次 …… 61
三、从兴趣到职业兴趣 …… 63
第二节　霍兰德的职业兴趣理论 …… 66
一、理论来源 …… 66
二、基本原则 …… 67
三、理论观点 …… 67
四、六大类型的关系 …… 71
五、霍兰德代码 …… 73
第三节　发现自己的职业兴趣 …… 81
一、兴趣的主要探索方法 …… 81
二、常用兴趣探索工具介绍 …… 82
思考题 …… 104

第三章　评估自身技能：发挥个人优势 …… 105
第一节　技能概述 …… 106
一、技能的定义 …… 106
二、技能的分类 …… 108
三、技能的应用 …… 122
四、技能的五种设计模式 …… 125
第二节　技能的探索 …… 126
一、技能的主要探索方法 …… 127
二、常用技能探索工具介绍 …… 127
思考题 …… 133

第四章　确立核心价值：强化平衡能力 …… 134
第一节　价值观概述 …… 135

一、价值观的定义 …………… 135
　　二、价值观的分类 …………… 136
　　三、价值观的表现形式 ……… 138
　　四、价值观的作用 …………… 139
　　五、职业价值观及其分类 …… 140
　　六、价值观的形成与修炼 …… 141
　　七、价值观的培养 …………… 143
　　八、价值观的澄清 …………… 144
第二节　价值观的探索 ………… 147
　　一、价值观的主要探索方法 … 148
　　二、常用价值观探索工具
　　　　介绍 ……………………… 149
思考题 ……………………………… 166

第五章　探索职业世界：拓展发展空间 …………………… 167
第一节　认识职业世界 ………… 168
　　一、了解职业 ………………… 169
　　二、了解行业 ………………… 174
　　三、了解组织 ………………… 176
　　四、了解职能 ………………… 180
第二节　探索职业世界 ………… 184
　　一、职业信息的内容 ………… 184
　　二、职业信息的探索分类 …… 185
　　三、职业世界的探索方法 …… 186
　　四、常用职业世界探索活动
　　　　介绍 ……………………… 189
思考题 ……………………………… 192

第六章　科学决策行动：果断自主选择 …………………… 193
第一节　生涯决策概述 ………… 194
　　一、生涯决策的概念 ………… 194
　　二、影响生涯决策的因素 …… 195

　　三、生涯决策风格 …………… 196
　　四、生涯决策制定者的类型 … 199
　　五、决策困难的等级 ………… 201
第二节　生涯决策的理论 ……… 203
　　一、主要假设 ………………… 204
　　二、理论模型 ………………… 204
　　三、决策程序 ………………… 205
　　四、决策信念 ………………… 208
第三节　生涯决策的探索 ……… 210
　　一、生涯决策的主要探索方法 … 210
　　二、常用生涯决策工具介绍 … 211
思考题 ……………………………… 225

第七章　强化生涯管理：实现人生价值 …………………… 226
第一节　职业生涯管理概述 …… 227
　　一、职业生涯管理的概念 …… 227
　　二、新的生涯发展形态 ……… 228
第二节　学业生涯管理 ………… 230
　　一、学业生涯的发展模式 …… 231
　　二、学业生涯的发展阶段和管理
　　　　重点 ……………………… 233
　　三、学业生涯的管理步骤 …… 236
第三节　职业生涯管理 ………… 248
　　一、职业生涯的发展模式 …… 249
　　二、职业生涯的发展阶段和管理
　　　　重点 ……………………… 249
　　三、职业生涯的管理步骤 …… 251
　　四、职业发展通道的主要模式 … 252
　　五、职业生涯的发展模式 …… 254
思考题 ……………………………… 255

参考文献 …………………………… 256

第一章
认识生涯规划：促进生涯觉醒

本章作为全书首章，具有"绪论"或"引论"性质，从内容上看，可以为后续章节提供知识锚点，具有前提性的意义。从意义上看，唤醒学生生涯发展意识，引导学生初步思考生涯发展方向，激发学生对后续章节的学习动机。本章内容包括两个方面：一是生涯与生涯规划的相关内容，包括职业生涯规划的相关概念，生涯规划的意义和步骤，引导学生认识生涯规划的影响因素，帮助学生理解生涯规划的内涵、了解生涯规划的基本思路；二是生涯觉醒的相关内容，包括生涯意识、生涯任务(环境、角色和事件)，生涯觉醒的意义、标志和层次，唤醒学生生涯发展意识，明确学习者、工作者和生活者三种角色及角色分配(构成生涯模式)，以及与未来职业生涯的关系，激发学生关注自身职业发展，逐步确立长远而稳定的发展目标，增强其学习的目的性、积极性和主动性。

第一节　初识生涯

谈起"生涯",似乎每个人都能说上两三句,如"生涯就是人生""生涯就是找工作""生涯就是职业生涯""生涯就是职业规划"等。但无论是在人们的头脑中,还是在生活实践中,人们对该概念的理解都无法达成一致。"生涯"一词,就其特性来看,是一个与我们"如影随形"但我们又对其"熟视无睹"的名词。人们对"生涯"有各种各样的理解,似乎穿着同一件"生涯外衣",但却表达着不同的内涵。如果不能达成对"生涯"概念理解上的一致,就会导致人们在认知上的失调和应用上的茫然,甚至出现"鸡同鸭讲"的尴尬局面。另外,形成对"生涯"这一概念内涵和外延上最本质的理解,是学生个体自我意识的一种表达,也是学生对生涯认知的思维体系中最基本的构筑单元,具有前提性和基础性意义,所以我们的首要任务是认识生涯及其相关概念。

一、生涯的基本概念

目前大家普遍接受的关于生涯(career)的定义是著名学者舒伯提出的。他将生涯定义为:生涯是生活中各种事件的演进方向和历程,统合了人一生中的各种职业和生活角色,由此表现出个人独特的自我发展形态。生涯是人自青春期后至退休一连串有酬职位或无酬职位的综合,除了职业之外,还包括任何与工作有关的角色,如学生、退休者,甚至包括家庭和公民的角色。也就是说,生涯是对一个人终生经历的所有职位的整个历程。这个定义具有四大关键特性。

(1)"生涯"的"时间性"。生涯纵贯人一生的发展,这是一种广义的生涯,它告诉我们生涯的发展不仅是现在的发展,也是过去的延续,更是对未来的预先准备。生涯发展是一个连续不断的过程,是各种经历的连续演进。这对我们的生涯启示是,要从"时间线"的长度看待自身发展,既要从过去汲取营养、消弭创伤,又为未来灌装动力、明确方向,还要在现在提取意义、莫负时光。

(2)"生涯"的"空间性"。生涯不仅包括"工作"和"职业",与职业高度相关的生活角色、学习角色也属于生涯范畴。生涯是一个社会成员一生中所从事的各种职业与所扮演的各种生活角色的有机整合。这对我们的生涯启示是,要看到角色的丰富性,了解不同角色之间的关系,澄清主要角色,避免角色超载、角色模糊和角色混乱。

(3)"生涯"的"方向性"。生涯不是标量,而是矢量。生涯是生活中各种事件的演进方向和历程,正因为它的方向性,我们才可以进行诸如学业和职业生涯的规划,我们的课程教学、生涯咨询等载体才具有有效性和可能性。这对我们的生涯启示是,要看到生涯发展的可能性，积极地做好当下，做好积累，坚持长期主义，为未来重仓。

(4)"生涯"的"独特性"。生涯是指一个人所拥有的教育背景、工作经历、家庭、生活角色等各种经历和经验的整合。这些差异促使每个人的生涯呈现出独特的发展形态及不同的生涯发展模式，每个生涯发展模式的角色量和时间分布也各不相同。如果用"生命线"技术拟合出一个人的"发展形态"，那必然"姹紫嫣红""千奇百怪""各有千秋"。这对我们的生涯启示是，要看到个体的独特性和差异性，基于自身优势进行个体化的生涯设计。

当然，由于时代背景的差异和个人所处环境的不同，关于"生涯"的定义，不同的学者有不同的观点(表1-1)。例如，沙特尔认为，生涯是指一个人在工作生活中所经历的职业或职位的总称。他将生涯的概念界定在"职业生涯"的范围；舒伯在1957年的观点也基本验证了沙特尔的观点，他们都认为生涯指职业生涯，但是前者的观点偏静态，后者赋予了职位的连续性；麦克弗兰德也在职业生涯的范畴内界定生涯的概念，但是其增加了教育学业活动，强调了生涯从学业到职业的过程性；霍德和班那兹将生涯概念的外延进行了拓展，将跨入职业领域之后的非职业性活动或休闲活动均纳入生涯范畴，是一种偏广义的生涯概念；霍尔将生涯的时间概念拉长为"一生"，但主要内容仍然只包括职业；1976年舒伯丰富了自己的观点，强调生涯是一个社会成员一生中所从事的各种职业与所扮演的各种生活角色的有机整合，将生涯从时间上界定为"一生"，将内容界定为职业以及职业之外的生活、学习等多种角色，这个观点后来得到麦克丹尼尔斯、希利、韦伯斯特、金树人、张小凤、吴其仪、沈之菲、南海、杨佩琳、田秀兰等人的认同。综合各家观点，形成对生涯的基本理解：一是与时间的跨度有关，基本上从一生到限定在特定职业时空；二是与内容的丰富度有关，要么是以职业内容为主，要么加入学习或者生活等职业之外的角色。而对这两个维度的不同理解构成了广义生涯和狭义生涯的概念。

表1-1 不同学者关于"生涯"的不同观点

年份	代表人物	主要观点
1952	沙特尔	生涯是指一个人在工作生活中所经历的职业或职位的总称
1957	舒伯	生涯是指个人终生经历的所有职位的整个历程
1969	麦克弗兰德	生涯指一个人依据心中的长期目标所形成的一系列工作选择，以及相关的教育或训练活动，是有计划的职业发展历程
1972	霍德和班那兹	生涯包括个人对工作世界职业的选择与发展，对非职业性或休闲活动的选择与追求，以及在社交活动中参与的满足感
1976	霍尔	生涯是指人终其一生，伴随工作或职业的有关经验与活动

(续表)

年份	代表人物	主要观点
1976	舒伯	生涯是生活中各种事件的演进方向和历程，它统合了人一生中的各种职业和生活角色，由此表现出个人独特的自我发展形态。生涯确定并阐述了个体所涉及的各种角色、所处的各种环境以及在生活中所经历的各种有计划或者非计划的事件
1978	麦克丹尼尔斯	生涯指一个人终其一生所从事的工作与休闲活动的整体生活形态
1982	希利	生涯是指一个人在职前、就职中甚至退休后与工作有关的经验与态度
1986	韦伯斯特	生涯指个人一生中的职业、社会与人际关系的总称，即个人终身发展的历程
1987	金树人	生涯指人一生中所扮演的系列角色和职位
1989	张小凤	生涯是指一个人所有的教育背景、工作情况，甚至家庭，还有他的生活角色，各种经验的整合
1996	吴芝仪	生涯是一种有关生活风格的概念，包括个人在一生中所从事的一系列与工作有关的活动
2000	沈之菲	生涯可以理解成介于生命与职业之间的概念，它的外延并未达到与生命等同，但也未小到与职业等义，其内容是比较宽泛的，具有丰富的内涵与特性
2003	林幸台、田秀兰和张小凤等	生涯涵盖个人一生当中在家庭、学校、工作及社会各方面的活动与经历，其发展跨越整个人生，是一个持续不断的历程，个人在此发展历程中将逐渐塑造出独特的生活形态
2006	南海	所谓广义的生涯，是指社会个体在其整个生命活动的时空中所经历的以接受教育(培训)与职业转换为主轴的一切活动的总和。所谓狭义的生涯，既可以指社会个体在其某一段生命活动的时空里所经历的以教育(培训)与职业转换为主轴的一切活动的总和，也可以指社会个体在其某一段生命活动的时空里所经历的以非教育(培训)与职业转换为主轴的一切活动的总和。时空是生涯存在的形式，以教育(培训)与职业转换为主轴的一切活动是生涯的主要内容(不是唯一的内容)
2007	杨佩琳	生涯的定义不只是一生的职业，其他非职业层面也都包含在生涯中，逐渐形成个人的生活形态与发展历程
2015	田秀兰	生涯指个人一连串职业的组合，也指个人一生的发展历程。生涯既有个人的独特性，也有与他人类似的共同性

第一章
认识生涯规划:促进生涯觉醒

另外,生涯容易与工作、职业、生涯规划、职业规划、职位、行业、职能等词语混淆,从概念和学科的意义上,这些词语的用法是不一样的,在使用上要加以区分,然后在通用意义上去理解与应用即可。为了帮助大家理解,我们整理了与"生涯"相关的词汇表(表1-2),大家可以根据实际情况"互换使用"或者在同等意义上使用,但也要注意,每个词语的意义略有不同。

表1-2 与"生涯"相关的词汇

序号	术语	英文	定义
1	任务	task	任务通常指工作任务,是需要具体完成的工作事项
2	职位	job	职位指由工作者执行的一组特定的任务,大多时候和"岗位"通用,是一系列工作/任务的集合。职位强调的是以"事"为中心,而不是担任该职位的"人"
3	职业	vocation	职业指个人所从事的服务于社会并作为主要生活来源的工作。根据中国职业规划师协会的定义:职业=职能×行业。职业包含生产、加工、制造、服务、娱乐、政治、科研、教育、农业、管理十个方向,具有规范性、功利性、技术性和时代性的特征(参考《中华人民共和国职业分类大典》)
4	工作	work	工作一般指一项具体的任务,并且范围可大可小,需根据具体情况和需要来确定,如你做什么工作?我做辅导员(指"职业"),你在做什么工作?写工作总结(指"工作任务")
5	职能	competency	职能指人、事物、机构所应有的职责与功能(作用),通常是一组知识、技能、行为与态度的组合,能够帮助提升个人的工作成效,进而带动企业对经济的影响力与竞争力。职能包括核心职能、专业职能、管理职能和一般职能
6	职责	duty	职责通常指工作职责,是指在工作中所负责的范围和所承担的相应责任,以及达到岗位要求的标准,完成上级交付的任务。职责是职位上必须承担的工作范围、工作任务和工作责任,如办公室文书岗位职责、办公室公文处理工作职责
7	职务	post	职务指职位规定应该担任的工作,如党委书记职务、总经理职务、兼任了××等社会职务
8	行业	industry	行业指从事国民经济中同性质的生产或其他经济社会的经营单位(个体)的组织结构体系,如林业、汽车业、银行业等

(续表)

序号	术语	英文	定义
9	产业	industry	产业指一个经济体中,有效运用资金与劳力从事生产经济物品(不论是物品还是服务)的各种行业。经济学上,惯常把产业分门别类,一般而言,产业可分为3~5类
10	资格	qualifications	资格又被称为任职资格和岗位要求。任职资格是指为了保证工作目标的实现,任职者必须具备的知识、技能、能力和个性等方面的要求。它常常以胜任职位所需的学历、专业、工作经验、工作技能和能力等加以表达
11	职类	category	职类是一组职位的集合,这些职位要求任职者所具备的任职资格条件的种类、承担的职责、绩效标准、薪酬要素等管控激励方式,以及在组织中与其他职位的分工汇报关系相同或相似
12	职种	job category	职种是对同职类职位进行细分归并而成,这些职位分别承担相同业务板块的功能与责任
13	职层	job level	职层是将同职类职位按照任职者具备的资格条件以及承担职责大小的差异程度进行分层归并而成。这些职位在绩效标准、薪酬要素等管控激励方式以及与其他职位的分工汇报关系上存在差异
14	职等	grade	职等指不同职系之间,职责的繁简、难易、轻重及任职条件要求充分相似的所有职位集合。工作性质不同或主要职务不同,但其困难程度、责任大小、所需资格等条件都相同的职级,归纳为职等
15	职场	workplace	职场是一种关于职业的生存环境和状态的综合性描述
16	生涯	career	生涯指从事某种活动或职业的生活,也指生命、人生。生涯是生活中各种事件的演变方向和历程,包括人一生中的各种职业和生活角色及由此表现出的个人独特的自我发展类型
17	事业	career	事业指个体一生中的职业活动序列,这个定义包含两个重要元素:一是事业是一个广泛的类别,二是事业是贯穿一生的。事业是个人自我意识的组成部分,它提供了一种自我表达和满足的理想形式
18	生活	life style	生活通常指生活方式
19	爱好	hobby	爱好通常指业余爱好

几乎每一个人都有其对生涯的理解,为了达到对生涯意义理解上的一致,我们可以采用"团队共创法"(活动1-1)引导大家相互讨论,从而加深对生涯的理解,这样一方面

可以明确生涯的概念，另一方面可以激发大家对生涯的好奇心，具有生涯唤醒的意义。

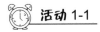活动 1-1

使用"团队共创法"认识"生涯"

使用"团队共创法"进行个体思考和集体讨论，可联结个体智慧，激发集体智慧，使整个班级达成对"生涯"内涵和外延理解上的一致，从而保证接下来的课程效果，实现课程目标，为进一步探究生涯教育概念奠定坚实的基础。该方法一般以 6~8 人小组的形式进行，共分为五个步骤：

第一步，聚焦讨论的主题。请明确本次团队共识之路需要回答的问题是什么，如大家共同讨论"什么是生涯""大家对生涯概念的理解"等。明确讨论主题后还需要学生使用关键词或者一段话陈述生涯的定义以及生涯规划的意义。

第二步，头脑风暴。首先以小组的形式，通过头脑风暴的方式收集所有学生的想法，并通过"先轮流发言再补充发言的形式"要求学生先后发言，思考并有效表达想法，鼓励学生将想法都写下来，不要顾虑是否会出错。在这个环节，教师可以预留 1~2 分钟的时间让学生独立进行头脑风暴。记录员(请开班后在课前分组时确定)将整组讨论的所有想法写在卡片纸上(提前发放卡片纸)，想法个数一般不少于 10 个，采用关键词的形式陈述，越多越好。

头脑风暴讨论原则如下：

(1) 三不原则——不批判、不阻拦、不谦虚。

(2) 量多原则——数量越多越好，但必须接近主题。

(3) 记录原则——所有的观点都需记录。

(4) 接力原则——可以在他人想法的基础上继续提出新想法。

(5) 平等原则——参与人员一律平等。

第三步，分类排列。各组选派代表谈本组对生涯概念的理解，并提交本组卡片，教师或学生对卡片进行归类。分类时可以采用"四宫格""九宫格"或分组排列等方式进行，如果遇到单张成列的卡片，需要将其合并到其他列，或者放到"停车场"(暂时存放问题的区域)。同时，为了能够帮助参与者更好地记忆和思考，一般分为 3~7 类。

第四步，提取中心词。目的在于帮助学生从一堆归好类的观点中产生一个完整的新想法，即与生涯概念相关的关键词或描述，教师引导学生发现各组观点中的"一致性"和"科学性"，带领学生探讨每列卡片共同表达的是什么隐藏在不同想法背后的真正含义是什么。最后是通过一段话描述生涯的定义。由于所提取的中心词是在所有想法的基础上产生的新想法，所以不能简单地从该列想法中找出一个能够涵盖其他想法的观点作为中心词。

第五步，图示化赋予含义。图示化赋予含义是将所产生的新想法进行结构化的过程，通过创造出一个合适的图像来反映新想法之间的关系，确定在问题解决过程中不同想法所起到的作用。此阶段可以根据课程安排选择性使用或者由学生自己按照团体共创的路线自我探索。活动后，师生共同总结，促进觉察，唤醒生涯。

团队共创法(team consensus method)是由文化事业协会(ICA)研发并在全世界推广的，最初作为促进团队达成共识的流程使用，它是一种促进群体迅速达成共识的技术。它遵循人类大脑的自然思维过程，通过挖掘综合代表各种观点的人们的聪明才智，形成创新的、可行的决策和计划。团队共创法可以促进参与者实现求同存异、缩小差距、达成共识和共创共赢等目的。本处引用"团队共创法"的目的是通过集体讨论的形式建立学生对生涯的一些共同理解。

备注： 先轮流发言再补充发言的形式，即必须先按照顺序轮流发言，然后其他学生补充发言，避免有些学生参与性不足，出现发言遗漏或者不均衡现象。除了此种发言形式之外还可以运用接力发言法(发言学生任意指定一名学生继续发言)、抓阄发言法(设置抓阄盒，发言时从盒子中随机抽取发言)、同类组合发言法(性别、身份、出生地、外表特征)等。

通过"团队共创法"能够收集不同的人对生涯的理解，有利于掌握学生的职业生涯成熟度，为接下来的课程教学或者学习锚定初始位置。通过发散讨论，分析综合所有的个人观点和见解，进而形成新的想法，最终形成对生涯定义的共同理解，让学生尊重并理解彼此的观点差异和不同体验，看到自己的观点和别人的观点之间的联系，并增长自己的见识。我们通过问卷星对377名土木建筑专业的学生进行问卷调查："你对生涯的理解是什么？"得出"词云图"(图1-1)，其能够部分说明学生对生涯理解的宽泛性和相对集中性。

图1-1 对生涯的理解——"词云图"

二、生涯的四个层次

"生涯"一词蕴含着几乎与人的生命等长的时间跨度,它是指生命从开始到结束的发展历程,体现了终身发展的观点,具有丰富的内涵和意义。前面我们从不同相似词的角度对生涯的概念进行了陈述,接下来我们从不同的发展层次描述"生涯"的概念。金树人教授认为,生涯的界限并未大到与"生命"或"生活"画上等号,也未小到与"工作""职业"等义,在中国人的生活概念中,这些词语经常混淆使用——"有些相通,但又不能画上等号",但是这种"混用"理解却具有一定程度上的实际意义——深刻理解本土化的生涯概念。黄天中教授曾经系统化地概括分析并将生涯称为"人生规划'四生'教育"(图1-2),包括以下四个方面:

(1) 生命。生命指生物体所具有的存在和活动的能力,是其他一切活动的生理基础,强调追求有人格尊严的生命。

(2) 生存。生存指保存生命、活在世上。生存强调低层次的生存需要和优先需要,强调追求有责任担当的生存。

(3) 生活。生活指生存状态、生计,指为生存发展而进行各种活动,强调追求自由自在的生活。

(4) 生涯。生涯指个人以职业和学业为主要内容,横贯人一生各种经历的总和,强调追求有胜任愉快的生涯。

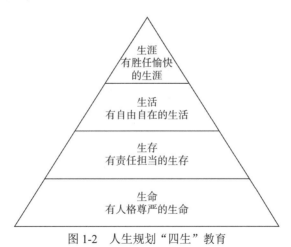

图1-2 人生规划"四生"教育

这四个方面既是与"生涯"密切相关的四个概念,也表征了个体发展的不同方面和不同层次,这对我们的生涯启示是:珍惜生命,要有生命意识;安全生存,要有责任担当;快乐生活,追求自由自在;意义生涯,从更广泛、更持续的层面追求更幸福和有意义的自在生涯。

三、生涯的四个维度

为了更加清晰地理解生涯概念的内涵和外延,必须将"生涯"这个抽象的概念与学生个体具体的经验联结起来,建立一致性、稳定性、生动性的联系。通常可以结合舒伯的生涯发展理论,尤其是生活广度与生活空间的发展观进行剖解分析,这不仅可以帮助大学生从更长跨度、更宽范围了解个人的生涯发展,从而实现更加全面、协调、弹性、终身和可持续的发展,还可以帮助大学生绘制一个多重角色生涯发展的综合图形。下面我们从生涯广度、生涯宽度、生涯向度和生涯形度这四个维度来加以理解。

(一) 生涯广度

生涯广度就是"生涯"的"时间性",可以从以下维度进行理解。

(1) 舒伯强调"一生的生涯彩虹"观念,认为生涯是横跨一生的生命广度(称为"大周期")。我们需要从广阔的生命时间去看待人的生涯,建立终身生涯发展观,让我们有能力更加充分地解释和理解一生的生涯发展,我们有可能的生涯目标或可能面临的生涯问题是什么?我们要形成发展性的生涯观,要学会将"过去的我""现在的我"和"未来的我"打通,积极为"可能生涯"做准备,从一个更加宏观的视角撰写"个人故事",完成"生涯叙事"。马克思说:"时间实际上是人的积极存在,它不仅是人的生命的尺度,而且是人的发展的空间。"从另一个层面讲,它是我们学习的空间和成长的长度。作为教师,要形成"贯穿式"的教育观;作为学生,要形成"连续式"的学习观。学段作为学校盛行的年级组管理体制的产物,可以分为学前阶段、小学阶段、初中阶段、高中阶段和大学阶段,但是学生的成长是不分段的,学生是一个连续发展的人,尤其是大学生,来自地区、类型、水平各异的教学场景,其生涯成熟水平各异、需求层次各异、发展目标各异,因此主动吸收公共的教育内容,满足自身个性和发展性的学习需求应该成为生涯发展着重考虑的议题。

(2) 虽然强调"连续式"的生命全程发展,但人生却是分阶段的。舒伯将人生分为成长期、探索期、建立期、维持期和衰退期五个阶段,每个阶段都有其关键任务,不同阶段任务的完成程度标志着是否生涯成熟。受生理、心理和社会等多种因素的影响,每个人都有着不同的生涯成熟度,作为大学生应该形成以下对生涯阶段性的理解:

① 发展的阶段性。按照舒伯的生涯发展阶段理论,发展分为五个阶段,必须经历一个阶段才能进入下一个阶段,每个阶段是不能超越的。发展的阶段性告诉我们坚决避免"退行"到上一个阶段,但可以为下一个阶段"超前"准备,到了一定发展阶段,如果你不发展,你就"幼稚",你就"停滞",你必然面临"发展危机"。

② 阶段的相互影响性。上一个阶段的发展影响下一个阶段的发展,大学生要积极

处理来自上一个阶段的未完成任务，同时积极地为下一个阶段做准备，所以我们会看到有些大学生因为不喜欢自己的专业而要求调换专业或者出现学习困难的问题，这是在高考选科和高考志愿填报阶段，对自我认知不足，对大学和专业探索不够、经验不足而导致的"乱选""错选""被动选"，所以要想发展，他们必然要"补课"，这是普遍性问题。当前大学生出现生涯发展问题的原因是大学前他们的经验几乎全是抽象的学习经验，全是读书考试、公式定理……，缺乏对自我和外部世界的整合认知。

③ 阶段的关键任务。大学生处于探索期(15~24岁)的中后期，其发展任务就是在学校、休闲活动及打工经验中进行自我试探、角色探索与职业探索。从生涯咨询的案例来看，很多大学生的生涯问题就是对自我和外部世界的探索不够、停滞或单调而导致的，用现在流行的话来讲，就是学生社会经验不足，容易被"社死"。大学是进入社会前的最后教育阶段，但却是一个人职业生涯的初始阶段，起着承上启下的关键作用，进入大学最重要的任务就是明确大学阶段的发展任务，有关生涯发展以及各阶段的生涯发展任务可以查询舒伯的生涯发展阶段与发展任务汇总表(表1-3)。另外，除了完成本阶段的关键任务外，还要了解以下几个阶段的关键任务，从而有针对性地提前准备。我们可以使用"生涯九宫格"(活动1-2)或者"生涯发展清单"的方式确定各个发展阶段的角色和关键任务。

表1-3 舒伯的生涯发展阶段与发展任务汇总表

成长期 (0~14岁)	探索期 (15~24岁)	建立期 (25~44岁)	维持期 (45~64岁)	衰退期 (65岁以后)
在家庭或学校与重要他人的认同过程中，逐渐发展自我概念。需求与幻想为这一时期最主要的特质。随着年龄的增长、学习行为的出现，社会参与程度与接受现实考验的强度逐渐增加，兴趣与能力也逐渐发展。 (1) 幻想期(4~10岁)：需求支配一切；	在学校、休闲活动及打工的经验中进行自我探索、角色探索与职业探索。 (1) 试探期(15~17岁)：考虑需要、兴趣、能力与机会；有了暂时性的决定，这些决定在幻想、讨论、课业和工作中细加思量；考虑可能的职业领域和工作层次。	确定适当的职业领域，逐步建立稳固的地位。职位可能升迁，可能会有不同的领导，但所从事的职业不太会改变。 (1) 试行期(25~30岁)：在已选定的职业中安步当车，可能因满意程度的差别略作调整。 (2) 稳定期(31~44岁)：致力于工作上	在职场上崭露头角，全力稳固现有的成就与地位，逐渐减少创意的表现。面对新进人员的挑战，全力应战。 发展任务： (1) 接受自身条件的限制。 (2) 找出在工作上的新难题。 (3) 运用新技巧。 (4) 专注于本务。	身心状态逐渐衰退，从原有工作岗位上退隐。发展新的角色，寻求不同的满足方式，以弥补退休的失落。 (1) 减速期(65~70岁)：工作速度减缓，工作内容或性质改变，以符合逐渐衰退的身心状态；也有人找到兼职工作。 (2) 退休期(71岁)：

(续表)

成长期 0～14岁	探索期 15～24岁	建立期 25～44岁	维持期 45～64岁	衰退期 65岁以后
热衷于幻想游戏中的角色扮演。 (2) 兴趣期(11～12岁)：兴趣嗜好为其行为方向的主要决定因素。 (3) 能力期(13～14岁)：能力的重要性逐渐增加，开始考虑工作所需要的条件与训练。 发展任务： (1) 发展自我图像。 (2) 发展对工作世界的正确态度，开始了解工作的意义	发展任务：职业偏好逐渐具体化。 (2) 转换期(18～21岁)：进入就业市场或接受专业训练，更重视现实的考虑，企图实现自我概念；将一般性的选择转为特定的选择。 发展任务：职业偏好的特定化。 (3) 试行期(22～24岁)：初步确定了职业的选择，并探索其成为长期职业的可能性；必要时，会再次重复探索具体的过程。发展任务： (1) 实现职业偏好。 (2) 发展一个符合现实的自我概念。 (3) 学习开创更多机会	的稳固与安定。大多数的人处于创造力的巅峰，身负重责大任，辈分提升。 发展任务： (1) 找到机会从事自己想做的工作。 (2) 学习和他人建立关系。 (3) 寻求专业的扎实与精进。 (4) 确保一个安全的职位。 (5) 在一个稳固的位置上安定地发展	(5) 维持在专业领域中既有的地位与成就	停止原有的工作,转至兼职、义工或休闲等活动。 发展任务： (1) 发展非职业性质的角色。 (2) 学习适合于退休人士的运动。 (3) 做以前一直想做的事。 (4) 减少工作时间

(资料来源：Her&Crumer)

 活动 1-2

生涯九宫格

生涯九宫格是一个生涯量化和评估工具，它将人的生涯发展概括为学习进修、职业发展、人际交往、个人情感、身心健康、休闲娱乐、财务管理、家庭生活、服务社会等

第一章 认识生涯规划：促进生涯觉醒

九个方面。在这九个格子中，每个格子都设计了相应的问题，在进行生涯辅导时，教师可引导学生对每个格子中的问题进行思考并打分。满分为 100 分，60 分视为及格。前三格均 60 分以上为合格，前六格均 60 分以上为优秀，九格均超过 60 分为卓越，三层逐层递进。这个工具不仅能够让我们前后对照、制定目标，还能够让我们的目标更具指向性和具体性。

操作步骤：

(1) 将你的目标细分出来，这里根据惯例，为大学生提供几个参考维度并粗略说明。当然，如果以下各维度不能全部包括你的目标，你可以根据自身情况选定或增删目标内容。

① 学习进修：学习任务、学习计划和学习习惯。
② 职业发展：增进自我认识、了解职业世界。
③ 家庭关系：与父母相处、与兄弟姐妹相处。
④ 人际交往：朋友或其他关系的维护。
⑤ 身心健康：生活习惯、心理维护、身体锻炼等。
⑥ 兴趣培养：厨艺生活、插画美术等爱好。
⑦ 服务社会：遵从社区、学校相关疫情规定，关注社会大事。
⑧ 休闲娱乐：通过刷剧、玩游戏、看电影等方式放松休闲。
……

(2) 将你选定的目标内容放进生涯九宫格，并在生涯九宫格中根据选定的目标维度进一步落实落细，最好将目标分解成任务，每个任务建议不超过 3 个，每个目标可以参照 SMART 法则制订。

(3) 制定执行周期，执行你的生涯九宫格，并评估与反思你的生涯九宫格，完成的任务打对号，没有完成的任务打叉号，在每个空格处写下反思笔记，反思可以参照以下维度：

① 从小点开始，有总比没有好。
② 从积极视角出发，做了总比没做强，认可并自我鼓励。
③ 看看有没有需要改变和提升的部分。
④ 九宫格内的问题和引导提问需按实际情况进行调整。

(4) 我们建议每天早上将生涯九宫格发到朋友圈，每天晚上将完成情况也发到朋友圈。根据路易斯·拉思斯的价值澄清理论，乐意公开并分享能够让自己更坚定的行动，人们也愿意保持自我形象一致性。2002 年《美国心理杂志》的两位著名心理学家也分享了一条关于目标的重要建议——你要告诉所有人你的目标是什么。

生涯九宫格

学习进修	职业发展	人际交往
个人情感	身心健康	休闲娱乐
经济财富	家庭生活	社会服务

④"大阶段"中的"小阶段"。舒伯认为在这五个主要的人生发展阶段内，各个阶段还包括若干小阶段，即"大周期"中的"小周期"，并且在两个"小周期"之间还包括一个"转型期"(表1-4)。例如，标志着青春期(14~25岁)的"探索期"内部还包括"成长期、探索期、建立期、维持期和衰退期"这些"小周期"，你会发现大学生在这个时期的发展也呈现"内部阶段性"的特点，这为大学分段分类生涯教育提供了理论基础，如南京大学将大学生涯教育分为生涯启蒙期、生涯积累期、决策行动期和生涯反馈期四个发展时期，开展纵向教育；华中农业大学等将学生生涯任务细分为认知强化、意向分流、决策定向和执行转化四个时期；济南大学将大学生涯教育分为适应期、探索期、准备期、冲刺期和毕业期五个阶段，根据不同学期的生涯重点发展任务开展分阶段指导。同时，我们也发现处于"转型期"的学生面临发展的"撕裂现象"，如大一新生入学后面临着生活环境、学习方式、人际关系、管理制度和角色身份的变化(表1-5)，期待、观望、迷茫、适应、转型……他们必须适应新的角色与学习环境，经过"成长"和"探索"，一旦"建立"了较固定的适应模式，同时"维持"了大学学习生活之后，又要开始面对另一个阶段——准备求职或者考研。原有的已经适应了的习惯会逐渐衰退，继而又要对新阶段的任务进行"成长""探索""建立""维持"与"衰退"，如此周而复始。舒伯的生涯发展五阶段理论说明了个体理想的生涯发展状态，但具体到个人身上，因家庭、教育、成熟、偶然事件等不同因素，个体不能正常发展其生涯。事实上，有时候这五个阶段也存在着交叉循环验证的过程，如有的处于"建立期"的人仍然在探索自己的兴趣、

能力、价值观和人格特点，并准备探索新的职业。

表1-4 生活广度内的小周期：发展任务的循环与再循环

发展阶段	年龄			
	青春期 (14~25岁)	成人前期 (25~45岁)	中年期 (45~65岁)	成人后期 (65岁以上)
成长期	发展实际的自我概念	和别人发生关联	接受自己的限制	发展和职业无关的角色
探索期	学会参考更多的机会	找到机会做自己想做的工作	找出困难，全力以赴	找一个好的养老处所
建立期	进入一个主修的领域	安定于一个永久的职位	发展新的技能	做以往想要做而一直没做的事情
维持期	考虑目前的职业选择	使目前的职位安全	从竞争中求稳固	维持自得其乐的嗜好
衰退期	嗜好的收敛	减少运动	注意养生之道	减少工作时间

(资料来源：舒伯，1984)

表1-5 高中和大学环境差异对比

对比维度		高中	大学	角色	问题
生活环境的变化	生活范围	"小天地" 局限在县城，以家为轴心延伸	"大世界" 拓展到学习场所和未来职场	生活者	生活不适应
	生活方式	居家生活、离家较近、父母照顾	集体生活、自己照顾自己、同学相互照顾		
	生活习惯	气候的变化、语言环境的变化、饮食的差异、作息制度、卫生习惯；从自我中心地"考虑我"到综合全面地"考虑我们"			
学习方式的变化	学习任务	基础知识(学科知识)	可转换于工作的技能 专业知识+可迁移技能+职业素养(自我管理品质)	学习者	学习不适应
	学习内容	相对稳定，以升学内容为主	内容深、范围广、要求高，不局限于本学科的知识，以未来职业发展需要的知识为主	学习者	不能自觉学习
	学习方式	讲授/灌输 (安排好了，有人管着学习)	自主学习 (没人安排，没人逼着学习)		

(续表)

对比维度		高中	大学	角色	问题
人际关系的变化	交往对象	教师、同学、家庭亲属	师生关系变化(看起来远了，数量多了)； 与父母的距离变远了； 开始结交社会朋友了； 同学来自五湖四海(个体差异) 恋爱增多	朋友、同学	人际关系不良导致孤独压抑
	人际关系	比较单纯	比较复杂深刻；必须学会与不同层次、不同方面的人建立和保持协调的关系； 人际交往不能仅凭个人好恶； 个人支持系统的建立		
	交往需求	不明显不强烈	更加强烈外显； 归属感的建立		
管理制度的变化	教学管理	学年制/走读制	学分制(3~8年)，每学年学分的获取和监控； 选修课程	学生	理想和现实的落差导致困惑、失望
	管理方法	直接管理	自我教育、自我管理、自我服务		
	管理单元	班级	班级和宿舍		
	管理系统	班主任	辅导员和班主任		
角色身份的变化	角色数量	角色数量少，以学生角色为主	更多元的角色，如学生、子女、工作者、恋人等	学生	自我定位导致评价失调
		角色单一(学习即可)	角色期待、角色清晰、角色超载、角色混乱		
	自我认知	缺乏探索，不了解自我	为未来做准备； 自我定位	学生	

（二）生涯宽度

生涯宽度就是"生涯"的"空间性"。生涯广度讲述了人生的各个发展阶段和主要任务，而生涯宽度描述了人生所扮演的主要角色。舒伯认为，人的一生中必须扮演九种主要的角色，依次是儿童、学生、休闲者、公民、工作者、夫妻、家长、父母和退休者。这九种不同的角色适应、黏合、铺陈、转换、递进，相互影响，塑造出个人独特的生涯模式，每个年龄段凸显的角色组合均不相同。对于大学生来说，必须明确以下三点：

(1) 角色适应。进入大学前，个体主要表现为学生的角色。进入大学后，必须尽快适应从"单一的学生角色"到"复杂的多元角色"的转变。例如，大学生会突然增加公民、休闲者、工作者甚至是恋人角色，会因此感到压抑甚至手足无措，大学生如何从过去的学习者角色到学习者、工作者和生活者多种角色协同进化，需要一定的时间适应。

(2) 角色凸显。角色暴增后有可能会出现角色超载、角色混乱等问题，在适应多元角色后，大学生必须明确主要的角色仍然是学习者且必须为工作者角色积极做好准备。然而有的大学生进入大学后完全将自己置于休闲者角色，这必然导致学习者角色的停滞；有的大学生又完全是工作者角色，而没有分清楚角色主次，如大学生大学期间完全是打工赚钱，过重的工作者角色导致学习者角色扮演失败，所以不同阶段必须戴好相应阶段的"面具"，必须有清晰的角色意识以及明确各个角色的关键任务。

(3) 角色平衡。通常，一个角色的成功，特别是早期角色如果发展得好，将会为其他角色提供良好的基础，但是在一个角色上投入过多的精力，而没有平衡协调各个角色的关系，也会导致其他角色的失败。面对突然暴增的角色，以及各个角色之间的相互影响，大学生必须做好各个角色的平衡，也就是要分清楚角色的主次、轻重缓急。对于大学生出现的时间管理和任务管理问题，本质上是生涯角色的错乱导致自我管理的迷惘，而解决的关键是明确自身发展的生涯模式，形成自己独特的生涯发展路径，此内容我们将在本书第七章进行讲述。

大学生应该在特定环境、特定时期尽早探索多样角色，明确主导角色以及在每个角色上的投入时间。对此，通常采用"生涯彩虹图"(活动1-3)进行探索，以确定与生涯宽度有关的问题，帮助学生明确人生各个阶段的角色变化和重点任务，澄清人生角色。

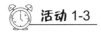 活动 1-3

绘制生涯彩虹图

指导语：请根据你过去、现在和想象中未来期待的生涯状态，在空白的生涯彩虹图上画出你的人生彩虹，表示你与生涯发展有关的各种角色的起始与发展轨迹。彩虹的长度代表时间的长短，彩虹的宽度代表你投入精力的多少，把自己扮演或正在扮演的角色年龄段用实线描绘；根据自己已有的感受和未来期望，给相应的扇形格涂色。幸福感、成就感高的，用暖色，如红色、黄色等；反之则用冷色，如紫色、蓝色等。

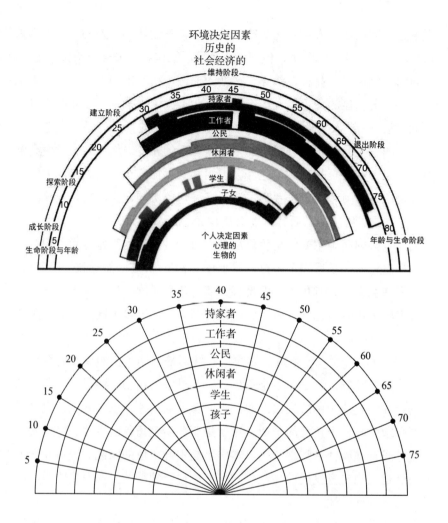

物料准备：

一张空白的生涯彩虹图、一把尺子、一支铅笔、一块橡皮和几支彩笔。

操作步骤：

(1) 在一张空白的生涯彩虹图上，把自己的各种角色，按照时间段和重要性进行分配，注意角色之间的时间交替和身份重叠。

(2) 如果不熟练，可用铅笔在空白彩虹上画出草稿。

(3) 检查修正。按照草稿图使用彩笔画出生涯彩虹图。

引导思考：

(1) 各个角色的起讫点如何？对你的意义是什么？

(2) 何时角色要加重？何时要减少其重要性？

(3) 不同阶段的主要任务是什么？

(4) 有没有过晚进入一个角色，有没有提早结束一个角色？

(5) 某个角色的投入和付出,是不是过多或者过少?

(6) 在某些生命阶段,人生角色分配有没有出现明显的比重偏差?

(7) 同时投入很多精力去扮演多个角色,会不会力不从心?

(8) 对每个角色的胜任情况按 1~10 打分,1 为最不满意,10 为最满意。目前的分数各是几分?

(9) 对你来说,最想改变的是哪个角色?在这个角色上,如果想提升 1 分,你可以做哪些不同的改变?

注意事项:

(1) 每个人的角色在每个时期都是重叠的,但比重不同,所以画出来的线条粗细不同。付出越多,投入精力越多,扮演的角色越重,则颜色越深、线条越宽。

(2) 人生广度的时间节点是有弹性的。有人 20 岁投入工作养家糊口,有人 40 岁退休安享生活,也有人 80 多岁仍为社会做贡献,那么就要把相应的角色向前或向后延展。

(3) 某个阶段某种角色可能会出现断裂的情况。

(4) 对过去的自己,需要回顾;对当前的自己,需要了解;对未来的自己,需要规划。

(三) 生涯向度

生涯向度强调了生涯的"方向性"。生涯的"方向性"决定了个人具有发展的可能性,为个人指明了"合目的"的发展空间。"生涯"是矢量,不是标量,正因为生涯的方向性,才保证了生涯教育的可能性和成功生涯的可能性,延展了人的现实存在空间。被称作是"黑天鹅"之父的纳西姆·尼古拉斯·塔勒布曾经给成功下过一个定义:"所谓成功,就是在中年的时候,成为年轻时想成为的那个人。除此之外,所有一切都是失控的结果。"要把握生涯发展的方向,大学生可以通过刻苦学习、努力工作、平衡生活创造出一种有目的的、延续不断的个人生涯模式。大学生对生涯发展大致方位有基本判断,就不会犯原则性、方向性的错误,就会耐心、认真地设计生涯路线,选择最适合的生涯发展路径,力求每一步规划和行动都能离最终目的地更近一些。强调生涯的方向性对我们有以下三点启发:

(1) 生涯是创造出来的。莎士比亚曾说过:"人生就是一部作品,谁有生活理想和实现的计划,谁就有好的情节和结尾,谁便能写得十分精彩和引人注目。"生涯不是等出来的,而是被创造出来的,它不是一个等待被描述的惰性状态。有一个同事经常"抱怨"家长不尊重自己的兴趣,她提到父母不让自己报考喜欢的"文化产业管理"专业,她说自己非常喜欢艺术设计。我问了她一个问题:"这么多年你一直喜欢艺术设计,你也还有一定的自由时间,你为你这么浓厚的'兴趣''喜欢'做过什么?她立刻不作声了。我的基本假设是要去现实层面检验兴趣,去用行动澄清价值选择。假如该同事是真正喜欢，能够积极采取行动，经过十几年的"创造"积累，我相信她的父母也可能会觉得她是真的喜欢且擅长这个领域。

(2) 生涯是有目的的。知晓使命的人，明白他们要去哪里，也明白在做什么，更重要的是，他们知道为什么要这样做。美国小说家大卫戴维·福斯特·华莱士讲过一个非常著名的寓言故事：两条年轻的小鱼遇到了一条老鱼，老鱼打招呼说，"早上好，孩子们，这水怎么样啊？"两条小鱼没有回应便径直游走了。过了一会儿，其中一条小鱼终于忍不住了，他问另一条小鱼："嗨，伙计，什么是水？"你们看，这两条小鱼由于在水中生活了太长时间了，竟然已经不知道水是什么了，其实我们又何尝不是如此？"生涯"正如这汪水，我们整天忙忙碌碌，就如一个不停旋转的陀螺，却失去对"生涯"本身的知觉。正确的做法就是把"生涯"这汪水当作人生之镜，经常对照目标进行反思，以图照亮前行的路。所以，大学生要建立生涯的目标感，发挥目标导向、激励和行动的作用，"我要经常看看我"，不断进行自我探索和外界探索(行业、组织和职业)，生成发展目标，明确成长的路径，计划、行动、反思，最终成长。

(3) 生涯有相对固定的内容和步骤。没有探索的人生"无图可拼"，没有规划的人生只是"有图不拼"，有规划的人生才能拼成人生发展的图式，每个人都需要构建自己长远的人生蓝图。对大学生来讲，生涯规划就是在自我认知的基础上，根据自己的专业特长、知识结构，结合社会环境与市场环境，对将来要从事的职业以及要达到的职业目标所做的具有方向性的方案，它在人生成长的道路上具有特别重要的意义。作为一门科学，生涯规划有一整套科学的理论和方法，遵循这套理论和方法，我们可以科学、便捷地做好自己的生涯规划。一般来讲，一个系统的生涯规划(图1-3)包括以下六个阶段：

① 觉知与承诺阶段。其最重要的目的是促进学生觉醒，引导学生认识到生涯规划的作用和意义，从一种被动、无目的、无努力的状态转为一种主动、有目的、有努力的状态。

② 认识自我阶段。认识自我的过程就是回答自己喜欢、适合、擅长、愿意做什么的过程，是对自己的兴趣、性格、能力、价值观等的探索和澄清过程。

③ 认识外部世界阶段。系统的生涯规划遵循"从内到外"的过程，考虑中国文化背景下的差异，本土化的操作更加看重"由外到内"的思考，经常探寻外部"有什么机会"。所以对外部世界的认识非常重要，具体包括认识专业、职业和生活(在基础教育阶段还要认识"学科")。

④ 决策与元认知阶段。经过自我探索和外部探索，大学生要综合两方面的信息进行初步选择(如考研考公、选择哪个职业)，为自己的生涯设定目标，确定发展方向。决策过程中要综合评估各项生涯信息、设定目标与制订计划，同时要处理决策过程中出现的不合理认知等问题。

⑤ 行动阶段。行动是全部探索和思考落实的阶段，是目标的具体化，只有通过行

动来实现自己设立的工作目标才有可能达成自己的生涯目标。生涯是创造出来的,就是要将概念层面的计划落实到具体的行动中,并通过行动实现具体的生涯目标。行动阶段包括学业、职业探索、简历、求职、面试等,是与生涯目标有关的一切有效动作。

图1-3 生涯规划步骤

⑥ 再评估和成长阶段。乌卡时代(VUCA)、无界生涯、多元职业……无论是环境还是组织或个体都要经历剧烈的动荡,生涯面临着复杂、混沌、异变等多种因素交叉影响的局面,生涯规划的"最小时间单元"不断缩小,我们必须增加对外部环境的觉察度,及时主动地对个人生涯计划进行动态校正,形成生涯适应,进行有效生涯管理,才能创造出个体独有的生命体验感和价值幸福感。

(四)生涯形度

生涯形度强调了生涯的"独特性"。世界上不存在两片完全相同的树叶,人与人之间也存在着多方面的差异。由于受到出生时空环境、遗传资源、才智、身心素质、教育学习、人脉力量、组织关系、经历等诸多因素的影响,每个人呈现出独特的生涯发展形态,表现为不同的生涯模式。生涯对个人而言是独一无二的,在现实生活中几乎不存在两个完全相同的生涯,所以如果将自身的生涯发展过程以图画的形式表现出来,也必定呈现出不一样的"生涯弧线",我们可以采用"生命线技术"(活动1-4)探索生涯的独特性。生涯的独特性对大学生的生涯启示如下:

(1) 认识到个体的差异性。被誉为"人本主义心理学之父"的罗杰斯认为最令人绝望的则是"他不得不选择做一个并非自己本身的人",可见"成长为自己"多么重要,而这个前提就是人的个体差异性。人的身心发展具有个体差异性,如个人兴趣、爱好、智力、性格、气质、价值观等方面的特征,具体表现为职业发展水平、发展结构、表现早晚等差异个体差异性是多种因素共同导致的,如人的遗传结构、家庭环境和教育环境等。发展的独特性生涯以个体差异性为前提,根据个体的心理发展特征,选择适合个体的发展道路,设计适合个体的生涯路线,有效促进个体差异充分发展,形成个体的独特性。

(2) 认识到个体的独特价值。美国作家爱默生曾说过:"野草是什么,野草只是一种还没有发掘其功用的植物而已。"即便是野草,也有属于它自己的独特价值,人更是如此,我们要相信每个不同的个体都是独一无二、无法复制的。现代大学生中出现的"佛系""丧""无意义感""无价值感""躺平"在一定程度上都是对个人独特性的"自我挫败""自我中伤",是源于社会比较后的"自伤行为"。对于大学生来说,要有李白"天生我材必有用"的豪气和自信,走出属于自己的发展道路,活出属于自己的精彩。尤其面对当今世界的复杂性、模糊性、不确定性和多变性,面对来自学业、情感、职业等方面的选择时,大学生要在认识自我和外部世界的基础上,不忘初心,坚持梦想,保持自己独立的人格和思想,学会思考、善于分析、正确抉择,做到稳重自持、从容自信、坚定自励。

(3) 认识到生涯的可模仿性和不可复制性。个体在受教育的过程中产生兴趣、爱好的差异,同时造成个体在专业领域或技能领域的差异,形成个体的职业差异。个体的独特性因此也突出地表现为专业或职业特征。在生涯规划的过程中对标优秀榜样,参考发展路径,这些只能为我们提供可借鉴、可参考的发展道路,但是很难提供完全相同、可复制的发展道路。

活动 1-4

生命线技术

生命线(lifeline)技术是一个具象化的个人叙事,是将来访者(学生)个人生命经验(积极或消极)更加具象和具体的过程,是将抽象的生命经验或关键时刻以具体的图线形式表示出来,让成员重温事件,反思经验,回顾生涯决定,提取生命经验中的营养(资源和价值),从而唤醒生涯,确定现在的位置,觉察到将来可能会有的生涯变动或生涯选择。

生命线技术能够激发我们的回忆,在生命记忆库中找到那些对我们人生有重大影响的时刻,这个时刻有时是积极的,有时是消极的;有时是清晰的,有时是模糊的,有时甚至是潜意识遗忘的;有时是大的,有时是小的;有时是公开的,有时是私人的;有时是无意识遗忘的;有时是羞涩的,有时是快乐的——但是它们都在过去的某一个时刻深刻地影响着我们,又可能在未来的某一个时刻出现,继续影响着我们。

个体对过去经验中的消极体验,如果没有加以处理就可能导致对当下的悲观和对未来的迷茫。个体对过去经验中的积极经验,如果不能从经验层抽象到概念层,就无法很好地转化成对未来发展的有利资源。我们通过生命线技术的运用,不仅可以有效地回顾过去、厘清当下、展望未来,帮助个体澄清过去、现在和未来中的人、事、物对自己的意义和影响,还可以检视个体现在的状态是否活在过去,体验、觉察自我消极模式的来源,并通过积极处理和干预将过去的负性事件进行正向转化,重新赋予人生意义,明确未来方向,增强积极向上的动力。

操作流程

指导语：

(1) 在白纸上画一条直线，这条直线代表生命的长度，在生命线上找到你现在的年龄点并标记下来，同时在直线的右侧终点找到你期待活到的年龄，写下具体活到的年龄。

(2) 请在你标记的左边，即代表着过去岁月的那部分，把对你有着重大影响的事件用笔标出来(事件+年龄)，正性事件写在上方，负性事件写在下方，思考过去发生的事件对你的影响。请在你标记的右边，即代表着未来的那部分，把对你有着重大影响的事件用笔标出来(事件+年龄)，正性事件写在上方，负性事件写在下方。

(3) 思考这些事件对你的影响。

分析要点

可以以个体或团体的形式使用生命线技术，通过辨别、描述、分析、应用四个步骤帮助个体完成生涯建构。根据使用目的，我们可以结合以下要点进行分析。

(1) 看生命轨迹：看生命线朝向是上升趋势还是下降趋势，看波折程度。

(2) 看情绪状态：积极情绪、消极情绪或中性情绪，积极事件给人们自我效能感，消极事件给人们以习得性无助、抑郁情绪、消极无望情绪。一个人更容易回忆到积极事件还是更容易回忆到消极事件反映了不同的心态。

(3) 看生命拐点：标志性关键事件，谈该事件对于整个生涯的影响。(标注三个重要事件)。

(4) 看成就事件：每一个生涯故事都可以视为一个成就事件，可以使用 STAR 法则撰写成就故事，并积极分析。例如，挖掘生命技术线中最有影响的事件是什么，你最有成就感的事件是什么。三人一组进行训练，一人当被试，一人当学员，一人当观察员，练习之后谈感受。

(5) 看 KASO：KASO 是知识、能力、技能和个性品质的英文首字母缩写。通过对生命线成就事件进行分析，可以看到学生表现出的知识、能力、技能和个性品质等。

(6) 看未来关键节点：将未来关键节点转化成目标，通过目标制定 SMART 法则，将目标具体化，实现目标分解，制订发展计划。

(7) 看压抑的情绪：有些被潜意识地压抑在心里的事情，能够通过团体或者一对一的形式引导出来。

(8) 看生命长度(时间)：可以看终点生命，思考如何延长生命的长度。

(9) 看生命宽度：你看看自己展示了多少角色，是否单一，想增加哪些角色，想删除哪些角色，想在角色内有什么调整。考虑我在生命线中看到了什么，生命中做什么才能增加生命的宽度。

(10) 看生命高度：你站在生命的什么角度看待生命，沉于水底、水面，还是悬浮在空中。

变式练习

(1) 使用绘画(图形化表达)的形式将生命线画出，激发全脑思考。

(2) 以团体为单位，绘制团体生涯线，找到未来发展的关键点。例如，一个大团体可以使用"大绳子"弯成团体的生命线，引导团队思考组织发展的曲线。

(3) 使用铁丝弯成高低不一的生命线，解释的时候说明"弯曲的部分"，发现生命的拐点。

(4) 增加生命线放松音乐，放松后进行生命线活动，是否能够更进一步增加生命经验的澄清。

(资料来源：金树人、莎娜、吴芝仪、作者搜集整理等)

四、职业生涯与职业生涯规划

前面我们讲述了生涯的概念，因为这门课程的逻辑起点就是认识生涯及其相关概念，这些概念大多基于广义生涯的视角，即基于个体整体生活形态的发展与过程，基于人生发展的整体历程，在此概念的基础上延伸出职业生涯和职业生涯规划的概念及其理解。

（一）职业生涯

根据中国职业规划师协会的定义，所谓职业生涯，是指人的一生中的职业历程。根据麦克弗兰德的定义，职业生涯指一个人依据心中的长期目标所形成的一系列工作选择，包括其相关的教育或培训活动，是有计划的职业发展历程。可见，职业生涯与狭义的生涯含义相近，它是对生涯的狭义理解。其将生涯限定在职业或者相关领域，主要指个体终生经历的所有职位的整个历程，是一个人一生所有与职业相关联的行为与活动及相关的态度、价值观、愿望等连续性经历的过程，是一个人一生职业、职位的变迁及职业目标的实现过程，是个体职业发展的状态、过程及结果。简单地说，一个人职业发展的状态、过程及结果构成了个人的职业生涯。人的职业生活是人生全部生活的主体，在其生涯中占据核心与关键的位置，职业生涯是人一生中最重要的历程，对人生价值起着决定性作用。职业生涯就是一个动态的过程，是指一个人一生在职业岗位上所度过的、与工作活动相关的连续经历，并不包含职业上成功与失败或进步上快与慢的含义。也就是说，不论职位高低，不论成功与否，每个工作着的人都有自己的职业生涯。

谈到职业生涯，我们要区别以下两类概念。

1. 学涯和职涯

大学生的生涯更像学涯而非职涯，是否有必要如此未雨绸缪？我们必须明确两个观点:一是大学生现在的学涯是对未来职涯的一种准备,也是从学涯到职涯转化衔接的关键,我们必须建立学涯和职涯的这种时间线联系,从学涯阶段看到未来发展的这种可能性,增强当下学业规划的主动性和动力性。二是现在大学生活中既包括学涯,也包括职涯。例如,大学有大量的职业体验和职业实践活动,如参与职业资格证书考试、企业开放日活动、职业实习等。这些观点可以通过图1-4进行理解,该图从横向、纵向上描述了学涯和职涯的逻辑关系。

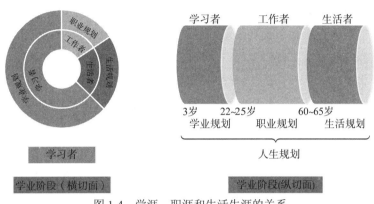

图 1-4 学涯、职涯和生活生涯的关系

2. 内生涯和外生涯

大学生没有"职业",何谈职业生涯?大学生的这种"职业生涯"更像著名生涯规划专家施恩教授提出的"内生涯"概念。施恩将职业生涯分为内生涯和外生涯两种。内生涯是指从事一种职业时的知识、观念、习惯、经验、能力、心理素质、内心感受等因素的组合及其变化过程。外生涯是指从事一种职业时的工作时间、工作地点、工作单位、工作内容、工作职务、工资待遇、荣誉称号等因素的组合及其变化过程。所以从这个角度看,学生没有职业生涯,他们的职业生涯最多是职业实践。内生涯是外生涯发展的前提,内生涯的发展是靠外生涯的发展或成果来展示的。内生涯的发展会带动外生涯的发展,反过来,外生涯的发展可以促进内生涯的发展。大学生的生涯发展具有以下几个特点:①内生涯的发展主要是靠自己的不断探索和学习来获得,具有较长的酝酿期,不随外生涯的获得而具备,也不会因为外生涯的失去而自动丧失。②大部分学生没有明显的外生涯,大学生主要需要做好内生涯的管理,这种内生涯反而是外生涯发展的基础,能带动外生涯的发展。③大学生不太明显的外生涯通常以大学的关键经历、组织职位或其他成果展现出来。④大学生需要处理好内外生涯的关系,运用好二者交互影响的特征,实现二者同频发展。

(二)职业生涯规划

职业生涯规划(简称生涯规划),又叫职业生涯设计,是指个人与组织相结合,在对一个人的职业生涯的主客观条件进行测定、分析、总结的基础上，对自己的兴趣、性格、能力、价值观进行综合分析与权衡，结合时代特点和社会需要，根据自己的职业倾向，确定最佳的职业奋斗方向与目标，并为达到这一目标找出可行的实现方法与途径，提出切实的实施办法和措施，制订严密的计划，做出行之有效的安排。

简言之，职业生涯规划是一个人对决定其职业生涯的个人因素、社会因素等进行分析，制定有关个人一生中事业发展上的战略设想与计划安排。也可以说，职业生涯规划其实就是"人生战略设计"，是对自己的人生进行正确的规划，以促进自己的成功。职业生涯规划最重要的是帮助个人真正了解自己，根据主客观条件筹划未来，设计出合理可行的职业生涯发展方向。就学生而言，大学生职业生涯规划是指大学生对决定其个人职业生涯的主客观因素进行分析、总结和测定，初步确定事业奋斗目标和实现这一目标的职业，并制订相应的学习、教育和培训的行动计划，对每一个步骤的时间、顺序和方向做出合理的安排和实践。

职业生涯规划设计，主要取决于两个方面：一是社会发展的客观要求，特别是社会职业的现实要求。二是大学生自身的实际情况，其中起主要作用的是大学生自己。因为职业生涯规划不是社会或学校强加在学生个人身上的实施方案，而是当事人在内心动力的驱使下，结合社会职业的要求和社会发展利益，依据现实条件和机会所制订的个性化的实施方案。我们前面也讲过，职业生涯规划不仅仅是为了找到一份匹配的工作，更重要的是根据主客观条件找到适合终身生涯发展的可行性方案，是设计一种以职业为主轴的生活方式。

第二节　人的生涯发展

前面章节介绍了"生涯""职业生涯"及"职业生涯规划"的概念，这些概念最终要回答一个主题，即学生的生涯发展，其关键是职业生涯规划。本节将对生涯发展的概念、阶段及其影响因素进行介绍，以帮助大学生从生涯发展的角度去思考学业和未来职业乃至生活规划，为终身发展和全面发展打下坚实的基础。本节的重点是将这些与生涯相关的抽象概念和学生的生涯经验(生活经验、学习经验和职场经验)打通，将我们未来可能的生活角色、生活环境和生活事件具体化和现实化，将我们未来的具体化形象与目前的状况联系起来进行考虑，并将其与实现目标和解决问题的计划相结合，从而促使大学生理性地规划自身未来的发展，并努力在学习过程中自觉地提高就业能力和生涯管理能力。

一、生涯发展的基本概念

前面介绍了生涯的概念、生涯的"四个层次"和生涯的"四个维度",主要目的是在空间和时间上建构更加广阔的"生涯发展"概念,生成更加宏观的个人生涯叙事,仿佛在一个生命的相对高度,以广角镜和望远镜绘制人世间的地形地貌,视野宽阔,焦距深远。绘制和观望不是目的,其最终目的是回到人的生涯发展,将生涯带到一个更加广阔的境界,将生涯贯穿自我发展的整个过程,统整所有生活角色的经验,并透过工作逐渐实现一个有目标、有意义的人生。舒伯的这种生涯发展观彻底打破了帕森斯的"人境匹配"框架,从静态到动态,让生涯发展的观念取代职业辅导的模式,让人们的关注重点从职业匹配到人的发展。

何为生涯发展?综合来看,我们比较认同赫尔和克莱默关于生涯发展的界定:生涯发展是受个人心理、社会、教育、经济和机会等因素影响,综合形成个人终其一生的发展性生涯历程;这些个人所经历的层面,与个人在教育、职业、休闲嗜好等方面的选择、投入和进步情形有关;是个人自我认同(self identity)、生涯认同(career identity)、生涯成熟(career maturity)等特质的发展历程;此终其一生的发展历程导致个人的工作价值、职业的选择、生涯形态的建立、决策风格、角色统整、自我认同及生涯认同、教育进修和其他相关的现象。一个有效的生涯发展是指人们在被唤醒生涯意识的状态下,能够自觉、科学地做好未来人生的发展规划,能够坚定且自信、自觉地行动,最终使人的生涯得到最适合自己的发展,取得人生发展的"最大值"和"最优解"。

布朗和布鲁克斯认为,生涯发展是一个人终其一生的历程,它不仅是选择、进入、适应一项职业及在该职业升迁的历程,而且会与其他的生活角色产生动力性关联,常见的生涯难题包括生涯未定向、工作表现、压力调适、个人和环境的不一致性及生活角色缺乏等。通过社会、教育及咨询辅导,生涯发展能协助个人建立实际的自我观念,且熟悉以工作为导向的社会价值观,并且将其融入个人价值体系,借由生涯选择、生涯规划以及生涯目标的追求加以实现,以期个人能有成功美满且有利于社会的生涯发展。生涯发展的主要目标为自我认知能力的养成,生涯试探、规划和准备的完成,生涯能力的增进,完善的人际关系,自我实现动机的确立,同时具有个别性、发展性、综合性、终生性、适应性、具体性和可评性的特性。

由此可见,人的生涯发展是一个持续的终身发展的过程,它绝不像选科、高考志愿填报、找工作这么简单,也绝不是从学校毕业或选择工作时才有这个需要。我们应尽早建立终身生涯发展的观念,对个人生涯进行全生命、全阶段、全范围的管理,通过各种角色、环境及事件间的相互作用和整合实现自我发展,只有这样才能实现生涯发展的最终目标。为了实现这一目标,学校的生涯辅导与教育应从小学到大学持续进行，贯穿在一个持续的过程中；应面向所有学生，建构一个全生命周期的生涯教育体系。

二、生涯发展的阶段

大学是未来社会的"实习期"，是人生建功立业的准备阶段。生涯对于个体的人生发展来说，具有跨越时间与空间的意义和内涵。生涯发展贯穿于全程生涯的各个阶段，且因各个阶段生涯任务的不同，生涯发展的方向会各有侧重。生涯发展是一个内在结构连续的组织和再组织的过程，这个过程是连续的，但是由于各种发展因素的相互作用，生涯发展表现出某种程度的阶段性，每个阶段都有它独特的结构，标志着各阶段的年龄特征，由于受环境、教育、文化以及主体动机等多种因素的影响，可以提前或推迟，但是阶段的先后次序不变，前一个阶段总是后一个阶段的结构基础，但是有时候两个阶段之间不是明显可分的，而是具有一定的交集。生涯发展的一个新水平是许多因素的新融合、新结构、新系统。

（一）金斯伯格的职业生涯发展理论

1951年，金斯伯格出版的《职业选择》一书，对青少年职业选择的过程与问题进行了深入的研究，他认为职业选择是一个发展的过程，该过程的每一个环节都与其前后相关，它不是一个单一的决策，而是经过了数年的一系列决策。他认为职业在个人生活中是一个连续的、长期的发展过程，提出了职业发展分为幻想期、尝试期和现实期三个发展阶段(表1-6)。

(1) 幻想期，也称为空想期。11岁之前的儿童处于幻想期。该时期以少年儿童"相信自己可以成为幻想的任何人"的空想或幻想为特征。这种空想不受个人能力与现实的社会职业机会所限制，似乎想干什么工作将来就能干什么工作。实际上，这种职业想象往往是幼儿的一种模仿行为。

(2) 尝试期，也称为试验期或暂定期。一般认为，11~17岁处于尝试期。该时期已经脱离了少年的盲目、随意性幻想，开始考虑未来个人的满足，真正考虑职业选择。但这一时期，青年人所依据的是自己的兴趣、智力、价值观，并依据这些主观的范畴对待职业选择的目标调节等问题。该时期包括四个阶段：第一阶段，即兴趣阶段，儿童的兴趣被视为尝试选择的主要来源；第二阶段，即能力阶段，儿童的天赋或能力被视为尝试选择的主要来源；第三阶段，即价值观阶段，儿童的价值观被视为尝试选择的主要来源；第四阶段，即转变阶段，青少年开始关注高等教育和就业的现实性。

(3) 现实期。一般从17岁至成年早期处于现实期。这一阶段是人们正式的职业选择决策阶段。前两个时期的"选择"是主观的选择，而这一时期的选择是将主观选择与个人客观条件、外界客观条件(环境)、社会需要相结合的选择。这一时期的职业需求不再模糊不清，已经有了具体的、现实的职业目标，表现出客观性、现实性和讲求实际的特点。值得说明的是，这种承认客观、从现实出发的选择是一种折中和调适。现实期的特征是缩小个人选择的范围。具体来说，现实期又可以分为三个小的阶段：

① 探索阶段。青年人试图把自己个人的选择与社会的职业岗位需要等现实条件联系起来。

② 结晶阶段。青年人对一种职业目标有所专注，并努力推进这一选择。

③ 特定化阶段。青年人为了特定的职业目的，进入更高一级学校或接受专业训练。已有工作但不满意者想重新进修，再找工作，也属于这个阶段。

表1-6　金斯伯格职业生涯发展理论

阶段	年龄范围	分阶段	阶段特征
幻想期	儿童期（11岁以前）	无	单纯凭自己的兴趣爱好，不考虑自身的条件、能力水平和社会需要与机遇，完全处于幻想之中
尝试期	青春前期（11~17岁）	兴趣阶段	开始注意并培养自己对某些职业的兴趣，期盼着将来从事某些职业
		能力阶段	不仅仅考虑个人的兴趣，更注意到个人能力与职业的关系，注重衡量自己的能力，并积极参加各种相关的职业活动，以检验自己的能力
		价值观阶段	个人的职业价值观逐步形成，能兼顾个人与社会的需要，以职业的价值性选择职业
		转变阶段	将上述三个阶段的职业相关资料综合考虑，以正确判定未来的职业生涯发展方向
现实期	青春中期（17岁至成年早期）	探索阶段	根据尝试期的结果进行各种试探活动，试探各种职业机会和进一步的选择
		结晶阶段	根据试探阶段的经历做进一步的选择，具体化职业目标
		特定化阶段	根据自我选择的目标，做具体的就业准备

（二）舒伯的职业生涯五阶段理论

舒伯的生涯阶段模型对个体从童年到成年的发展阶段进行了解释，根据自己"生涯发展形态研究"的结果，参照布勒(Bueller)的分类，将生涯发展阶段划分为成长、探索、建立、维持和衰退五个阶段，具体分述如下：

(1) 成长阶段。该阶段为从出生到14岁。个人在这一阶段，自我概念发展成熟起来。初期时，个人欲望和空想起支配作用，其后对社会现实产生注意和兴趣，个人的能力与趣味则是次要的。该阶段发展的任务是：发展自我形象，发展对工作世界的正确态度，并了解工作的意义。该阶段共包括三个时期：一是幻想期(4~10岁)，它以"需要"为主要考虑因素，在这个时期幻想中的角色扮演很重要；二是兴趣期(11~12岁)，它以"喜好"为主要考虑因素，喜好是个人抱负与活动的主要决定因素；三是能力期(13~14岁)，它以"能力"为主要考虑因素，能力逐渐具有重要作用。

(2) 探索阶段。该阶段为15~24岁。个人在学校生活与闲暇活动中研究自我，并进行职业上的探索。探索阶段是人生道路上非常重要的转变时期，它可以分为三个时期：一是试探期(15~17岁)，这一时期个人在空想、议论和学业中开始全面考虑欲望、兴趣、能力、价值观、雇佣机会等，做出暂时性的选择；二是转换期(18~21岁)，这是个人接受专门教育训练和进入劳动力市场开始正式选择的时期，这个时期个人着重考虑现实，在现实和环境中寻求"自我"的实现；三是试行期(22~24岁)，这个时期进入似乎适合自己的职业，并想把它当作终生职业。

(3) 建立阶段。该阶段为25~44岁。进入职业世界以后的人发现真正适合自己的领域，并努力试图使其成为自己的永久职业。这一阶段又可分为两个时期：①试行期(25~30岁)。确立阶段的初期，有些人在岗位上"试验"，若不合适就改为其他职业。目前很多大学生刚工作就不断地"跳槽"，这是他们在不断地"试验"，以寻找最适合自己的职业。②稳定期(31~44岁)。经过工作岗位上的"试验"，人们最终找到适合自己的岗位，以后人们会在某种岗位上稳定下来。

(4) 维持阶段。该阶段为45~64岁。这一阶段人们主要是保住现有的职业位置，按既定方向工作。极少数人会冒险探索新领域，寻求新发展。

(5) 衰退阶段。该阶段为65岁以后。这一阶段是精力、体力减退时期，也是人们逐步退出职业劳动领域的时期。这一阶段往往注重发展新的角色，寻求不同方式以替代和满足需求。

我们了解了生涯发展的阶段思想，必须达成两点基本共识：

第一，生涯发展的连续性。每一个阶段都是下一个阶段的必要条件，前一阶段的发展构成了后一阶段发展的基础。大学生要站在终身连续发展的视角看待当下和未来的发展问题。例如，一名学生由于国家公务员考试失败，求职不顺而感到很迷茫，用她自己的话讲，说抑郁都不为过……笔者当时画了一条生命线，引导她看到现在经历的只是漫长人生的一个小阶段，未来的人生路还很长，要积极为下一个阶段的发展做准备。

第二，生涯发展的阶段性。生涯发展表现出阶段特点，每一个阶段都有其关键任务，但是两个阶段间不是明显可分的。对于学生来说，取得了相应阶段的关键成果，有其发展的标志性事件，这些标志性履历的外在表现是课程成绩、资格证书、实践经历、培训事件，内在表现一定是内在生命发展的综合形态。对大学生而言，应该思考如何通过一系列有意义的角色行为和工作(学校)经历来构建自身职业生涯发展过程。

三、影响生涯发展的因素

舒伯提出了生涯发展的拱门模式，用以说明影响生涯发展和目标的决定因素，他将"各个部分"用"基石"这个比喻整合成一个完整的理论模式。舒伯的整个理论基础奠基于这个拱门模式(图 1-5)，这个模式对于大学生的意义是比较生动、具象和立体地描述了生涯发展的影响因素以及相互关系。

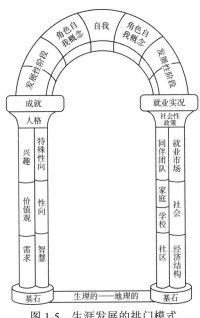

图 1-5　生涯发展的拱门模式

(1) 拱门的底层部分包括左右两边的基石和中间的地基。左边的生理基石是指个体的生理遗传基础，包含塑造个人需求、价值观、兴趣等延续性的生活事件及影响；右边的地理基石是指个体的成长环境，是个人之外的世界，包含影响个人及其生涯选择的社会和文化因素。中间部分则是这两个基石延伸交互熔铸的地基。

(2) 拱门的中间部分是石柱。它立于基石之上，代表着影响生涯发展的两个主要因素：左边的石柱代表着内在影响因素，包括需求、智慧、价值观、性向、兴趣和特殊性向，这些因素支持了个人心理特质的发展，发展出一个人的人格倾向，并导向个人的成就表现；右边的石柱代表着外在影响因素，包括社区、学校、家庭、同伴团体、经济结构、社会、就业市场，这些因素影响了社会政策及就业状况。

(3) 拱门的顶端部分是连接两个基石的拱形和楔石。两个石柱连接的部分是拱形，由生涯发展阶段与自我概念串联而成，两个石柱向上延伸，代表着内在因素和外在因素交互影响，通过个人的生涯发展阶段，逐渐形成"角色自我概念"，进而发展成"自我"，主导个人的生涯选择与发展。最顶端的"楔石"是自我，它位于拱门的中央最高点，象征着个人生涯发展的关键，包括一生中所有生活角色的综合活动，并且通过持续的生涯发展阶段中的一些角色自我概念来实践。个人的生涯发展会受自我概念的影响，自我概念是树立个人生涯形式的主动力。

第三节　促进生涯觉醒

几乎任何一部生涯教育的教材，在开篇总要讲到"唤醒"，这除了使用上的惯性在作怪之外，还在于 "自我中心式"的思维方式和"自以为是"的表达，我们总站在学生的对面试图去唤醒学生，让学生从一种困顿的、迷茫的、迟钝的状态变成一种积极的、活跃的、主动的兴奋状态。这种假设除了带有预设的消极情绪之外，还给我们提供了一个问题空间，即如何从生涯发展的"初始状态"到达"目标状态"？最重要的一点就是大学生自身的生涯觉醒，引发其生涯发展的意识。觉醒是一种自主的、积极的、有目的的发展动作和结果。

一、生涯意识

生涯教育不是孤立的课程，更不是单一的知识传递，而是学生的自我觉醒，让学生自己发现自己，在学生的内心引发生涯发展的意识——看见过去，把握现在，遇见未来的一种主动倾向和能力。正如叶在庭教授所述，大家似乎立刻就从旁观者的角色跳跃进入了生命乐章的某一节，心中挂念着自己在这一段落中能否演奏出美好的乐章。在此过程中，大学生要不断增进生涯觉知，逐渐澄清发展方向，完成各种生涯计划和准备。

关于如何描述"生涯觉醒"，到目前还没有一致性的意见，但是大家普遍认为生涯觉醒与生涯意识高度唤醒相关。生涯意识好像是一个广角镜，它能够为个体观察自己的生涯发展提供更加广阔的视角，为个体主要的生活可能性和责任提供一个现实的、图解式的表达方式，促进个体从"现在自我"发展到"可能自我"。要打破人们对生涯的刻板看法，大学生就要从关注局部到关注系统，从关注过去到关注过去、现在和未来，从关注工作拓展到更加广阔的范围，将未来一生中可能出现的包括工作在内的各种相互作用的生活角色、生活环境以及各种生活事件具体化。高度的生涯意识可以帮助大学生在考虑某一具体生活角色的同时将这一生活角色与其他角色联系起来，帮助大学生意识到各种生活环境对生活角色可能造成的影响，帮助大学生遇见计划内或计划外的事件对生涯规划与决策可能造成的影响，使大学保持生涯弹性和积极适应，激发生涯希望，对生涯发展保持渴望，并由此带来积极的情绪和行动。

教育的目的不仅是传授或接纳已有的东西，还要从人的生命深处唤起他沉睡的自我意识，将人的创造力、生命感、价值感唤醒。生涯意识是自我意识的重要组成部分，生涯觉醒属于自我意识的觉醒，大学是学生自我意识急剧增长、迅速发展和趋于成熟的重要时期，是大学生自我意识发展较为特殊的一个重要阶段，但这一时期的发展水平是不均衡的，具有不成熟性和可塑性，大学生要让自我意识朝正确的方向发展，通过恰如其分的外力来"唤醒"这一精神潜能，实现"生涯觉醒"。

二、生涯任务

扩展"生涯"的概念，我们可以看到舒伯"生涯"定义中包含着促进生涯觉醒非常重要的成分，我们再来复习一下舒伯所阐述的"生涯"定义。"生涯"一词阐述了我们一生并相互作用的各种生活角色、生活环境以及生活事件，个体在一生中通过各种角色、环境以及事件的相互作用和整合而实现自我发展。对于大学生来说，最主要的生活环境是学校，扮演学习者角色，需要完成的关键事件是努力学习并为未来的工作做准备。除了学习者角色之外，大学生还开始扮演恋人角色、工作者角色等；除了受学校环境影响外，还会受社会、工作大环境的影响，各种角色、环境和事件交互影响并最终促进大学生的发展(图1-6)。

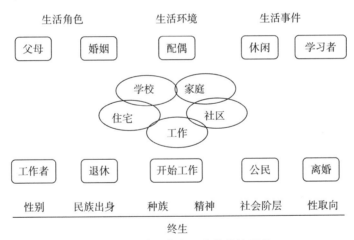

图1-6 环境—角色—事件关键要素

前面讲了"四生教育"和"生涯四度"的概念，这些都属于概念层的提法，最终我们要将这些抽象的概念和生涯经验打通，将未来可能的生活角色、生活环境和生活事件具体化，将未来的具体化形象与目前的状况联系起来进行考虑，并将其与实现目标和解决问题的计划相结合。从抽象概念到具体的经验打通需要把握"生涯"概念所包括的三个关键要素，即环境、角色和事件(图 1-7)。一个人的生涯任务就围绕这三个关键要素展开，一个有效的生涯动作就是觉察环境，明确期待；演好角色，积极行动；完成任务，满足要求。

它们形成一个螺旋式循环上升的过程。

图1-7　环境—角色—事件循环作用

（一）环境

环境是指围绕着人类的外部世界，它是人类赖以生存和发展的物质条件的综合体。例如，人、事、物、时、地、金钱和设备等都属于环境。在个体的生涯发展中，环境因素是生涯的背景因素，职业行为被称为"背景中的行动"，这个背景在理解个体的行为以及行为背后的动机、意义方面起着关键作用。在环境影响发展问题上，美国心理学家布朗芬布伦纳提出的个体发展模型(又称为"生态学模型"，图1-8)强调发展的个体嵌套于相互影响的一系列环境系统之中，发展的个体处在从直接环境(如家庭)到间接环境(如宽泛的文化)的几个环境系统的中间或嵌套于其中，每个系统都与其他系统以及个体交互作用，影响着个体发展的许多重要方面。它有四个主要影响人类行为的亚系统。

(1) 微系统。微系统位于环境的最里层，由个体在直接生活的环境中的各种活动和互动模式构成，包括特定环境下的人际交往，如家、学校或工作地点。因此，大学生要了解大学环境的要求和期待，积极参与课堂学习和师生互动。

(2) 中系统。中系统指几个小环境之间的联系，由两个或多个微观系统之间的交互作用组成，如学校和工作环境的关系。一个学生的职业发展不仅取决于课堂活动，而且取决于父母对学生职业的关心。

(3) 外系统。外系统由那些对个体产生间接影响的亚系统之间的联结组成，指的是成长中的学生不在其中，却对他们所处的直接环境产生影响的社会环境。例如，个人所在社区的保健、福利机构；父母工作单位和性质，父母的朋友和大家庭成员(祖辈、叔姨)提供的建议、陪伴和经济援助等。

(4) 宏系统。宏系统中的最外层是大环境系统，这不是一个具体的环境，而是由文化价值观、法律、习俗和规范组成的，是某个社会中的意识形态成分。

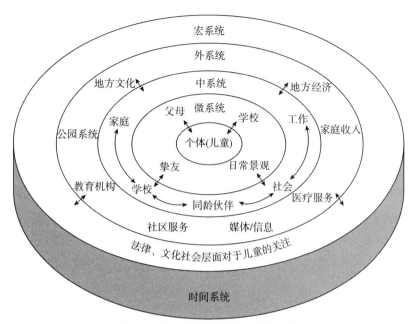

图1-8 布朗芬布伦纳生态系统理论

环境并不是以一种固定方式影响个体的静态力量，相反，它是动力性的、不断变化的。人的角色增多或减少以及新生活开始，其小环境的范围都发生变化。生活中，这种环境的转变称为生态变迁，往往成为发展的重要转折点。入学、参加工作、结婚、做父母、离婚、搬家和退休就是生态变迁的例子。模型中的时间维度称为时序系统。生活变化可能来自外因，也可能来自个人。由于个体选择、修正和创造其生活环境而产生。人究竟怎样做，取决于其年龄、身体、智力和人格特征以及所面临的环境机遇。因此，生态系统理论认为，发展既不是由环境单独控制的，也不是由个体内部原因决定的。相反，人既是环境的产物，也是环境的创造者，人和环境形成了一个相互依赖的网络，职业行为出现在人与其环境之间不断变化的交互作用中。每个人都应该经常性反思：我们所面临的环境是什么？环境对我们的期待和要求有什么？了解环境的目的可以帮助我们弄清环境对个人发展的要求、影响及作用，对各种影响因素加以衡量、评估并做出反应。例如，你需要了解学校的环境与要求，遵守学校的各项规章制度；你想要的工作、生活是什么样的，需要什么能力和条件，各有哪些优点和缺点；了解未来职业有哪些，发展前景怎样，社会发展趋势对所选职业有什么影响，要求如何；未来进入职场通过与上司和同事的沟通，清晰地了解岗位的具体要求，通过观察的方式关注企业的隐性要求，并时刻关注企业和职业的变化趋势，提前做好准备。

（二）角色

角色原指戏剧舞台上的人物，指个体在社会群体中被赋予的身份以及该身份应该发挥的作用。角色是一个抽象的概念，不是具体的个人。角色本质上是一种社会关系，具体的个人是一定角色的扮演者。角色由人们的社会地位所决定，是社会期望的行为模式。它包括三层含义：①一套社会行为模式，每种社会行为都是特定社会角色的体现；②由人们的社会地位和身份所决定，角色行为真实地反映了个体在群体生活和社会关系中所处的位置；③符合社会期望，按照社会所规定的行为规范、责任和义务等采取行动。有些角色是生来就有的，如我们的性别角色，但多数角色是后天生成的，需要通过角色学习不断地了解与掌握新角色的行为规范、权利和义务、态度和情感、必要的知识和技能，以实现角色与位置及身份相匹配。一般而言，大学阶段面临着更加复杂的角色学习任务，具有以下三个特点：①这个阶段的角色任务较前一阶段更繁重、艰苦和复杂，对未来的生涯发展影响更大；②大学生所承担的社会角色发生了很大变化，面临着多种角色的适应和转变，如从学生到职业，从单身到有了恋人，从向往职业到事业初步成功，角色数量突然增加；③无论在生理上还是在心理上，大学生都开始走向人生的巅峰。所以这个阶段的学生既要复习"探索期"的任务，不断增加生涯认知，又要为"建立期"积极准备，他们处于两个关键阶段的交汇、融合、拉拽期……

科尔·因克森在《理解职业生涯：九种你必须了解的职业隐喻》一书中强调理解职业生涯的一种方式就是把职业生涯视作多种不同角色，角色是一个人的特点和别人期望他发挥的作用，是与社会地位相一致的社会限度的特征和期望的集合体，人们在对环境的要求和期待的理解基础上，会形成一定的角色认知——我们要扮演一个什么样的角色？如何采取符合角色期待的积极行动？例如，一个大学生要扮演好学习者的主要角色，同时增加儿女、工作者、休闲者等角色，这些角色的扮演都是为了回应环境中的要求。

角色网络图主要用来确定角色网络以及网络中的关键利益相关者的期望，我们也可以通过绘制角色网络(活动1-5)的方式协助理解我们应该扮演的一种或多种角色，看看有哪些角色期望。我们还可以通过查阅岗位说明书、进行职业生涯人物访谈和职场体验等方式来了解我们所应该扮演的角色。角色可以为我们进行职业生涯规划提供一定的指导，但也带来了大量难题：角色超载、角色冲突、角色模糊……个体需要不断调整、创新并不断改变自己的角色。

绘制你的角色网络

指导语：首先将你放在中心位置，将你的角色网络中的所有成员(对你有所期望的人)放在你的周围，写上名字或头衔，以便识别。然后绘制出由他们指向你或者你指向他们的箭头，这些箭头的粗细程度代表你们之间关系的重要程度或利益相关者对你期望的大小。

角色网络图

回顾刚才绘制的角色网络，请找出 5~6 个对你影响最大的利益相关者，写下每个关键利益相关者最重要的期望，如果你不确定他们最重要的期望是什么，就根据你的推测来填写。

利益相关者 1：	主要期望：

(续表)

利益相关者 2:	主要期望:
利益相关者 3:	主要期望:
利益相关者 4:	主要期望:
利益相关者 5:	主要期望:
自己	主要期望:

常用来进行角色转变的四个阶段(表 1-7)可以帮助我们快速适应不同的角色切换,这四个阶段分别是准备、接触、调整和稳定,对于未来,我们无论在组织内还是在组织外遇到的角色转变和适应问题,它都提供了一个可参考的框架。

表1-7 角色转变的四个阶段

阶段	主要任务	实例
准备阶段	预料与期望发生的一些转变，个体为这些转变做好准备	学生预料职场人与学生角色的不一致，准备提前进行职场礼仪和职业习惯的训练
接触阶段	这是对一种新角色的全新体验阶段，个体接触并需要实现新环境中的要求和期望	进入大学后新生适应性教育；进入职场后为新人提供的岗位学习资料，如岗位说明书；开展新员工培训项目
调整阶段	个体为了适应新角色，需要不断调整行为，甚至会调整自我同一性，努力扮演或改变角色，从而符合环境要求	按照学校规章制度行事，按照组织的岗位要求工作
稳定阶段	在这个阶段，调整变得非常稳定，个体与组织处于平衡状态，此阶段可能会遇到职业发展瓶颈、职业倦怠以及组织变革	长期工作导致职业倦怠，组织变革带来的角色挑战，无边界职业生涯的变化

（三）事件

事件是指对生涯发展产生影响的经历或任务。我们每天都会经历很多事，但是只有被注意到的关键经历才能被称为"事件"。对于大学生来说，最重要的是通过觉察环境、明确角色来确定每个角色应该完成的"核心事件"。我们需要完成的任务是什么？我们需要每天做什么事？这对于增强学生的目标感、现实感具有重要意义，落实到具体的事情上，才能让高高在上的概念平稳落地。有同学说："不好意思老师，我没有成就故事，从小到大，我从来没做过什么一鸣惊人的事。"这属于事件吗？这属于主观上认为没有关键事件，但是也可能存在客观上被外部认为重要的事件，如上大学就是一个对于学生来说很重要的事件。判定一个事件的标准是事件(任务)对个人影响的主客观情况和情感体验，主要有以下四个标准：

(1) 价值标准。一般都是成就事件，能产生积极的影响或者即使是负性事件但仍然能够主观积极评价。例如，有学生表示自己小学三年级时获得了奖状，从此认为自己是好学生，开始好好学习，这对他来说就是一个事件。

(2) 主观标准。判断是不是事件，它是个人的主观体验，不一定是客观事实，所以不仅要看到外表还要看到内里，有时看似是一件小事情，但可能是个大事件。例如，有一个大学生经历了3个月的实习却发现自己不适合本专业对应的就业方向，但该生还是非常感谢这个"挫败"经历。从客观上来看，这是一个负性事件，但主观上却是一个有价值的事件，因为该生能够通过这个"挫败"经历及时调整发展方向。

(3) 客观标准。虽然前面讲了判断的一个标准是主观标准，但是不能陷入"主观主义",如果从外部来看,只有一些重大的、积极的且与外部相关的事情才能称为事件。例如,面试官会极力寻找能够证明"他匹配"的经验、故事、项目和知识结构,他的证明是有第三方评判标准的。

(4) 可见标准。事件应该能够被描述或者被识别,它们通常以任务、项目、经验、经历的形式存在。例如,发生在你身上的事件能否被写在简历中?评优的时候能否被写下来?年终总结汇报的时候能否被说出来?

从这四个标准来看,所谓的"不是一鸣惊人的事"有可能是影响个人生涯发展的"大事件",有些看似"惊天动地的大事件"却只是个人经历的小事情。所以,大学生平时要积极探索,不要好高骛远,敢于做一系列的"小事情",有时候也要学会预设"大事件",通过整合打通一系列"小任务",使之成为影响个人生涯发展的"大事件"。大学生可以通过"成就故事撰写"(活动 1-6)或"撰写简历""个人述职""个人发布会"等形式梳理生涯事件,实现"经验+反思=成长"的智慧升级。

成就故事撰写

指导语:请每名同学撰写 5~7 个"成就故事",并根据每个"成就故事"分析自己需要具备的知识、能力、技能和其他特质(如兴趣、性格、价值观等),你需要用 4 年的时间不断地打磨,从而让你的优势如同钻石般散发出璀璨耀眼的光芒。这些"成就故事"不一定是工作或学习上的,也可以是课外活动或家庭生活中发生的,如获得奖状、一次美好而难忘的旅游等,它们不必是惊天动地的大事,只要符合事件四条判断标准就可以被视为"成就"。

撰写规则:为了更好地呈现成就故事,我们可以结合 STAR 的结构化表达来撰写。

(1) S: situation,情景,即当时面临什么情况。

(2) T: target,目标,即需要完成的任务是什么。

(3) A: action,行动,即采取了哪些行动来达成目标。

(4) R: result,结果,即最后的结果如何,对我们有什么启发。

分析规则:任何被称为事件的都是有意义和价值的,这些事件后面隐藏着对个人生涯发展至关重要的资源,通过 KASO 分析框架(图 1-9)可以实现对重大事件的分析,其中 KASO 分别指的是知识(knowledge)、能力(ability)、技能(skill)和其他特征(other features),一般包括兴趣、性格、价值观等。

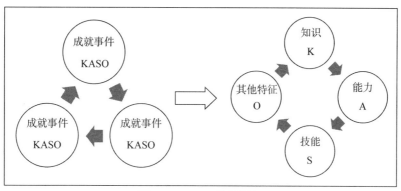

图 1-9 KASO 分析框架

三、生涯觉醒的意义

觉醒是人类永恒的主题,是从物质追求到精神追求的转折。觉醒的意义表现在以下三个方面:

(1) 觉醒是自我的注视和遥望。觉醒是用一个"生涯主体"眼镜回看、再看和遥看自己的"生涯客体",是"我看着我"。它就像一个超时空摄像机,不仅能记录你的过去,意识到你的现在,还能开启未来的愿景。你在影像记录中看到自己的过去、现在和未来,从而能从过去汲取有益的资源,消弭过去的痛苦,珍惜每一个当下,转化积极认知,畅想美好的未来并积极地行动。当今很多大学生出现迷茫的现象,就是缺少生涯发展的元意识,缺少对自我的觉察,自己没有看到自己。所以当遇到一个痛哭流涕的大学生,我们应该鼓励他,帮助他认识自己,意识到问题,使他有所期待……但对大学生来说,主动求助是一个觉醒的标志。觉醒是解决生涯问题的第一把钥匙。

(2) 觉醒是经验的唤起和升腾。就像每年秋收后都要将土地翻一遍,经过翻耕,可以疏松土壤、加厚耕层、增进土壤里的水吸收、增进土壤的通气性。如果多年不耕地的话,土壤会变得僵硬,庄稼也不能正常生长了。其实我们的"生涯土地"也要时不时地翻一翻,如果不能经常性地觉醒,我们的经验就会板结钝化,我们就会变得刻板固执。觉醒是对生涯土地的熟化,能为未来的生涯建构打下意识的基础。个体尝试翻起一连串此起彼落的生活经验,唤起相关的事件,将本来碎片化、散落的经验素材主题化、系统化,让故事与生命经验深刻连接,产生自我知识。重新解释生活素材,重新发现生活意义,从而建构出更加积极有效的主观经验和意义。

(3) 觉醒是个人故事的书写。"生涯即故事",生涯是专属于个人的。一个人对其生涯的思考方式,由客观思维的图式发展到主观思维的主模,后者可以激发出更多更新的可能发展路线。所以"我的生涯我做主",我们应该增加生涯发展的自主意识。例如,有的大学生在初中时抱怨父母,在高中时抱怨父母……如果你大学时还在抱怨,你应该想一下，你自己原本是可以有空间和时间去改写自己的生命故事的，不是父母不支持你的兴趣，而是你没有让父母看到你的兴趣或者他们看不到你的兴趣能够支持你谋生，你需要证明给他们看。环境提供了一个书写背景，你需要勇敢地拿起笔墨纸砚去撰写你的生命故事。觉醒，让你看到书写自己故事的力量。

四、生涯觉醒的标志

觉醒的标志是什么？英国著名社会学家安东尼·吉登斯将觉醒概括为"富有命运特征的"转折时刻，他说："当一个人生活中富有命运特征的时刻来临时，个体纵观人生感到自己正处在一个十字路口上，他们在这个重大转折时刻注意到了新的需要和新的机遇，拿出必要的时间和精力对自身要面对的外在条件加以控制，重新改变行为方式或者塑造自我。"然而，这个人生的重要时刻有时候发生的猝不及防，也看起来有些玄妙。就像在一所高中进行生涯讲座时，突然听到前排的一个学生说"是时候了，该开始了"，笔者觉得这就是觉醒。在山东特殊教育职业学院讲座时，几名听力有障碍的学生突然使劲"用手比画着"我的课件，这也是觉醒……有的学生听着生涯规划课情绪起伏，有的学生和你谈话之后觉得你说得很有道理，有的学生已经开始行动……这些都是觉醒。成人的世界中也有觉醒，有一个销售顾问在培训课中偶然听到培训师讲到"职业规划"时，教师说"人生需要规划"，他说这个词听起来挺新鲜的(突然地顿悟)，他说这是他的第一次生涯觉醒，我想这次新鲜的体悟是因为"人生需要规划"这几个抽象的文字恰好碰到了他的人生定位或者转型需要，或者他遇到了人生低谷，而这个"人生需要规划"既是一种情绪上的激活、认知上的顿悟，更预示着他行为的启动。然而，这种觉醒不应是一时的兴起，它与整个人生命运深刻关联，调动认知、情绪和行为三大心理过程，标志着一种生涯的全面启动。

通常认为，觉醒有三个重要判断标志，分别是认知上的顿悟、情绪上的激活和行为上的改变。它来源于心理学的概念，分别是认知、情感、意志行为，这也是人们心理活动的三种基本形式。

(1) 认知上的顿悟。认知是指我们的观念、思维方式和大脑加工信息的方式。认知上的顿悟是指我们通过学习获得一种对生涯整体性和突然性的理解，这种认知上的顿悟一般需要在认知水平上达到某种程度的积累。例如，我们了解了生涯的概念和相关生涯理论之后，增加了对自我和外部世界的认知，加入了理解、领会与思维等认识活动的参与，就会对生涯形成一个突然的领悟，形成一些基本的思考。生涯在很大程度上取决于我们的思维内容和方式,生涯质量也取决于我们对于生涯问题和决策所了解的程度。"踏破铁鞋无觅处，得来全不费工夫"，有时候我们在观念中突然意识到生涯规划的重要性和必要性，就应该尝试整合自我和外部世界的知识。例如，当一个学生了解了"生涯宽度"的概念之后,突然意识到进入大学后自身的各种不适应正是因为各种角色没有协调好,她认为"生涯不仅是找工作,更是有关个人的终身幸福学"。

(2) 情绪上的激活。情绪是指对于客观事物是否符合我们的需要而产生的态度的体验。从情绪的唤醒模型(图 1-10)可以看到,情绪的激活指从被动的、消极的、沉睡的、懒惰的状态到主动的、积极的、清醒的和活跃的状态。情绪是对趋向知觉为有益的、离开知觉为有害的东西的一种体验倾向,这种体验倾向为一种相应的接近或退避的生理变化模式所伴随。生涯觉醒意味着人们认识到生涯规划的意义,加深自我和外部世界的认识,开启对美好的状态或美好未来的预期,带来一种自我提升或者一种从困境中自我释放的感觉,或者一种个人感觉可胜任、可应对的能力感和心理上的满意度,或者一种人们对生活的目标感、意义感以及对生活中充满无限的可能性的感觉。通过一节课、一次活动、一次谈话很难完成生涯觉醒,但是可以感觉到学生情绪上的这种变化,如上课时看到学生从"无所谓"到"有所动"——突然抬头,去听、去思考……好像有了某种感觉,这就是一种情绪的激活和觉醒。

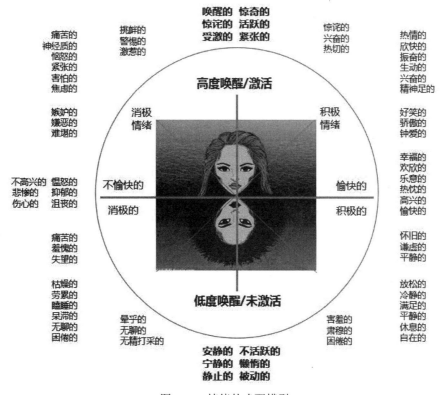

图 1-10 情绪的唤醒模型

(3) 行为上的改变。行为是根据自己的主观愿望自觉地调节行动,去克服困难以实现预定目的的心理活动。例如,通过生涯规划课,学生更加明确发展目标,更加认真学习了，开始职业探索了。通过课程、活动、谈话，在认知上有点变化、情绪上有激活相对简单，但是在行为上有变化却很难。生涯觉醒优先可能带来行为潜能的变化，然后才是行为上的变化。这里所说的行为上的变化包括学习行为的数量和质量的增加、更加自律的生活、整体生涯的规划设计、更加积极地探索外部世界(通常为职业，对于高中生来说还有大学和专业等)、职业生涯成熟度增加等。这种行为的变化不是一时兴起，是持续地起作用，持续地迭代演化。当然，行为的改变往往需要相对长的时间，也需要从概念层面的设计变成一个个具体的、小小的行动。一个有效的战略就是将目标清晰化、具体化和可视化，把大目标分解为一个个小目标、小尝试，日拱一卒，日日精进，叠加迭代，就是一场大的生涯胜利。

认知是对外界事物进行信息加工的过程，是情感的基础和行为的先导。生涯觉醒带来知情意行的变化，是我们的一个目标，但我们要认识到生涯觉醒是一个逐步上升、逐步整合的过程，是从了解到触动，再到思考与行动的过程，然而它可能会有反复、有循环，也有可能"时而醒，时而未醒"。但是我们可以肯定的是，当我们把自身发展的使命与天赋关联时，内在的小宇宙就开始启动并随时引爆，内在动力也会被激发。当每堂课的学习、每门课程、每次活动、每个事件都与大学生的未来有关，我们就会自觉自发地进行连接，把当下与未来打通，激活潜能，唤醒担当。

五、生涯觉醒的三个层次

生涯觉醒是心理活动对个人生涯的指向和集中，是对个人生涯的自我认知、自我体验和自我控制，这里的心理活动包括"知、情、意"。生涯觉醒标志着人们总是有选择地指向生涯、认知生涯、规划生涯，探索自我和外部世界，并不断地整合自我，明确发展目标，努力地为未来生涯做准备。毛泽东曾经指出："任何有群众的地方，大致都有比较积极的、中间状态的和比较落后的三部分人。"历史唯物主义认为，有目的性是人类活动的重要特点，对人类活动顺利而有效地进行有着重要意义。生涯觉醒的层次也是按照程度对人进行归类，我们尝试从是否有明确的目的和是否需要意志努力两个维度将生涯觉醒分为三个层次，分别是无意生涯、有意生涯和有意后生涯。

(1) 无意生涯。无意生涯指没有明确目的，也没有意志努力的生涯发展状态。我们看到，相当一部分大学生就处于一种像"休克"的无意生涯状态，他们没有明确的学习目的，不知道学习的意义，也从来不尝试付出努力，他们甚至没有想过学习这件事。我们需要注意他们只是"休克状态"，他们的学习基础和硬件条件很好(不然上不了大学)，但是软件条件有了问题(思想、观念没有被激活)，没有学习动力，导致个人发展停滞不前。尤其到了大学，目标没了(如要上大学)、反馈断了(如考试成绩)、管理松了(以自我管理为主)、见效慢了(需要毕业甚至毕业后才意识到)，这种生涯上的"休克状态"，如果有一套行之有效的办法(可以参考后面的生涯觉醒的操作办法)，便很快就能够被激活。这里需要说明的是有小部分学生是"虚假努力"或者"无目的的努力"，他们每天看似很认真地学习，但是学习结果并不理想。

(2) 有意生涯。有意生涯指有明确的目的，也需要意志努力的生涯发展状态。此时我们开始了解学习目的，开始有意识地为未来生涯做准备，开始整合自我兴趣、性格和价值观，形成对自身统一的理解。例如，有的大学生对自我了解，对外部世界(通常为职业)也了解得很清楚，这类学生似乎活得很明白——"什么时候要干什么"他们很清楚！他们会为自己的目标付出极大的努力！这类大学生基本上不需要唤醒，他们只需要被教练、被激发。有意生涯其实是师生共同追求的目标，每一个大学生都应该活的有目的又努力。

(3) 有意后生涯。有意后生涯指有明确的目的，但不需要意志努力的生涯发展状态。不需要意志努力不意味着不努力，而是不刻意地努力，它是有意生涯的特殊形式。这时候努力已经形成了"记忆"，人们被梦想召唤，为真我努力，不需要过多地思考和强制，努力变得超级自动化。"抗疫英雄"钟南山院士就有这种"有意后生涯"的状态，他肯定有明确的目的，每天不需要刻意地约束自己，也能努力追逐他长期从事呼吸内科的医疗和教学科研工作。弗洛姆说："我们需要一个献身的目标，以便把力量整合到一个方向，以便超越我们的孤独生存状态，超越此状态所造成的一切疑虑与不安之感，并且满足我们企求生活之意义的需要。"当我们长时间为自己的一个献身目标努力后，我们也可能会达到这种"有意后生涯"的状态。

六、生涯觉醒的操作方法

如何更好地帮助大学生生涯觉醒？课程学习、实践活动、测评咨询等都是唤醒学生生涯发展意识的有效手段，可以帮助大学生从一种"无意生涯"到达"有意生涯"甚至"有意后生涯"的发展状态。当然，这种操作有效性的前提在于我们相信大学生拥有这种认识自己和改变自我概念、基本态度与自我定向行为的内部资源。

人们有着积极实现自己固有潜力的大量内部运动，也具有向更复杂、更完善方向发展的天然趋势，具有自我观察、自我体验、自我控制的元能力，最终实现自我发展的"实现倾向"——个体会朝着完整、统合、统一的人生方向发展。当然，不同的人生涯发展层次不同，有的"终生不觉"，有的"且做且觉"，有的"未做先觉"。对于使人觉醒，不同主体有不同的方法，在具体使用上一定要"对症用药"，选择适合自己的生涯觉醒方法。我们将生涯觉醒的操作方法分为12种(表1-8)。

表1-8 生涯觉醒的操作方法

序号	工作路径	方法解读	活动工具	画外音
1	概念学习法	通过学习生涯、职业生涯和职业生涯规划等经典概念,激发生涯发展意识	讲授法	哦,原来是这么回事
2	时空位移法	该方法着眼于"生涯长度",透过时间和空间的移动,同时让站在不同时空位置的"自我"进行相互对话,让现在的自己找到破土而出的力量	从老年的我看现在的自己;生命线;30岁的名片	珍惜现在
3	时间体验法	该方法将时间这种抽象的概念具象化,引导学生看到时间的稀缺、有限和紧迫,从而更加珍惜时间,更加珍惜有限的生涯。从时间的有限性这个结论来引导出进行生涯规划的必要性	撕纸条游戏、人生A4纸张	时间有限,珍惜时间
4	愿景体验法	通过对于未来目标或者愿景的描述体验愿景,明确发展路径,将愿景具象化,进一步加强行动的力量	生涯幻游技术;生涯目标视觉化	为梦想而努力
5	价值澄清法	通过对人生价值的评价,唤起学生对生命意义和人生价值的思考,唤起学生对生命的郑重态度,唤起学生做生涯规划的内在认可	火光熊熊、临终遗命、墓志铭、洞口余生、生命的思考	实现人生价值和意义
6	问卷测评法	该方法通过正式/非正式的测试评估或者前后测对比的方式呈现学生生涯发展状态,通过测验的解释唤起学生的事件经验,让抽象的概念、让一大堆数据回到学生丰富的生活经验中,从而帮助学生产生共鸣和回想,生成对自我的意义,在生活印象中启动自我知识	职业生涯困惑问卷;霍兰德职业兴趣量表等	我是这种类型的吗?我得好好了解下
7	调查研究法	通过引导学生走进实验室、走进社区、走进企业、走向职场,去调研、去体验、去研究,用自己的所见、所知、所感去激活真实的生涯发展,可以结合社会实践活动、志愿服务和专业实习进行,如专业体验所、职业体验所和职业实习所	职业访谈、职场调研	原来真实的职场是这样的

(续表)

序号	工作路径	方法解读	活动工具	画外音
8	就业分析法	通过呈现就业人数、就业方向、就业压力、岗位竞争指数和考研人数等就业数据，引导学生分析严峻的就业形势，激发生涯规划的紧迫性，趋利避害，避免出现"毕业即失业"的尴尬现象	就业数据分析	就业形势很严峻，你不努力，就有可能被社会淘汰
9	榜样示范法	观察学习是非常重要的学习手段，人们往往通过观察别人及别人行为的结果进行学习。通过优秀的生涯人物举办讲座、报告、沙龙、访谈等活动，对职场榜样、朋辈榜样、家长榜样的观察学习，可以激活学生的生涯兴奋度	职业生涯人物访谈	向人家学习，看人家真能
10	案例分析法	通过一些生涯规划成功或失败的典型案例，提高课程的趣味性，通过案例内容引导大学生思考，学习和掌握课程内容。在案例分析时可以建议学生参考"GRAI复盘法"进行复盘，GRAI指目标(goal)回顾、结果(result)呈现、分析(analysis)原因和总结(insight)规律，即案例讲了……，想实现……目标，但最终出现了……结果，原因是……，对我们的启发是……，"对别人的事情做思维推演"，通过案例分析引导学生了解生涯规划的意义，把握生涯规划的关键，进行战略性的生涯思考	案例分析	没有规划的人生，会浪费时间和精力，必须加强生涯的战略性思考
11	实践活动法	通过一些生涯主题的实践活动来激发大学生的生涯兴趣，如职业生涯规划大赛、模拟求职大赛、想象简历大赛、生涯体验周(日)、生涯辩论赛等。这些活动不仅具有激发生涯意识的作用，还具有促进自我探索、外部探索和能力提升的作用	职业体验、职业实习	我要发展

(续表)

序号	工作路径	方法解读	活动工具	画外音
12	故事启发法	通过一些含有讽喻或明显教训意义的故事，引导学生反思，使学生明白某个富有教训意义的主题或深刻的道理	《不知何为水的鱼》《鱼牛的故事》《四只毛毛虫的故事》《驴子和马的故事》《画画与卖画的故事》《竹子生长的故事》	这就是我想要的职业状态吗

（一）概念学习法

该方法相信文字和抽象的概念只是生涯学习的基础，把理论知识具象化并和个人具体的经历乃至生命经验结合起来才是生涯觉醒的关键。我们可以通过教师的讲授、叙述、解释、推论来学习生涯知识、概念、定律和理论，从而进一步认识生涯规划，形成系统的生涯知识体系，促进学生的生涯觉醒。该方法可以在较短时间内获得大量系统性、全面性的生涯知识，包括生涯的概念、维度、意义以及相关类似概念的辨析，生涯规划的流程，生涯相关理论，等等。通过概念的学习，学生可提升认知水平，为接下来的生涯觉醒做准备。需要说明的是，在概念学习时需要解决两个问题：一是"被动听"的问题，二是"概念空"的问题。在学习生涯概念的时候，有些大学生会感觉没有参与感，感觉很空，为什么？因为这些抽象的概念知识没有和学生的个人经验结合起来，鉴于生涯规划课"体验密集型"的课程特征，在概念学习时，要牢牢记住"学习知识、促进体验、积极反省、连接经验"十六字法则，任何一个知识点、概念背后一定是一个人体验的激活、反省的跟进和经验上的连接，所以学习这些知识点的时候，大学生要经常自问："这对我的意义是什么？"从而促进知识与经验的连接。教师在上课时经常采用讲授或者活动的方式，大学生在概念学习的时候可以根据教师引导，参加类似"生涯记者会"的活动(活动1-7)加速学习。

在概念解读时可以使用的教学引导

(1) 讲授一个能说明所讲授主题内容、有意思的故事或者案例，如果能够使用身边的学生案例效果更佳。

(2) 使用一些记忆技巧或方法帮助学生记忆关键点或者关键词。例如，在讲到舒伯定义的"生涯"概念的时候，引导学生记住环境、角色和事件三个关键词。

(3) 尽量使用口语化或者生活化的语言对概念进行描述或解读。

(4) 在黑板上或者白板上写下所讲述概念的关键词。

(5) 使用一些道具、玩具或者模板增加陈述的趣味性，使表达可视化和具体化。

(6) 讲完某一个概念的时候，引导学生复述一遍，或者引导学生将此概念解释给身边的同学听。

(7) 使用学习结果记录卡(图 1-11)或者便笺纸作为索引卡片进行内容记录。

(8) 在陈述中周期性地停下来，小组讨论刚才的陈述及在实际学习、工作和生活中怎样运用它们。

学习结果记录区	疑问区

学习效果自评：互动反应□　知识学习□　技能行为□　应用成果□

图 1-11　学习结果记录卡

活动 1-7

生涯记者会

将知识讲授转变成一个类似记者招待会的形式，教师在课堂上扮演新闻发言人的角色，其主要任务是对学生提出的问题进行解答。学生主要扮演记者，每个学生都有一张卡片，卡片上有一个学生想向老师提问的问题，提问者可以使用不同颜色的便笺纸(红色表示最重要，黄色表示重要，绿色表示一般)或者标注数字来表示不同问题的优先级或重要程度。这种形式可以激发学生的学习参与热情。

(二) 时空位移法

该方法着眼于"生涯长度"，透过时间和空间的移动，让站在不同时空位置的"自我"进行"多位置的我"彼此间的相互对话,从时间长度对自我进行多阶段的思考比较,能让现在的自己找到破土而出的力量。通常,我们可以使用"从老年的我看现在的自己"(活动1-8)、"30岁时的名片"(活动1-9)和"生命线"等活动,通过时空的"前置后置"引导自己积极思考。例如,对于一名大一的学生,你可以通过过去、现在和未来三个时间的问句促进积极思考。首先,可以引导学生回忆过去:"如果回到三年前,你最想对自己说什么?"其次,引导学生展望未来:"如果回到四年后,你期望自己的样子是什么?"最后,引导学生回到现在:"你现在最应该干的事情是什么?"

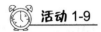

活动 1-8

从老年的我看现在的自己

第一,请当事人以老年时的自己写信给现在的自己。

第二,引导当事人按如下方向思考:

(1) 不知你(现在的自己)想看到的我(老年的我)是否让你满足、愉快?

(2) 你想未来如何经营你的生活,会帮助你走向你满足、愉快的状况?

(3) 在你未来的日子中,什么会阻碍你达到满足、愉快?

(4) 这些阻碍会如何影响你?

(5) 有谁会看到这些阻碍无法操纵你的人生目标?他是如何看到的?

(6) 当这些阻碍出现时,年轻的你会如何用自己具有的宝贵的特质来协助自己、带领自己?

(7) 这些特质会如何陪伴你到老?

(8) 你希望这些特质在"我"这个老人身上扮演怎样的角色?如何伴随"我"?

(9) 你希望我如何记得你?感谢年轻的你?

(资料来源:吴熙娟、萧景容等)

活动 1-9

30岁时的名片

畅想十多年后你30岁时,在所谓"而立之年",你已是一位自己心目中的成功人士了,需要经常向他人出示你的名片。请为那时的自己设计一张名片,可以借助模板,也可以自己另行设计。名片正面要包含的内容有姓名、职务、单位名称、地址、电话、E-mail、单位网址、微信、QQ等。在名片背面,请为你的单位或你自己做一下简要介绍,以便宣传你的单位或你自己。名片参考尺寸:90mm×54mm。当然,条件允许的话也可以制作成电子名片格式。

名片制作好后，请在小组及班级内交流分享并展示。如果时间允许，可以设计一定的情境，策划一次职场达人聚会；也可以小组或班级为单位举办一场生涯演讲会，畅想20年后的职业生涯。

备注：我们在使用的时候完全可以根据我们回溯的时间终点进行设置，如对大一学生使用毕业时的名片，畅想毕业后的样子。

（三）时间体验法

时间是一种尺度，时间是变化的量度，是我们对这个世界的测量。借助时间，事件发生之后可以按过去、现在、未来的序列来确定(时间点)，也可以衡量事件持续的期间以及事件之间的间隔(时间段)。时间是单向而不可逆的，该方法将时间这种抽象的概念具象化，引导学生看到时间的稀缺、有限和紧迫，从而更加珍惜时间，更加珍惜有限的生涯。常用的活动有"撕纸条游戏(生涯量量看)"(活动1-10)、"人生A4纸"，在使用"生命线技术"时标注生命的结束时间或者用实体的绳子代表生命线，在活动中让学生剪掉生命线中已经度过的时间部分，也是通过时间体验的方法诱发学生情绪，让学生意识到时间的珍贵和生涯规划的重要性。

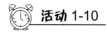
活动 1-10

撕纸活动（生涯量量看）

活动场地：室内。

活动人数：不限。

材料准备：带有刻度的拇指宽的纸条。

10	20	30	40	50	60	70	80	90	100

活动目的：认清职业生涯规划的重要性。

活动流程：

请准备一张A4纸撕成拇指宽，按一个方向折成10格。

假如这是你个人从0～100岁的生命，接下来我们来玩撕纸游戏。

你期待活到几岁？(把活到岁数之后的撕掉)

你现在几岁？(从前面撕掉)

你几岁退休？(从后面撕掉，哇！就剩这么长了，这是你可以工作的时间。)

一天24小时你会如何分配？(请将剩下的纸折成三等份，通常是睡觉8小时，占了三分之一；吃饭、休息、聊天、发呆、看电视、上网等又占了三分之一，所以真正可以工作的生产力约8小时，只剩三分之一。请你把三分之二撕下来，放在前面。)

比比看。(请用左手拿起剩下的三分之一，用右手把退休那一段和刚才剩下的三分之二加起来，并请思考一下你要用左手的三分之一工作赚钱，提供自己另外三分之二的吃喝玩乐及退休后的生活。)

想一想。(你要赚多少钱、存多少钱才能养活自己上述的日子，这还不包括给父母、子女、配偶的喔！)

你现在有何感想？

你会如何看待你的未来？

活动总结：

(1) 最后撕剩的这一小段纸条，就是学生能够用于职业生涯规划(狭义)的时间长度。通过对比，使其内心受到形象的震撼，激发学生的紧迫感和强化规划意识的重要性。

(2) 我们每个人最宝贵的资源是我们的时间和生命，职业生涯规划就是在帮助我们去研究，每个人的最宝贵的生命之源要怎样投放。

(3) 先成为、再行动、后拥有。

(资料来源：作者搜集整理)

(四) 愿景体验法

许多学者研究认为，对于未来目标或者愿景进行描述，有助于愿景的实现，对未来目标的想象越生动活泼，朝向愿景的路径越清晰，完成目标的过程就越有效。有时学生能够清晰地描绘出心中的愿景，也就进一步加强了行动的力量。通过"生涯幻游技术"(活动1-11)引导学生成为×年后的自己，想象那时候自己的状态、感觉，从而激活生理、唤醒梦想，达到良好的生涯发展状态。此外，还可以简单使用"生涯目标视觉化"(活动1-12)的技术促进愿景现实化。

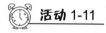 活动1-11

生涯幻游技术

让我们一起坐上时光隧道机，来到×年后的世界，也就是×年时的世界，请算一算，此时你是多少岁？容貌有变化吗？请你尽量想象×年后的情形，越仔细越好。

现在，你正躺在家里卧室的床铺上。这时候是清晨，和往常一样，你从睡梦中醒来，先看到的是卧室里的天花板。看到了吗？它是什么颜色的？

接着，你准备下床。尝试去感觉脚接触地面那一刹那的温度，是凉凉的，还是暖暖的？经过一番梳洗之后，你来到衣柜前面，准备换衣服上班。今天你要穿什么样的衣服上班？穿好衣服，你看一看镜子。然后你来到了餐厅，早餐吃的是什么？一起用餐的有谁？你跟他们说了什么话？

接下来，你关上家里的大门，准备前往工作地点。你回头看一下，你家是一栋什么样的房子？

然后，你将搭乘什么样的交通工具上班？

你快到达工作的地方，首先注意一下，这个地方看起来如何？你进入工作的地方，你跟同事打了招呼，他们怎么称呼你？你还注意到哪些人出现在这里？他们正在做什么？

你在你的办公桌前坐下，安排一下今天的行程，然后开始上午的工作。上午的工作内容是什么？跟哪些人一起工作？工作时用到哪些东西？

很快，上午的工作结束了。午餐如何解决？吃的是什么？跟谁一起吃？午餐还愉快吗？

接下来是下午的工作，跟上午的工作内容有什么不同吗？你在忙些什么？

快到下班的时间了，或者你没有固定的下班时间，但你即将结束一天的工作，下班后你直接回家吗？或者要先办点什么事？或者要参加一些什么其他的活动？

到家了，家里有哪些人呢？回家后你都做些什么事？晚餐的时间到了，你会在哪里用餐？跟谁一起用餐？吃的是什么？

睡觉前，你正在计划明天参加一个典礼的事。那是一个颁奖典礼，你将接受一项颁奖。想想看，那会是一个怎么样的奖项？给你颁奖的是谁？如果你将发表获奖感言，你打算讲什么话？

该是上床的时候了，你躺在早上起来的那张床铺上。你回忆一下今天的工作与生活，今天过得愉快吗？是不是要许个愿？许什么样的愿望？

渐渐地，你很满足地进入梦乡。睡吧！一分钟后，我会叫醒你……(一分钟后)

我们渐渐地回到这里，还记得吗？你现在的位置不是在床上，而是在这里。然后，你慢慢地醒过来，静静地坐着。

(资料来源：金树人)

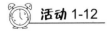

生涯目标视觉化

当一个目标更加清晰、具体地呈现在学生面前时，目标本身就能产生行动力。教师通过生涯目标视觉化的技术，让学生更加清楚地看到自己美好的目标，更加积极地去争取、去努力、去奋斗。例如，引导学生放松之后，让他们畅想毕业后自己的生活，并用彩笔将这种生活状态画出来，从而用美好的目标督促自己，促使自己进步。

（五）价值澄清法

人生价值是指个体的人所具有的知识、能力、德行和潜能等基本属性，通过实践活动创造出某种物质财富和精神财富，用于满足主体(自我、他人和社会)需要的积极意义和作用。人生价值就是个人生命活动的价值。实现人生价值能使短暂的生命因具备意义变得深刻而永恒。"火光熊熊""临终遗命"(活动1-13)"墓志铭""洞口余生""生命的思考"等活动可以激发学生对生命意义和人生价值的思考，澄清影响未来人生发展的价值观。

活动 1-13

临终遗命

目的：对个人的人生价值观进行具体的探索并协助成员在生活中做明智的抉择。

时间：45~60分钟。

准备：白纸、笔。

操作：由于种种原因，你正面临着死亡。终期将至，时间只允许你再做最后10件事，你会做哪10件事，并排出先后次序；然后写下你的遗嘱(50字以内)。你认真思索后写下你的决定和遗嘱，再向团体内其他成员说出，并解释原因，谈一谈你在写的时候有什么感受，这感受对你今后的生活有什么影响。通过练习，团体成员可以对自己的人生观和价值观进行整理，也可以通过与其他成员的交流启发自己。

(资料来源：樊富珉)

（六）问卷测评法

该方法通过正式或非正式的测试评估，或者前后测对比的方式呈现学生生涯发展状态。比如，出一套关于自我认识、职业认识和决策等方面的问卷，第一次上课学习时就进行测试，以测试的形式激发学生的生涯意识，课程结束后再次施测，对两次测试进行对比分析。通过测验的解释唤起学生的事件经验，让抽象的概念、让一大堆数据回到学生丰富的生活经验中，帮助学生产生共鸣和回想，生成对自我的意义，在生活印象中启动自我知识。又如，通过"职业生涯成熟度"问卷了解学生生涯发展现状，通过"职业困惑简易问卷"(活动1-14)了解学生在生涯发展方面遇到的问题。再如，通过"霍兰德职业测评""MBTI 职业性格测评"了解学生的兴趣、性格倾向，让学生了解生涯的科学性和信效度，让测验结果生成对个人生涯发展的意义。

 **活动 1-14**

职业困惑简易问卷

指导语：请闭上眼睛想一想，写下你未来的职业生涯可能遇到的困惑，可参考自我认知、职业定位、职业选择、职业适应、职业瓶颈、职业转型、职业发展等方面的问题。

我当前的职业困惑(请按照困惑程度依次填写)

困惑一：

困惑二：

困惑三：

（七）调查研究法

通过引导学生走进实验室、走进社区、走进企业、走向职场去调研、去体验、去研究，用自己的所见、所知、所感去激活真实的生涯发展，可以结合社会实践活动、志愿服务和专业实习进行，如专业体验所、职业体验所和职业实习所。

（八）就业分析法

通过呈现就业人数、就业方向、就业压力、岗位竞争指数和考研人数等就业数据，引导学生分析严峻的就业形势，激发生涯规划的紧迫性，趋利避害，避免"毕业即失业"的尴尬现象出现。

（九）榜样示范法

观察学习是非常重要的学习手段，人们往往通过观察别人及别人行为的结果进行学习。通过优秀的生涯人物举办讲座、报告、沙龙、访谈等活动，通过对职场榜样、朋辈榜样、家长榜样的观察学习，激活学生的生涯兴奋度。

（十）案例分析法

案例分析法是指对大学生生涯规划成功或失败的案例进行研究分析，从而获得生涯启示的过程。通过案例内容引导大学生思考，学习和掌握课程内容。通常，我们可以采用"GRAI复盘法"进行复盘，GRAI指目标(goal)回顾、结果(result)呈现、分析(analysis)原因和总结(insight)规律，即案例讲了……，想实现……目标，但最终出现了……结果，原因是……，对我们的启发是……，"对别人的事情做思维推演"，通过案例分析引导学生了解生涯规划的意义，把握生涯规划的关键，进行战略性的生涯思考。

（十一）实践活动法

通过一些生涯主题的实践活动来激发学生的生涯兴趣，如职业生涯规划大赛、模拟求职大赛、想象简历大赛、生涯体验周(日)、生涯辩论赛等。例如，将生涯规划大赛和新生入学教育有效结合，促进大一新生生涯唤醒。想象简历大赛有两种设计思路：一种是为学生提供高年级学生简历模板，根据未来的规划设计关键经历；另一种是撰写现在的简历和毕业后的简历(想象)，通过两个简历内容对比分析，从而明确差距，激发生涯行动。这些活动不仅具有激发生涯意识的作用，还具有促进自我探索、外部探索和能力提升的作用。

（十二）故事启发法

通过一些含有讽喻或明显教训意义的故事，如《不知何为水的鱼》《鱼牛的故事》《四只毛毛虫的故事》《驴子和马的故事》《画画与卖画的故事》《竹子生长的故事》等引导学生反思，从而明白某个富有教育意义的主题或深刻的道理。

故事： 竹子在最初生长的1~5年的时间里，在地面上你什么也看不到，因为这个时候竹子在地底下生长，它的根茎在地下盘根错节，与土壤融为一体，以满足自身生长的需要。一旦生长所需要的条件具备，新芽便从根茎上萌发，破土而出。这时它可能以每天一米的速度快速地茁壮生长。

启发： 大学是非常重要的人生关键期，是构建人生最核心基石的时候，表面缓慢成长，其实为日后的发展奠定强大的、坚实的基础。

故事： 一口不深的井里，住着一条鱼和一只青蛙。它们俩是好朋友，都想出去看看。青蛙除了坐井观天，还经常跳到井外，去看看外面的精彩世界。鱼十分羡慕，请求青蛙讲一讲井外的新鲜事。青蛙在外面周游一番回来后，告诉鱼："外面有许多新奇有趣的东西。比如说牛吧，它的身体很大，头上长着两只弯弯的犄角，吃青草为生，身上有着黑白相间的斑块，肚子下面长着四条粗壮的腿……"小鱼听着听着，脑海里出现了"鱼牛"的形象(图1-12)。

图 1-12　鱼牛的形象

启发：鱼在自身的经验基础上，听了青蛙关于牛的描述，最终建构了自己心目中牛的形象。任何人对客观世界的感知、描述都不可避免地带有自己的主观色彩，并且根据自己的理解建构属于自己的世界，所以要跳出固有思维。例如，我们因对专业的探索不够做出"不喜欢"这个专业的判断，这都是探索不够导致经验不全出现的"盲人摸象"式的错误，所以要增加探索，积累丰富的经验。

除此之外，还可使用生涯书籍阅读、生涯观影、生涯辩论赛等多种形式激发学生的生涯意识。有观点认为，生涯唤醒是持续进行的，是不分阶段的，从这个角度看，任何针对学生的生涯活动和形式都有生涯唤醒的作用。总体上看，可以选择的方法非常多，我们可以根据学生对象、时间和问题有选择性地使用相关的教学方法和程序。总的目的就是将学生从一种沉闷的、休克的、无所谓的状态渐渐转化为一种积极的、踊跃的、有目标的状态。

人的自主发展只有在唤醒后才能启动，教育对精神潜能唯一可做，也是首先需做的就是"唤醒"。人是现实的存在，但人又总是不满意和不满足于现实，总是渴望把"现实的我"变成"理想的我"，这为唤醒提供了可能性，有利于激发学生的生涯意识，启动其对自我身心活动的监察，让其自觉到自己的处境、焦虑、理想和选择……鼓励学生在努力探索自我和探索外部世界的基础上确立自身的生涯发展目标，激发学生对学业、职业，对未来的内驱力，同时提高自身的生涯决策力与生涯行动力，努力构建属于自己的人生蓝图。

思考题

1. 请谈谈自己对生涯、职业生涯、职业生涯规划和生涯发展的理解，说说这对自己未来的生涯发展有什么启发。

2. 请评估自身的生涯觉醒程度，并根据生涯觉醒的操作方法有意识地提升自身的生涯觉醒程度。

第二章
评估人生兴趣：表达真实自我

认识自我是生涯规划的重要基础，是个人生涯规划的底层逻辑。目前，关于自我认知比较统一的意见就是包括兴趣、性格、能力和价值观四个方面，除了"性格"因主流心理学界认为其没有经过科学的实证程序，在理论基础、信效度、二分法等方面均存在疑问，所以除在使用上有异议之外，其他三个方面都成为使用上的惯例。这一系列章节设置的目的就是引导学生通过各种方法、手段来了解自我，并了解自我特性与职业选择和发展的关系，形成初步的职业发展目标。

本章通过介绍兴趣的定义、兴趣的层次等相关概念，运用霍兰德兴趣类型理论帮助学生了解兴趣的类型和特征，通过正式或非正式的测评工具(活动)帮助学生探索自己的兴趣，最终目的是引导学生了解兴趣与其生涯发展的关系，引导学生正确看待自己的兴趣，发挥兴趣的积极作用，科学培养自己的兴趣，将兴趣转化为助推职业发展的能力。

第二章
评估人生兴趣：表达真实自我

第一节　兴趣与职业兴趣

最早从弗兰克·帕森斯开始，一直延续到现在，无论是学术研究还是日常对话，"兴趣"尤其是职业兴趣都被视为影响职业选择的重要决定因素。兴趣是确定一个人的"可能未来"的一种有效方法。这里隐含着一个基本假设：不同职业领域的人有着不同的兴趣模式，他们也应该有不同的职业指向。何为兴趣？兴趣表现为人对一定事物的关心和关切、喜欢和爱好，通常与无聊乏味、漠不关心相对立。在日常学习、工作和生活中，我们好像经常谈到兴趣：我没兴趣，所以我不喜欢学习；我对艺术很感兴趣，我想学艺术设计。"兴趣"好像浑身上下充满魔力，不仅能够影响人们认知、实践、成长、创新和成功，甚至有着化"枯燥"为"享受"、变"苦"为"乐"的奇妙功用。兴趣到底是什么？如何识别兴趣？兴趣与生涯发展有何关系？本章我们将一一叙述。

一、兴趣的定义

诺贝尔物理学奖获得者丁肇中曾经说过："兴趣比天才重要。"兴趣是个热门话题，关于兴趣的研究为多学科所关注，但最为教育学、心理学和职业学所看重。"兴趣"是指注意与探究某种事物或从事某种活动的积极态度与倾向。这与心理学中的界定一致，彭聘龄教授认为，兴趣是人们探究某种事物或从事某种活动的心理倾向，这种倾向以认识或探索外界的需要为基础，是在社会实践中产生和发展起来的，它是推动人们认识事物、探求真理的重要动力。

兴趣无时不在，无处不在。在日常用语中，"兴趣"一词有多种含义，但大多都过于模糊。兴趣的英文"interest"可以更好地表述兴趣的定义，这个英文单词可以拆分为"in、ter、est"三部分，其中"in"是向内、进入的意思，表示内心渴望，自觉自愿，强调一种天生的、本能的天赋指向。例如，当你还没开始做这件事的时候，你就迫不及待想要尝试了。我们大家都有过类似的经验，即当要做某件事情之前，有种莫名的期待感出现。如果说生涯觉醒能够发挥作用，它也会为我们指明一个可以长期"in"的领域。"ter"是领土、领域的意思，表示进入某个领域之后有一种沉浸、忘我的状态，这和心理学家米哈里·契克森米哈赖提出的"心流"概念一致，一种将个体注意力完全投入某活动所产生的高度兴奋感及充实感。例如，我们有时完全投入某项活动，就会感觉时间过得很快，如果放在工作领域，会发现有一股"洪流"带领着我们完全沉浸在工作中而无法自拔。有一个学生报告了自己初次写毛笔字的经历，她不知不觉写了一下午，甚至到了晚上，我想这是一种非人为控制的"自我沉浸"，是一种在"ter"的沉浸感。"est"是形容词的最高级后缀，表示一种结果满足，我们在行动之后获得满意的表现与成就，将会形成对该事物的兴趣并坚持下来。职业兴趣形成后，影响个体对职业目标的设定，进而激发个体的职业行动，通过职业行动实现个人目标后，又形成反馈环路。该观点得到社会认知职业(SCCT)理论的支持，社会认知职业理论认为，资源和障碍影响职业决策，它们通过对个体自我效能感以及结果期望的影响，而间接对职业决策产生影响，并会对个体的目标选择和行动产生直接的影响。谈谈我本人的经历：我本身对做 PPT 没有什么天赋和兴趣，研究生期间从事了咨询顾问实习工作，这项工作要求必须有较高的 PPT 操作技能，于是我就"强逼"着自己练习，后来工作后做的 PPT 又多次得到领导的认可和表扬，这使我开始喜欢制作 PPT，也就形成了某种兴趣，显然结果本身和结果所带来的正反馈激发了我的 PPT 制作兴趣。

我们通过对 interest(兴趣)的拆解(表 2-1)，更加清晰地认识"到底什么是兴趣"，我们也可以尝试从开始渴望、过程沉浸和结果满足这三个视角看待兴趣的定义，还可以通过这三个视角对自己的兴趣到底是不是真正的兴趣进行分析(活动 2-1)，从而澄清自己的兴趣，丰富自我概念系统。

表2-1　interest的拆解

in	ter	est
进入，向内	领域，土地，领土	形容词的最高级后缀
开始渴望	过程沉浸	结果满足

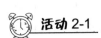

你最满足的三件事

指导语：请根据兴趣的英文拆解回忆三个从事某件事情时令你感到快乐、满足的经历。请细微地刻画这三个画面，描述是什么令你感到如此快乐和满足。

不同的生涯理论形成了对兴趣的不同理解(表 2-2)。生涯发展理论强调自我概念，强调对自我概念的探索和理解。这里所说的自我概念部分地包括在个体生涯环境下探索其兴趣特点。建构主义理论强调，个体选择职业的过程就是个体如何实现自我概念的过程，通常使用生涯访谈的方式获取个体的职业人格和生命主题。认知信息加工论强调，兴趣是自我知识的重要内容。在生涯决策过程中，个体首先在分析阶段确定自我知识(包括兴趣)，然后在综合阶段确定相关选项。社会认知理论强调，当个体从事他们能够胜任的活动，当他们相信他们的活动结果是有价值的，或者能产生积极效果时，该个体就形成了自己的兴趣。这些不同的生涯理论为我们拓展对兴趣的理解提供了不同的视角。

表2-2 不同生涯理论对兴趣的认识

生涯理论	对兴趣的理解	画外音
生涯发展理论	强调自我概念，强调对自我概念的探索和理解。这里所说的自我概念部分地包括在个体生涯环境下探索其兴趣特点	我是一个什么样的人
建构主义理论	强调个体选择职业的过程就是个体如何实现自我概念的过程，通常使用生涯访谈的方式获取个体的职业人格和生命主题	你最喜欢的电影和书是什么？你的业余爱好是什么
认知信息加工论	兴趣是自我知识的重要内容，在生涯决策过程中，个体首先在分析阶段确定自我知识(包括兴趣)，然后在综合阶段确定相关选项	想决策就得先了解自我
社会认知理论	当个体从事他们能够胜任的活动，当他们相信他们的活动结果是有价值的或者能产生积极效果时，该个体就形成了自己的兴趣	我能做好的就有兴趣

二、兴趣的层次

"兴趣"是一个很宽泛的概念。通常，我们以为的兴趣有时候只是我们以为的"喜欢"，仅仅有愉悦和快乐的体验还不能称为真正的兴趣，兴趣还涉及我们对精神世界更高的要求。心理学研究将兴趣分为有趣、乐趣和志趣三个层次(图 2-1)。这三个层次是兴趣的发生和发展要经历的一个过程。

图 2-1 兴趣的三个层次

(1) 有趣是兴趣发展的第一阶段。有趣也被称为感官兴趣。有趣是兴趣发展的低级阶段，其标志为好奇心。一般来说，它是被事物外在的新异现象所吸引而产生的直接兴趣，往往是由好奇心引发的、通过直观的感官刺激而产生的兴趣。例如，感觉酒店体验师这个职业很酷，每天都能到处免费旅游，能住各种星级酒店，就想当酒店体验师；感觉辅导员老师整天都很"清闲"，看起来就是发个通知，就想毕业当辅导员；看油画师傅每天随便画几笔就把钱赚了，就想当画家；看了一本心理学的漫画就打算跨专业考心理学；等等。这些都属于有趣层次，这是我们最原始的兴趣。这种兴趣的层次让我们当时很爽，却又无法让我们集中在任何一个事物上，形成能力，这是一种不稳定、外控的兴趣类型，它的特点是随生随灭，持续时间短暂。

(2) 乐趣是兴趣发展的第二阶段。乐趣也被称为自觉兴趣。乐趣是兴趣发展的中级阶段，其标志是求知欲。它是在有趣的好奇心的基础上发展起来的定向活动乐趣，往往与快乐的情感体验相结合。乐趣的特点是基本定向，持续时间较长，是有快乐的情感体验。在这一阶段，你的兴趣变得专一、深入起来。我们的好奇心开始向求知欲发展，进而发展出更高一级的兴趣——在情绪参与下，把兴趣从感官推向思维，由此产生更加持久的兴趣——自觉兴趣。例如，我们惊叹星空的美丽(感官)后开始描绘星座，这叫天文学；我们在吃饱饭后继续思考人为什么吃饭，这叫哲学；我们开始深入钻研烘焙技术，一周工作996(指早9点到晚9点上班，每周工作6天)，我们一点儿都不烦。自觉兴趣比感官兴趣更高级，思维的加入让我们的兴趣可以更加持久并定向在一个领域，从而在脑子里形成回路，产生能力，而能力又反过来让我们体会和学习更多。"能力—兴趣"的循环让我们慢慢精通某项能力，打开世界。这个兴趣是一个内控和相对稳定的兴趣类型，是兴趣发展过程的第二阶段。

(3) 志趣是兴趣发展的高级阶段。志趣是在乐趣、好奇心的基础上发展起来的。志趣产生的标志是在广阔兴趣上有了中心兴趣，它与对未来的目标感和责任感高度关联。在乐趣的基础上，学生易有广阔的兴趣，即对多方面的事物或活动具有的兴趣。中心兴趣是对某一方面的事物或活动有着浓厚而又稳定的兴趣。例如，学生多方面地摄取知识，打下扎实的心理学知识基础，然后在某一方面进行更加深入的钻研，培养起中心兴趣，选定发展心理学研究方向。志趣阶段的特点是：积极自觉，持续时间长，甚至终生不变，产生职业感。它使学生全身心地投入到学习活动中去，以致废寝忘食，专注地学习，它有助于学习创造性地进行。例如，钟南山院士一生钻研呼吸疾病；丰子恺长达46年画出《护生画集》。他们都在自觉兴趣之上发展出一种更加强大而持久的兴趣，这是人类最高兴趣等级，也是兴趣发展的最高阶段。

下面我们还需要增加两点思考：

一是兴趣分层次。我们要判断兴趣的层次或阶段：它只是与好奇心有关的有趣，是进入求知欲的乐趣，还是发展出中心兴趣的志趣阶段。

二是兴趣需培养。前面我们讲了兴趣的层次，这要求我们不断识别、培养自己的兴趣，提高兴趣的层次。我们要让自己先沉浸在足够多的感官体验中，获得兴趣的第一步动力。这种有趣会带来好奇，激发我们对事物的指向和集中，通过不断探索、持续学习带来乐趣。乐趣带来知识和能力，我们把感官兴趣通过学习变成了能力，通过能力寻找平台获得了价值，而在众多价值中找到自己力量的源泉，让人能在不确定的命运中跳出最坚定的舞步——志趣。如果一个人能够有这样一个兴趣，无论成败、认同、生死都无法动摇，这是我们培养兴趣的终极目标。

三、从兴趣到职业兴趣

兴趣在职业中的表现是职业兴趣，这里区别于生活兴趣和休闲兴趣(爱好)。职业兴趣是人们对某种职业具有的比较稳定而持久的心理倾向，使人对某种职业给予优先注意并心向往之。职业兴趣是一个人对待工作的态度、对工作的适应能力，表现为有从事相关工作的愿望和兴趣。兴趣是一种无形的动力，每个人都会对他感兴趣的事物给予优先注意和进行积极的探索，并表现出心驰神往。但有几点需要注意：

(1) 不是所有的兴趣都能发展成职业兴趣。只有那些经过精心训练和优先培养的才有可能发展成职业兴趣，大学生可以通过参加专业学习、社会实践、志愿服务、科技创新、社团活动等来识别和培养自己的兴趣，使之发展成职业兴趣。

(2) 职业兴趣是影响职业规划的重要因素。不同的人有不同的兴趣模式，表现为个体差异性，需要根据个人的兴趣倾向选择相应的职业。

(3) 职业兴趣深刻地影响着人们的生涯发展。职业兴趣对一个人的生活、学业和职业活动有巨大的影响，拥有职业兴趣将增加个人的工作满意度、职业稳定性和职业成就感。

（一）兴趣对职业发展的影响

英国生物学家珍·古道尔从小喜欢生物，并长期致力于黑猩猩的野外研究，她不畏艰险，只身进入热带森林与黑猩猩一起"生活"了10多年，掌握了极其宝贵的第一手资料，为揭开黑猩猩的秘密作出了贡献；爱因斯坦对物理学的浓厚兴趣使他后来成了世界十大杰出物理学家之一，成为现代物理学的开创者、奠基人；化学家诺贝尔冒着生命危险研制炸药，终于取得了成功……美国曾对两千多位著名的科学家进行调查，发现很少有人是由于谋生的目的而工作，他们大多是出于个人对某一领域问题的强烈兴趣而孜孜以求，不计名利报酬，忘我地工作，他们的成功是与他们的兴趣相联的。大量研究表明，兴趣和职业兴趣对人的职业规划和生涯发展至关重要，兴趣与工作满意度、职业稳定性和职业成就感高度相关。兴趣能够给职业发展带来动力，是一个人在工作中取得成功的重要推动力，它能将一个人的潜能最大限度地挖掘出来，对个人的职业发展具有积极的推动作用。

(1) 兴趣是职业选择的重要依据。一个人对某一专业乃至将要从事的某种职业是否有深厚的兴趣，对于他的学习活动和职业生涯有着相当重要的影响。例如，我校生涯协会的主席张××，他学的是网络工程专业，但却对本专业兴趣不大，他从大一就做智联招聘校园负责人，并且对校园运营和人力资源非常感兴趣，大三就成功应聘了某在线教育公司的校招渠道负责人。具有一定兴趣类型的学生，更倾向于感知和积累相关的知识与技能，启迪智慧并创造性地开展工作。在职业选择的过程中，他们常常倾向于寻找与个人兴趣相关的职业，尤其是在外界限制比较小的时候，他们往往会选择自己感兴趣的职业。

(2) 兴趣是职业发展的重要动力。兴趣是一种具有浓厚情感的志趣活动。当一个人对某种职业产生兴趣时，他就能发挥全身心的积极性，激发工作动力，提高工作效率，调动工作的自觉性和积极性，他的智力、潜能就能得到充分发挥。有调查研究表明，职业兴趣对一个人的职业发展起到至关重要的作用，如个体从事的工作与其职业兴趣相吻合，将激发个体全部才能的80%～90%，并能长时间保持高效工作而不疲劳；反之，职业者只能发挥其全部才能的20%～30%，而且容易感到厌倦。例如，股神巴菲特说自己每天上班都是跳着踢踏舞去的，"一年中的每一天，我都能做我想做的事"。当我们对某项工作感兴趣的时候，我们也是每天像打鸡血一样，活力满满。

(3) 兴趣是职业稳定的重要因素。兴趣能够使人长时间将注意力维持在一个固定的活动方向上。一个人对某一事物感兴趣，就会激发自己对该事物的求知欲与探索热情，调动自己的积极性，使智能与体能进入最佳状态，从而最大限度地施展才华，充分发挥主动性与创造性。一个人对所从事的工作感兴趣，就愿意钻研，就会出成绩，不仅自己对所从事的工作感到满意，而且能够让工作单位也满意。在这种情况下，个人的职业稳定性就有了保障。

（二）大学生职业兴趣存在的问题

大学生正处在个人成长和生涯发展的关键期，但由于家长的"过度保护"、"佛系作风"、自我意识发展不足、外界探索缺乏、生涯规划意识不足等，他们仍然对自我和外部世界懵懂无知，还不能够根据自己的职业兴趣思考生涯决定的问题。刘保胜和彭贤在《大学生职业兴趣存在的问题及解决策略》一文中详细地描述了大学生在职业兴趣发展过程中的诸多问题，具体表现为以下七个方面。

(1) 职业兴趣不清晰。这主要表现为兴趣模糊，清晰度不高。学生将注意力长时间维持在单一的书本学习活动上，缺少对自我的了解和对外部世界的探索，导致自我知识缺乏，很多大学生对自己的职业生涯没有足够的认识，对职业兴趣关注较少，清晰度差，不能体验到对某一职业有明显的心理倾向，对自己在职业上的喜好和倾向知之甚少或模糊不清。当询问学生想从事的职业的时候，他们大多支支吾吾，或者说自己也不清楚；

如我也不知道对什么有兴趣，好像就没有什么兴趣，怎么办？

(2) 职业兴趣范围窄。这主要表现为兴趣范围小、兴趣点少、兴趣内容不丰富。由于缺乏外部探索，学生的主要注意力往往集中在学习或者专业上，缺少社会实践、志愿服务和职业实习等兴趣接触点，导致学生的兴趣没有得到有效的延伸，加上网络虚拟世界造成的真实经验缺乏，学生除了自己的专业兴趣较明显外，其他的兴趣得分都很低。例如，有的学生仅仅有几个可怜的、发展尚不成熟的所谓"兴趣"。

(3) 职业兴趣分化低。这主要表现为兴趣分化水平低。分化水平是指兴趣的层面，分化水平越高表示兴趣组型越突出，分化水平低表示兴趣类型之间的差别不大。学生的兴趣通常杂糅在一起，对职业兴趣认知维度较少。例如，他们只能用单一的"兴趣广泛，活泼开朗"来描述自己，当继续追问兴趣广泛是指什么时，他们往往不能明确回答。

(4) 职业兴趣层次差。这主要集中在兴趣的有趣层次，是一种感官兴趣，没有体现出层次感。当对某一客体产生特殊的爱好时，由于对兴趣对象的了解和投入不够，很难发展成乐趣，体现为与知识和能力的联结不够，社会价值不高，不能与理想和目标联系起来。例如，很多大学生对一种事物或职业产生兴趣多数是凭个体感觉，如看了几集《心理访谈》就觉着自己喜欢心理学，看了《三国演义》就想学历史学，"画画好一点"就觉着自己适合学建筑设计。我曾经指导过一个学生，该生觉得自己数学差，画画好，坚定地想从土木建筑学专业转到建筑设计学专业，后该生经过咨询和探索，数学考试成绩提升，而且认真了解了建筑设计学专业，明确了自己真正的兴趣。

(5) 职业兴趣易变性。这主要表现为兴趣的稳定性不够，兴趣维持时间短暂。人的兴趣和其他的心理特征一样，也处于发展变化中，但在一定时期内保持个体基本兴趣的稳定性则是个体良好的心理品质的体现。较为稳定的兴趣才可能是个体真正的兴趣，才可能预测未来工作中的高绩效表现。大学生职业兴趣的稳定性不够，持续时间不长，且有从众、随大流心理。例如，有的学生对学习有持久的、稳定的兴趣，而有的学生的兴趣不稳定，经常变换，没有主导的持久性兴趣；有的学生一会儿喜欢这个，一会儿又喜欢那个；有的学生看舍友考研自己也决定考研。

(6) 职业兴趣效能低。这主要表现为兴趣与职业发展结合度不高，对职业发展的推动不够。兴趣的效能指个体兴趣推动工作或活动的力量。高效能兴趣能够把工作和学习引向深入，成为推动工作和学习的动力。大学生的兴趣多为业余爱好、娱乐兴趣，很多对学习和工作没多少益处，且没有一定的职业倾向，无效的兴趣较多。例如，有的学生喜欢玩手机游戏，看小视频；有的学生喜欢上网玩扑克牌游戏。

(7) 职业兴趣功利化。这主要表现为职业兴趣的功利性，追求个人主义、外在结果的现象。由于受多元价值观和社会思潮的影响，有些学生过于追求金钱、利益，对某种职业的倾向偏离自己的初衷，倾向内容偏离职业本身。例如，有的学生选择高工资的行业，而放弃了自己的专业和兴趣。针对这个现象，我们要找准个体兴趣与社会需要的联结点，要有家国情怀与社会责任，积极将个人理想融入国家理想。

第二节 霍兰德的职业兴趣理论

约翰·霍兰德(John Holland)是美国约翰·霍普金斯大学心理学教授，美国著名的职业指导专家。他于1959年提出了具有广泛社会影响的职业兴趣理论(又称为"RIASEC六边形模型")。他认为人的人格类型、兴趣与职业密切相关，兴趣是人们活动的巨大动力，凡是具有职业兴趣的职业都可以提高人们的积极性，促使人们积极地、愉快地从事该职业，且职业兴趣与人格之间存在很高的相关性。霍兰德认为人格可分为现实型、研究型、艺术型、社会型、企业型和常规型六种类型。与其他职业兴趣结构模型相比，霍兰德的职业兴趣理论凭借着其灵活、简洁、实用和数据支撑四个特点，在过去几十年里一直引导着基础研究和实践应用，对整个科研领域的发展和生涯指导实践产生了重大的影响。

一、理论来源

兴趣测验的研究可以追溯到20世纪初，桑代克于1912年对兴趣和能力的关系进行了探讨。1915年詹姆斯发展了一个关于兴趣的问卷，标志着兴趣测验系统研究的开始。1927年，斯特朗编制了斯特朗职业兴趣调查表，这是最早的职业兴趣测验。库德于1939年发表了库德爱好调查表，1953年又编制了职业偏好量表，并在此基础上发展了自我指导探索，据此提出了人格特质与工作环境相匹配理论。不难看出，在霍兰德职业兴趣理论提出之前，职业兴趣测试和个体分析是孤立的，即测验归测验，工作世界归工作世界，两者缺乏直接联系。霍兰德将二者有机结合起来，把个人特质和适合这种特质的工作联合起来，强调对自我能力、兴趣、价值以及工作世界的探索，巧妙地拉近了自我与工作世界的距离。

任何一个理论都不会平白无故产生，霍兰德职业兴趣理论也不例外，该理论的产生有以下三大基础：

(1) 从个人发展层面上看，霍兰德职业指导思想来源于个人成长积淀。

(2) 从思想演进层面上看，霍兰德职业教育思想的产生一是来源于职业指导理论的发展，二是来源于美国社会心理学的发展。

(3) 从社会变革层面上看，霍兰德职业指导思想产生于美国社会革新。

二、基本原则

霍兰德职业兴趣理论主要是解决以下三个问题：

(1) 哪些个人与环境的特征能够带来满意的生涯决定、生涯投入以及生涯成就？反之，有哪些个人与环境的特征会让我们无法做决定，或是做出不满意的决定，甚至做了选择后产生不了成就感。

(2) 从长期看，有哪些个人与环境的特征会影响一个人在工作上的稳定程度与改变程度。

(3) 什么是能够帮助一个人解决生涯上的困难的最有效方法。

为了解决上述三个问题，霍兰德以六个假设为基础，发展出简明又实用的类型论，形成了该理论的基本原则：

(1) 选择一种职业是一种人格的表现。

(2) 职业兴趣是人格(生理、心理、社会的总和)的呈现，职业兴趣测验就是人格测验。

(3) 职业的刻板化印象是可靠的，具有重要的心理意义与社会意义。

(4) 从事相同职业的人具有相似的人格特点与相似的个人发展史。

(5) 同一职业团体内的人对于各种情境与问题的反应方式是相似的，由此塑造出特有的人际环境。

(6) 个人的职业满意度、稳定性与成就感取决于个人的人格与工作环境之间的适配性。

我们对霍兰德理论的理解在很大程度上要建立在对这"三问题六假设"的理解上，深刻明确个人与环境的交互作用，即职业可以改变个人，个人也可以改变环境，二者是相互影响的。

三、理论观点

霍兰德将职业归纳为六种类型，相应有六种不同类型的人，会去从事与自己类型相同的职业，从而帮助建立个体与其环境之间的关系。该理论有以下四个基本假设：

(1) 人基本上可以分为六大类，即现实型、研究型、艺术型、社会型、企业型、常规型。霍兰德所提出的"六分法"是一种既有用又有效的人格分类方法，每个人都是这六种类型的独特组合，人们可以根据这六种不同的类型对兴趣进行有效的测量。例如，文学专业的学生表现出很强的 S(霍兰德代码)和 E 特征，机械设计专业的学生表现出很强的 R 特征，会计专业的学生表现出很强的 C 特征。

(2) 工作环境也可以分为六种类型，其名称、性质与兴趣类型或者人格类型相一致。霍兰德认为，环境可以看成被某种特定的人格类型所主导，是一种与他人的社会关系，一种环境可以是一种职业、一种工作、一种休闲活动、一个教育项目、一个学习领域、一个学校甚至是一个公司的文化氛围,这里的环境可以是一个人了解自己的任何情境,职称、专业或研究领域、休闲活动都可以是环境的例子。这为我们从性格角度去寻找类似的环境提供了一种可能。例如,土木建筑行业具有典型的R特征;学校氛围具有很强S特征的,表现比较好的学生通常有很强的S特征。

(3) 人们都在追求某类工作环境,这类环境能够施展他们的技能和能力、表达他们的态度和价值观、处理适当的问题和承担一定的角色。我们通常说:"物以类聚,人以群分。"例如,土木建筑学专业的学生大多属于实用型人格,他们要寻找实用型的环境,他们的交流方式简单、直接、明了;艺术型的人会努力寻找艺术型的环境——工作、休闲、俱乐部和朋友。

(4) 人的行为由人格与环境的交互作用所决定。例如,一个艺术型的人如果被关在办公室工作,他也许会感觉被限制,不快乐、紧张、有压力,可能会表现得很糟糕。例如,我校有一个著名诗人,她就无比害怕填写学校下发的各种表格,她觉得非常痛苦,但是去菜市场买一棵大白菜,她都能写出一首诗。

霍兰德将这六大类型按照一个"固定的顺序"排成一个六边形:RIASEC(图2-2),用来解释其理论假设和类型之间的关系以及使用方法,这六大类型的介绍实际上是对霍兰德的四大假设的详细解释,教师和学生都应该知道这六大类型的最基本描述以及相对应的职业类型特点。

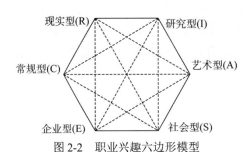

图2-2 职业兴趣六边形模型

(1) 现实型(realistic),又称实用型、操作型、技能型。职业类型特点:愿意使用工具从事操作性强的工作,天生对工具比较感兴趣;动手能力强,做事手脚灵活,动作协调;偏好于具体任务,更愿意与物打交道,对虚幻的、天马行空的东西不感兴趣;做事保守,较为谦虚,认为技能学习永无止境,天外有天;通常喜欢独立做事,具有比较强的实践性。

(2) 研究型(investigative),又称调查型。职业类型特点:求知欲强,肯动脑,善思考;抽象思维能力强;喜欢独立的和富有创造性的工作;知识渊博,有学识、有才能;喜欢逻辑分析和推理;不断探讨未知的领域。

(3) 艺术型(artistic),又称创造型。职业类型特点:有创造力,乐于创新,对具有创造、想象及自我表现空间的工作显示出明显偏好；渴望表现自己的个性，喜欢以各种艺术形式的创作来表现自己的才能；做事理想化，追求完美；具有一定的艺术才能；善于表达、展示，乐于创造新颖的、与众不同的艺术成果。

(4) 社会型(social)，又称社交型或服务型。职业类型特点：具有合作、友善、助人、负责、圆滑、善社交、善言谈、洞察力强等人格特征，喜欢从事为他人服务和教育他人的工作；喜欢参与解决人们共同关心的社会问题，渴望发挥自己的社会作用；比较看重社会义务和社会道德；喜欢社会交往，有教导别人的能力。

(5) 企业型(enterprising)，又称经营型或管理型。职业类型特点：追求权力、权威和地位；具有影响力和领导才能；喜欢竞争，敢冒风险，有野心、有抱负；习惯以利益、权力、地位、金钱等来衡量做事的价值；做事有较强的目的性。

(6) 常规型(conventional)，又称传统型、事务型。职业类型特点：具有顺从、谨慎、保守、实际、稳重、效率高等人格特征；喜欢按计划办事，习惯接受他人的领导，自己不谋求领导职位；喜欢高度有序、要求明晰性的工作，对于规则模糊、自由度大的工作不太适应；不喜欢冒险和竞争；工作踏实，忠诚可靠，遵守纪律；工作仔细，有毅力、有条理，责任心强，对社会地位、社会评价比较在意，通常愿意在大型机构做一般性工作。

霍兰德提出，兴趣仅仅是一种描述人格特质的方法，是一种广义的人格概念。人格是兴趣、价值观、需要、技能、信念、态度和学习风格的综合体，在实际应用过程中，不仅有关于总体特征的描述，还增加了对环境要求、价值需要、能力、学习范畴、喜欢活动、常见优势、可能局限和工作类型的描述，具体参考RIASEC人格类型表(表2-3)。

表2-3　RIASEC人格类型表

类型	现实型	研究型	艺术型	社会型	企业型	常规型
总体特征	个性平和稳重，看重物质，追求实际效果，做事保守，较为谦虚，通常喜欢独立做事。喜欢实际动手进行操作实践。愿意使用工具从事操作性工作	自主独立，好奇心强烈，敏感，求知欲强，肯动脑，善思考，慎重，重视分析与内省，爱好抽象推理等智力活动。喜欢独立的和富有创造性的工作，知识渊博，有学识、有才能	属于理想主义者，具有独创的思维方式和丰富的想象力，直觉强烈，感情丰富。有创造力，乐于创新，渴望表现自己的个性，做事理想化，追求完美，具有一定的艺术才能，善于表达、展示	洞察力强，乐于助人，善于合作，重视友谊，热情关心他人的幸福，有强烈的社会责任感，总是关心自己的工作能对他人及社会做多大贡献	为人乐观，喜欢冒险，行事冲动，对自己充满自信，精力旺盛，喜好发表意见和见解	追求秩序感，自我抑制、顺从，防卫心理强，追求实际，回避创造性活动

(续表)

类型	现实型	研究型	艺术型	社会型	企业型	常规型
环境要求	机械性、技术性、实际操作性，解决具体问题	需要用科学的、数学研究的能力与智力解决问题	没有束缚的，有必要发挥创造力的	需要对人对社会具备服务能力	需要计划、经营意识、说服力，有统治力	需要服从规则与传统，且反复进行事务处理
价值需要	实际成就的物质回报	知识的发展与获得	思维、情绪或情感的创造性表达	增进他人的福利、社会服务	物质成就和社会地位	需要物质或经济成就，在社会商业或政治领域的权利
能力	专注力、动手能力、创造力、身体协调性	分析力、洞察力和抽象思维能力	创新能力、鉴赏力和想象力	共情、亲和力和沟通力	共情、亲和力和沟通力	执行力、分析和处理问题能力
学习范畴	建筑、机械、工程、农业管理、与手工艺有关的学习	生命科学、计算机科学、物理、化学、心理学、地理学、数学、经济、统计学	设计、与艺术有关的科学、艺术、戏剧、美术、舞蹈、音乐和文学创作、新闻传媒等	教育、辅导、社会工作、幼儿发展、外语、心理学、社会学、宗教	贸易、工商管理、酒店管理、公共行政	会计、经济、金融管理、法律事务等
喜欢活动	愿意从事事务性活动，如户外劳作或操作机器，不喜欢待在办公室里	喜欢独立的活动，如独自去探索、研究，理解、思考那些需要严谨分析的抽象问题，独自处理一些信息、观点及理论	喜欢创造和自我表达类型的活动，如音乐、美术、写作、戏剧	喜欢与别人合作的活动，帮助别人解决困难	喜欢领导和影响别人，或为达到个人或组织的目的而说服别人，成就一番事业	喜欢固定的、有秩序的活动，如组织和处理数据等。愿意在一个大的机构中处于从属地位，并希望确切知道工作的要求和标准
常见优势	注重实用，关注实效，用现实说话，务实；追求技术高、精、深(一技在身，走遍天下)；身体协调、动手技能，做事独立，让人放心，务实低调	透过现象看本质；独立思考，擅长分析；注重逻辑	创新思维，创造力、表现能力	人际交往能力，服务奉献精神，有耐心	影响，管理，掌控；勇于挑战，抗压能力强，果断；目标明确	遵守规则与流程；责任感强；稳重、踏实、细致，条理清楚

(续表)

类型	现实型	研究型	艺术型	社会型	企业型	常规型
可能局限	对人际关系不敏感,不善于管理,过于高冷(不灵活、不懂变通)	不愿意主动影响他人,思考大于实践,不善于沟通,孤僻,高冷	脱离实际、不服从管理(有时候比较自负,我行我素,不服从管理)	过于敏感,抗压能力弱(犹豫,人来疯,压力大,容易受伤害)	独断,甚至武断,缺乏耐心	过于保守,缺乏创造性;依赖性强
工作类型	喜欢与户外、动植物、实物、工具、机器打交道的工作内容。例如,农业、林业、渔业、野外生活管理业、制造业、机械业、技术贸易业、特种工程师、军事工作	喜欢以观察、学习、探索、分析、评估或解决问题为主要内容的工作。例如,实验室工作人员、物理学家、化学家、生物学家、工程师、程序设计员、社会学家	喜欢"非精细管理的创意"类和创造类的工作。例如,音乐家、作曲家、乐队指挥、美术家、漫画家、作家、诗人、舞蹈家、演员、戏剧导演、广告设计师、室内装潢设计师	喜欢帮助、支持、教导类工作。例如,牧师、心理咨询员、社会工作者、教师、辅导员、医护人员、其他各种服务性行业人员	喜欢那种需要运用领导能力、人际能力、说服能力来达成组织目标的职业。例如,商业管理者、市场或销售经理、营销人员、采购员、投资商、电视制片人、保险代理人、政治运动领袖、公关人员、律师	喜欢有清楚的规范和要求,按部就班、精打细算、追求效率的工作。例如,税务专家、会计师、银行出纳、簿记、行政助理、秘书、档案文书、计算机操作员

四、六大类型的关系

霍兰德对人格特征和职业环境所划分的六大类型并非都是并列关系,也没有明晰的边界。从图 2-2 可以看出,每一种类型与其他类型之间存在着不同程度的关系,按照距离的远近和差异的大小,这六种类型主要分为三种关系,反映了人格特质类型的"一致性"(表 2-4)。

表2-4 霍兰德六大类型的三种关系

关系	一致性	生涯类型的前两码	数量
相邻	高	RI、RC、IR、IA、AI、AS、SA、SE、ES、EC、CE、CR	12
相隔	中	RA、RE、IS、IC、AR、AE、SI、SC、EA、ER、CS、CI	12
相对	低	RS、IE、AC、SR、EI、CA	6

(1) 相邻关系。相邻关系共有 RI、RC、IR、IA、AI、AS、SA、SE、ES、EC、CE、CR 等 12 种组合。属于这种关系的两种类型的个体之间共同点较多，其职业环境及人格特征的相似度最高。例如，企业型(E)和社会型(S)距离最近，它们的相似性也最高，这两种类型的都较其他类型的人更喜欢与人打交道；现实型(R)与研究型(I)的人都不太喜欢人际交往，在这两种职业环境中也都较少与人接触。

(2) 相隔关系。相隔关系也有 RA、RE、IS、IC、AR、AE、SI、SC、EA、ER、CS、CI 等 12 种组合。属于相隔关系的个体之间共同点较相邻关系少，具有中等程度的相似性。例如，研究型(I)和常规型(C)这两种类型正好是相隔关系，它们的距离较近，两者的人格特征具有一定的相似性，这两种类型的人工作都比较仔细，有条理，责任心强，而且不愿意担任领导职务，不愿意管理和领导他人；但研究型的人多半是好奇的、具有批判性的，喜欢具有创造性、挑战性的工作，不太喜欢固定程式的任务；而事务型的人则喜欢要求明晰的工作，对于规则模糊、自由度大的工作不太适应，不愿意去挑战新的工作。

(3) 相对关系。在六边形上处于对角位置的人格类型即相对关系，共有 RS、IE、AC、SR、EI 和 CA 等 6 种组合。与相邻关系和相隔关系比，处于相对关系的人格类型共同点最少，甚至表现出相互对立的人格特征。例如，现实型(R)和社会型(S)正好处于相对的位置：现实型的人不善言辞，缺乏社交能力；社会型的人则喜欢与人打交道，具有较强的社会活动能力。通常来讲，一个人同时对处于相对关系的两种职业环境都有浓厚兴趣的情况比较少见，但是有时候，如果一个人能够同时平衡并且惯用两种对立的兴趣类型，他就有可能是一个复合型人才，有可能达到非常高的发展水平。例如，大学校长不仅具有很强的科研能力(I)，还具有管理能力(E)，虽然这两个类型是相对关系，但是如果能够处理好，他们往往学术做得好，学校管理优。

从图 2-2 中可以看出，任何两种类型之间的距离越近，其职业环境及人格特征的相似程度就越高；反之，两种类型之间的距离越远，其职业环境及人格特征的相似程度就越低，居中者是相隔的位置，这种位置和距离反映的是心理的相容性程度。通常，一个人的一致性程度越高，表示其内在兴趣范围的同质性越高。需要提醒的是，类型与类型之间无冲突可言，只是表示人们在使用这些兴趣的强度上有强势与弱势的差别，但是高度一致的人格类型的个体在预测职业选择上要比不一致的个体更有效。

这三种关系对我们有以下四点启发：

(1) 从事六边形中与个体职业兴趣相近的职业容易成功。霍兰德认为，保持工作和兴趣的一致性是自我实现的最佳过程。求职者在选择与自己人格特质一致的职业环境时，更容易获得职业上的成功和心理上的满足。在六边形模型中，两种职业类型之间的距离越近，其职业环境及人格特质的相似度越高，人的适应度也越高。也就是说，相邻关系＞相隔关系＞相对关系。所以，大家在选择职业的时候要优先选择与人格特质适配度较高的职业，首先是相邻，其次是相隔，要极力避免相对。例如，R 型很强的人，首先会选择

C 型和 I 型的工作，其次会选择 E 型和 A 型的工作。

(2) 同时拥有相对的两种兴趣类型的人容易在职业选择时犹豫不定。前面讲过，我们基本上是六个维度的综合体，如果两种兴趣类型的一致性程度高，就很容易选定一个职业；反之，如果两种对立的兴趣类型由于对应的多种可能的职业方向，在进行职业选择时将面临犹豫不决的情况。因为包含两种相互对立兴趣类型的工作环境(工作)较少，如果寻找完全匹配的职业机会可能会非常少，他们必须做出艰难的"破选"。解决这个问题可以采用"代码相互交叉匹配"的方式，寻找"人职最大一致性"的环境，例如，霍兰德代码为 RSC，R 与 S 在六边形模型中处于对角线的位置，如果寻找与这样的兴趣类型完全匹配的工作往往会出现困难，这种情况可以考虑与 RC 或者 SC 相匹配的工作。

(3) 并非一定要选择与自己兴趣完全相对应的职业环境。上面提到的 6 种人格类型及其对应的职业选择是一种理想化的划分，在现实的职业选择中，个体并非一定要选择与自己兴趣完全对应的职业环境。一是个体本身是多种兴趣类型的综合体，单一类型显著突出的情况并不多；二是影响职业选择的因素是多方面的，同一职业名称对应的职业内容也大不相同；三是经过训练，我们可以逐渐适应工作环境，如现实型的个体经过适应和训练后可以较好地从事研究型和常规型的职业。

(4) 职业发展的层次越高，越期待有较为多元化的兴趣。吴芝仪研究认为，在组织(机构)中所担负的决策责任越轻，工作者的兴趣和能力的偏向性越明显；在组织(机构)所担负的决策责任越重，则越要求工作者具备多元化的兴趣和能力。例如，一个独立作业的工程师仅仅需要机械操作和维修能力、具有 R 的兴趣优势即可，而管理阶层的机械工作师不仅要具有 R 优势，还要具有组织领导(E)和与人交往的(S)优势。

五、霍兰德代码

霍兰德代码是呈现个体兴趣和人格特点的常用方法，但是霍兰德对每一种人格类型的描述都是该特质理想的、典型的形式，而在现实中，没有哪种描述能够一丝不差地恰好符合某一个人的情况。正如霍兰德所说，"这六种人格类型的确定，并不是说世界上只有这六类人"，通过数学的排列组合，我们很容易确定，六种人格类型会有 720 种不同的排列，也就是说，霍兰德类型能够把人分成 720 种六字母类型。然而，为了比较全面地描绘个人的人格类型，霍兰德的实际做法是，根据六个类型的特征，使用最强的三个人格类型的字母代码来表示一个人的人格类型，这个代码称为"霍兰德代码"(holland code)。这三个字母代表着与个体最相似的、排在前三位的类型，这种顺序表示人格特征强弱程度的不同。同时，具体职业通常采用"三代码"组合的方式描述其工作性质和职业氛围。例如，辅导员的职业代码是 SEC，土木工程师的职业代码是 IRE。虽然人具有复杂性和情境性，但是结合霍兰德理论的假设、原则和理论，通过霍兰德代码，我们能够更加清晰、更加简洁地了解兴趣类型及其意义。例如，根据霍兰德兴趣量表的测量结果，一个 SEC 的学生比较适合的专业是行政管理或者心理学，以后适合从事教育咨询者、社会工作者的职业。需要说明的是，人们通常使用"三代码"来表示一个人的兴趣类型，表示这三个类型经常被使用，但这是相对的，并不是说其他三个类型不重要，而只是较少被使用。另外，类型与类型之间也没有冲突可言，只是人们在使用这些兴趣时有强弱之分，表现为兴趣的分化性，有的学生兴趣组型特别突出，并且第 1 个代码或者第 2 个代码分数差远高于其他代码，延伸出"单代码"和"双代码"的情况，于是就有了三种霍兰德代码类型(表 2-5)。其中，单代码是指第 1 个代码和第 2 个代码分数差距大于 5 分的个体，这时用单代码就能代表学生的兴趣类型；双代码是指第 2 个代码和第 3 个代码的分数差距显著性大，大于 5 分，这时用两个代码就能代表学生的兴趣类型。

表2-5 霍兰德代码类型

代码类型	代码说明
三代码	第 3 个代码和第 4 个代码的分数差距显著大
双代码	第 2 个代码和第 3 个代码的分数差距显著性大，大于 5 分
单代码	第 1 个代码和第 2 个代码的分数差距大于 5 分

注：采用正式测评时可以参照得分判断代码类型，如果采用非正式测评可以根据主观感觉判断；在实际使用的过程中，我们更看重实际使用效果，只需要根据代码类型进行概括化描述即可。

相信你现在已经迫不及待地想了解自己的霍兰德代码了，具体的手段包括正式测评和非正式测评，参考本章第三节你能找到这个答案。接下来我们对在正式测评中的注意事项进行介绍。

工具：测评工具的应用程序

我们在使用测评工具时有没有一个基本的操作应用程序？遵循什么样的步骤？赞克(Zunker)提出运用测评工具的模型(图2-3)，帮助我们解决了这个问题。这个模型包括分析需求、建立目标、选择工具、运用结果和做出决策五个过程。值得说明的是，生涯发展是一个连续的过程，在人生任何阶段对任何方面的测评都能提供有用的信息。该模型的整个过程是循环且连续的，我们可以在生涯发展的不同阶段随时进入测评，测评工具使用模型中有几条双向箭头，表示来访者和咨询师不断思考原本明确的需求是否在改变，如果需求发生变化，就得重新开始这一过程。

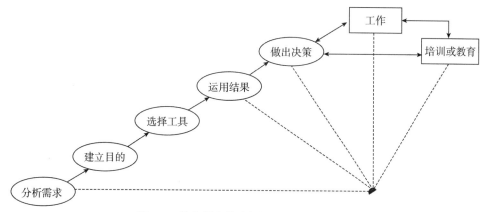

图 2-3 赞克提出的生涯测评工具使用模型

第一步，分析需求。咨询师(教师)首先要与来访者(学生)建立良好的关系，这是进入测评的基础。随后，要准确了解来访者的目的以及希望测评达成的咨询结果。当来访者明确自己的需求后，在测评的各个阶段都会更加积极热情地参与。例如，学生不明确未来职业方向时，通过解释职业兴趣与职业选择的关系，然后通过霍兰德职业兴趣测评确定霍兰德代码，找到未来发展的职业群。值得注意的是，有些需求很明显，如有的学生就想解决二专业选择的问题，有的学生就想澄清自己的兴趣，而有些学生需求并不明确，必须经过进一步的会谈来确定测评工具的选择。

第二步，建立目的。明确需要之后，咨访双方(师生)需要共同讨论测评的目的。要使测评结果有效，就必须把测评目的和来访者(学生)明确的需要结合起来，同时用来访者能理解的方式进行解释。例如，霍兰德量表能够帮助我们认识兴趣，加深自我概念，提升生涯探索。通过测评结果，我们可以把自己的兴趣与未来的职业联系起来。

第三步，选择工具。由于受到个体经济条件、经历等因素的影响，个体会表现出独特的选择模式，因此测评工具也会有所不同。测评工具选择正确与否是确认咨询师(教师)是否正确理解来访者需要和目的的标志，如果测评工具选择正确，会带给来访者(学生)更多的信任感和专业感；如果测评工具选择错误，会带给来访者(学生)挫败感和迷茫感。

第四步，运用结果。测评结果是进行生涯探索的工具，也是引发更深层次生涯讨论的工具。咨询师(教师)会根据自己所认同的生涯理论应用测评结果，咨询师和来访者可以结合测评结果讨论潜在的职业方向。

解释测评结果的基本步骤如下：

(1) 预先看测评结果。在解释之前，确保对测评结果有初步的了解，或者上课之前，引导学生提前通过职业教育平台进行测评。

(2) 回忆测评的目的。解释结果之前，重新说明来访者的需要、目的和测评工具选择原因及预期结果的类型。

(3) 询问来访者对量表的看法。分析结果之前，先问问来访者在填写量表时的感受、对测评结果的感受和想法。

(4) 提供测评报告。通常测验完成后会生成一份测评报告，该报告提供测评结构维度、测评结果和生涯建议方面的信息，帮助来访者对测评结果有一个概括性的认识。

(5) 回顾主要结构。让来访者阅读清晰的结构介绍，有针对性地引起来访者的讨论话题。

(6) 回顾测评结果。了解不同量表的结构和结果，对来访者进行科学且有意义的解释。

(7) 让来访者总结测评结果和分数。让来访者回顾所测评的内容，并看这些结果是否准确。通常准确与否与测评的信效度、来访者的状态等有关。如果出现来访者不认可的部分，可以选择高分题分项讨论。

(8) 总结并引导来访者将测评结果与生涯发展联系起来。例如，兴趣量表对应的职业建议、性格量表对应的环境要求等。

第五步，做出决策。完成量表，讨论完测评结果后就到了决策阶段。根据测评的结果判断来访者的需要和目的是否满足，将测评结果应用到职业选择、专业探索、自我了解等方面。

(资料来源：奥斯本，赞克等著，阴军莉译)

为了鉴别不同职业的代码，霍兰德及其同事做了一项非常庞大的研究，并于1996年出版了《霍兰德职业代码字典》，为12000多个工作提供了霍兰德代码。《霍兰德自我探索量表》职业索引见表2-6。需要说明的是，现在使用的职业索引是未经过本土化修订的版本，因此在职业名称和职业对应的霍兰德代码上可能与中国国情、日常经验有偏差，并且职业也经历了时代的发展，大家可从职业环境和职业内容的角度去思考使用，不必拘泥于职业的具体名称。

表2-6 《霍兰德自我探索量表》职业索引

代码名称	职业名称
RIA	牙科技术员、陶工、建筑设计员、模型工、细木工、制作链条人员
RIS	厨师、林务员、跳水员、潜水员、染色员、电器修理、眼镜制作、电工、纺织机器装配工、服务员、装玻璃工人、发电厂工人、焊接工
RIE	建筑和桥梁工程、环境工程、航空工程、公路工程、电力工程、信号工程、电话工程、一般机械工程、自动工程、矿业工程、海洋工程、交通工程技术人员、制图员、家政经济人员、计量员、农民、农场工人、农业机械操作、清洁工、无线电修理、汽车修理、手表修理、管工、线路装配工、工具仓库管理员

(续表)

代码名称	职业名称
RIC	船上工作人员、接待员、杂志保管员、牙医助手、制帽工、磨坊工、石匠、机器制造、机车(火车头)制造、农业机器装配、汽车装配工、缝纫机装配工、钟表装配和检验、电动器具装配、鞋匠、锁匠、货物检验员、电梯机修工、装配工、托儿所所长、钢琴调音员、印刷工、建筑、钢铁工作、卡车司机
RAI	手工雕刻、玻璃雕刻、制作模型人员、家具木工、制作皮革品、手工绣花、手工钩针纺织、排字工作、印刷工作、图画雕刻、装订工
RSE	消防员、交通巡警、警察、门卫、理发师、房间清洁工、屠夫、锻工、开凿工人、管道安装工、出租汽车驾驶员、货物搬运工、送报员、勘探员、娱乐场所的服务员、起卸机操作工、灭害虫者、电梯操作工、厨房助手
RSI	纺织工、编织工、农业学校教师、某些职业课程教师(如艺术、商业、技术、工艺课程)、雨衣上胶工
REC	抄水表员、保姆、实验室动物饲养员、动物管理员
REI	轮船船长、航海领航员、大副、试管实验员
RES	旅馆服务员、家畜饲养员、渔民、渔网修补工、水手长、收割机操作工、搬运行李工人、公园服务员、救生员、登山导游、火车工程技术员、建筑工作、铺轨工人
RCI	测量员、勘测员、仪表操作者、农业工程技术、化学工程技师、民用工程技师、石油工程技师、资料室管理员、探矿工、煅烧工、烧窑工、矿工、炮手、保养工、磨床工、取样工、样品检验员、纺纱工、漂洗工、电焊工、锯木工、刨床工、制帽工、手工缝纫工、油漆工、染色工、按摩工、木匠、农民建筑工作、电影放映员、勘测员助手
RCS	公共汽车驾驶员、一等水手、游泳池服务员、裁缝、建筑工作、石匠、烟囱修建工、混凝土工、电话修理工、爆炸手、邮递员、矿工、裱糊工人、纺纱工
RCE	打井工、吊车驾驶员、农场工人、邮件分类员、铲车司机、拖拉机司机
IAS	普通经济学家、农场经济学家、财政经济学家、国际贸易经济学家、实验心理学家、工程心理学家、心理学家、哲学家、内科医生、数学家
IAR	人类学家、天文学家、化学家、物理学家、医学病理、动物标本剥制者、化石修复者、艺术品管理者
ISE	营养学家、饮食顾问、火灾检查员、邮政服务检查员
ISC	侦查员、电视播音室修理员、电视修理服务员、验尸室人员、编目录者、医学实验室技师、调查研究者
ISR	水生生物学者、昆虫学者、微生物学家、配镜师、矫正视力者、细菌学家、牙科医生、骨科医生

(续表)

代码名称	职业名称
ISA	实验心理学家、普通心理学家、发展心理学家、教育心理学家、社会心理学家、临床心理学家、目标学家、皮肤病学家、精神病学家、妇产科医生、眼科医生、五官科医生、医学实验室技术专家、民航医务人员、护士
IES	细菌学家、生理学家、化学专家、地质专家、地理物理学专家、纺织技术专家、医院药剂师、工业药剂师、药房营业员
IEC	档案保管员、保险统计员
ICR	质量检验技术员、地质学技师、工程师、法官、图书馆技术辅导员、计算机操作员、医院听诊员、家禽检查员
IRA	地理学家、地质学家、声学物理学家、矿物学家、古生物学家、石油学家、地震学家、声学物理学家、气象学家、原子和分子物理学家、电学和磁学物理学家、设计审核员、人口统计学家、数学统计学家、外科医生、城市规划家、气象员
IRS	流体物理学家、物理海洋学家、等离子体物理学家、农业科学家、动物学家、食品科学家、园艺学家、植物学家、细菌学家、解剖学家、动物病理学家、作物病理学家、药物学家、生物化学家、生物物理学家、细胞生物学家、临床化学家、遗传学家、分子生物学家、质量控制工程师、地理学家、兽医、放射性治疗技师
IRE	化验员、化学工程师、纺织工程师、食品技师、渔业技术专家、材料和测试工程师、电气工程师、土木工程师、航空工程师、行政官员、冶金专家、原子核工程师、陶瓷工程师、地质工程师、电力工程师、口腔科医生、牙科医生
IRC	飞机领航员、飞行员、物理实验室技师、文献检查员、农业技术专家、生物技师、动植物技术专家、油管检查员、工商业规划者、矿藏安全检查员、纺织品检验员、照相机修理者、工程技术员、编计算程序者、工具设计者、仪器维修工
CRI	簿记员、会计、计时员、铸造机操作工、打字员、按键操作工、复印机操作工
CRS	仓库保管员、档案管理员、缝纫工、讲述员、收款人
CRE	标价员、实验室工作者、广告管理员、自动打字机操作员、电动机装配工、缝纫机操作工
CIS	记账员、顾客服务员、报刊发行员、土地测量员、保险公司职员、会计师、估价员、邮政检查员、外贸检查员
CIE	打字员、统计员、支票记录员、订货员、校对员、办公室工作人员
CIR	校对员、工程职员、海底电报员、检修计划员、发单员
CSE	接待员、通讯员、电话接线员、卖票员、旅馆服务员、私人职员、商学教师、旅游办事员

(续表)

代码名称	职业名称
CSR	货运代理商、铁路职员、交通检查员、办公室通信员、簿记员、出纳员、银行财务职员
CSA	秘书、图书管理员、办公室办事员
CER	邮递员、数据处理员、办公室办事员
CEI	推销员、经济分析家
CES	银行会计、记账员、法人秘书、速记员、法院报告人
ECI	银行行长、审计员、信用管理员、地产管理员、商业管理员
ECS	信用办事员、保险人员、各类进货员、海关服务经理、售货员、购买员、会计
ERI	建筑物管理员、工业工程师、护士长、农场管理员、农业经营管理人员
ERS	仓库管理员、房屋管理员、货栈监督管理员
ERC	邮政局局长、渔船船长、机械操作领班、木工领班、瓦工领班、驾驶员领班
EIR	科学、技术和有关周期出版物的管理员
EIC	专利代理人、鉴定人、运输服务检查员、安全检查员、废品收购人员
EIS	警官、侦查员、交通检验员、安全咨询员、合同管理者、商人
EAS	法官、律师、公证人
EAR	展览室管理员、舞台管理员、播音员、驯兽员
ESC	理发师、裁判员、政府行政管理员、财政管理员、工程管理员、售货员、职业病防治、商业经理、办公室主任、人事负责人、调度员
ESR	家具售货员、书店售货员、公共汽车驾驶员、日用品售货员、护士长、自然科学和工程的行政领导
ESI	博物馆管理员、图书馆管理员、古迹管理员、饮食业经理、地区安全服务管理员、技术服务咨询者、超级市场管理员、零售商品店店员、批发商、出租汽车服务站调度
ESA	博物馆馆长、报刊管理员、音乐器材售货员、导游、(轮船或班机上的)事务长、飞机上的服务员、船员、法官、律师
ASE	戏剧导演、舞蹈教师、广告撰稿人、报刊、专栏作者、记者、演员、英语翻译
ASI	音乐教师、乐器教师、美术教师、管弦乐指挥、合唱队指挥、歌星、演奏家、哲学家、作家、广告经理、时装模特
AER	新闻摄影师、电视摄影师、艺术指导、录音指导、丑角演员、魔术师、木偶戏演员、骑士、跳水员
AEI	音乐指挥、舞台指导、电影导演
AES	流行歌手、舞蹈演员、电影导演、广播节目主持人、舞蹈教师、口技表演者、喜剧演员、模特

(续表)

代码名称	职业名称
AIS	画家、剧作家、编辑、评论家、时装艺术大师、新闻摄影师、男演员、文学作者
AIE	花匠、皮衣设计师、工业产品设计师、剪影艺术家、复制雕刻品大师
AIR	建筑师、画家、摄影师、绘图员、雕刻家、环境美化工、包装设计师、绣花工、陶器设计师、漫画工
SEC	社会活动家、退伍军人服务官员、工商会事务代表、教育咨询者、宿舍管理员、旅馆经理、饮食服务管理员
SER	体育教练、游泳指导
SEI	大学校长、学院院长、医院行政管理员、历史学家、家政经济学家、职业学校教师、资料员
SEA	娱乐活动管理员、国外服务办事员、社会服务助理、一般咨询者、宗教教育工作者
SCE	部长助理、福利机构职员、生产协调人、环境卫生管理人员、戏院经理、餐馆经理、售票员
SRI	外科医师助手、医院服务员
SRE	体育教师、职业病治疗者、体育教练、专业运动员、房管员、儿童家庭教师、警察、引座员、传达员、保姆
SRC	护理员、护理助理、医院勤杂工、理发师、学校儿童服务人员
SIA	社会学家、心理咨询者、学校心理学家、政治科学家、大学或学院的系主任、大学或学院的教育学教师、大学农业教师、大学法律教师、大学工程和建筑课程的教师、大学数学、医学、物理教师、大学社会科学教师、生命科学教师、研究生助教、成人教育教师
SIE	营养学家、饮食学家、海关检查员、安全检查员、税务稽查员、校长
SIC	描图员、兽医助手、诊所助理、体检检查员、娱乐指导者、监督缓刑犯的工作者、咨询人员、社会科学教师
SIR	理疗员、救护队工作人员、手足病医生、职业病治疗助手
SAC	理发师、指甲修剪师、包装艺术家、美容师、整容专家、发式设计师
SAE	听觉病治疗者、演讲矫正者
SAI	图书管理员、小学教师、幼儿园教师、学前儿童教师、中学教师、师范学院教师、盲人教师、智力障碍人教师、聋哑人教师、学校护士、牙科助理、飞行指导员

根据前面的描述，你能大概了解自己的兴趣代码和其他同学的兴趣代码吗？接下来，我们可以通过"班长兴趣猜猜猜"活动(活动2-2)加深各位同学对兴趣代码的了解。

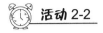 活动 2-2

班长兴趣猜猜猜

指导语：各位同学，我们已经掌握了霍兰德职业兴趣理论以及霍兰德代码相关规则，现在我们互动一下，我们猜猜班长（如果班级是陌生团体就找大家共同熟悉的个体，如老师）的霍兰德兴趣代码是什么。

(1) 首先请班长站到台上，在 A4 纸上写出自己的霍兰德代码，并说明代码类型（单代码、双代码、三代码）。

(2) 请同学们自愿举手猜测班长的兴趣代码。每人只有一次发言机会，班长告知猜对与否。结果：①代码对，顺序对；②代码对，顺序不对；③不对。

(3) 请发言同学阐述一下为什么判断是某种代码，可以通过事情、活动、课程、书籍、能力等多个维度证明。引导同学们发言时回归到教学知识点。

(4) 找到与班长代码相同或者相似的同学。

第三节　发现自己的职业兴趣

霍兰德主张人们通过两种主要的方法得知霍兰德代码以及 6 个生涯类型的强度。事实上，在决定休闲娱乐、职业探索等活动时，几乎每个人都会想到用各种方法探索自己的兴趣。

一、兴趣的主要探索方法

总体来看，兴趣的探索方法包括量化和质化两种：

(1) 量化的方法，即通过客观的心理测验、测量，验证霍兰德的 6 个类型，如《职业偏好量表》和《职业自我探索量表》。

(2) 质化的方法，即通过各种探索活动、方式收集经验显著的类型。综合多位学者研究，本节统计了进行职业兴趣评估常用的 8 种探索方法，见表 2-7。

这 8 种探索方法具体为量表法、活动法、访谈法、观察法、自省法、体验法、评价法和分类法等，各种方法虽然表现形式不同，信效度不一，但均有较为科学的理论架构，可以在教学活动或者自测中使用。

表2-7 职业兴趣常用的探索方法

序号	具体方法	工具载体
1	量表法	使用《职业倾向自我探索SDS量表》进行测试,通常包括纸质问卷、电子表单、测评系统三种方式
2	活动法	霍兰德兴趣岛游戏或"生涯度假计划"
		"我的生涯憧憬"故事,首先描述3个自己以前非常向往,但是至今仍无缘实现的职业,然后代入"六角形二维度"的判断
		"我最愉快的经验",首先回想3件自己十分愉快的事情,然后代入"六角形二维度"的判断
		"成就故事法",描述3个成就故事,然后代入"六角形二维度"的判断
		萨维科斯"生涯探索五问"
		其他兴趣探索活动,如"白日梦""崇拜的人",喜欢看的电影、杂志、网站、科目等,通过以上探索活动寻兴趣一致性的部分
3	访谈法	依次描述霍兰德6个代码显著的特征,引导学生结合认知体验和自我了解打分评估。可以采用画六边形,然后百分制打分的方式
4	观察法	通过观察一个人的职业憧憬、他所专注学习的专业、他所从事的职业来推测他的生涯类型
5	自省法	自省法就是自我思考、自我分析,通过写日记记载日常生活经历的事情,记录个人感悟,从中总结出成败得失
6	体验法	通过专业认知、职场体验和职业实习等获得关于自己真实的体验
7	评价法	通过他人的评价,建立探索自我的辅助手段,如通过360度评价或者问卷访谈,引导学生客观认识自己
8	分类法	通过职业兴趣分类卡,对感兴趣的职业按照1~5级进行分类,寻找职业的一致性

二、常用兴趣探索工具介绍

上文讲述了兴趣探索的8种方法,大致囊括了主流的兴趣探索技术,下面介绍几种常用的探索工具。

(一)职业倾向自我探索量表

目前使用比较广泛的兴趣测验是《霍兰德自我探索量表》,该表采用由John L.Holland, PhD 著,金蕾莅翻译,张晓女士校订的《职业倾向自我探索量表》(表2-8)。该量表包括白日梦、活动、能力、职业和自我评估等五个维度,通过测量可以得到霍兰德代码以及各个类型的分数,在实际的测量使用过程中,学生要有意识地认识个性中的兴趣特点,并根据测评结果与自己的兴趣和目标进行匹配,把测评结果与所选职业比对,结合思考等。在实际应用过程中既可以使用纸质量表,也可以使用职业测评系统。

表2-8　职业倾向自我探索量表

　　本测验旨在帮助你探索可能从事的职业。如果你已经考虑好了一个职业,测验的结果可能会支持你的想法或者对其他的可能性提出建议。如果你还没有确定未来的职业,本测验也可能会帮你圈定出一小部分职业,以做进一步考虑。大多数人发现填答本测验题目既有帮助又充满乐趣。如果你仔细遵循每一页的引导,会拥有同样的体验。不必匆忙,仔细地完成本测验题目将有更多的收获。请用铅笔填写,以便修改。

姓名:＿＿＿＿＿＿＿＿＿＿＿＿；填写日期:＿＿＿＿＿＿＿＿＿＿＿＿

性别:＿＿＿＿＿＿＿＿＿＿＿＿；年龄:＿＿＿＿＿＿＿＿＿＿＿＿

年级:＿＿＿＿＿＿＿＿＿＿＿＿；专业:＿＿＿＿＿＿＿＿＿＿＿＿

第一部分　职业白日梦

　　请列举你已经思考过的未来可能从事的职业,也列举出你曾空想过的职业或者那些你与其他人考虑过的职业。尝试着思考白日梦背后的故事。将你最近思考的职业写在第一行,然后用倒叙的方式,由近及远,把考虑过的工作依次写在横线上。

序号	职业
1	
2	
3	
4	
5	
6	

第二部分　活动

　　下面列举了各种活动,请就这些活动判断你的偏好。L代表"喜欢",D代表"不喜欢"或者"无所谓"。请在相应的〇里打√。

R	L	D
修理或组装电子产品	〇	〇
修理自行车	〇	〇

(续表)

R	L	D
修理或组装机械产品	○	○
用木头做东西	○	○
参加技术教育或手工制作课程	○	○
参加机械制图课程	○	○
参加木工技术课程	○	○
参加自动化机械课程	○	○
与杰出的机械师或者技术人员一起工作	○	○
在室外工作	○	○
操作自动化机器或者设备	○	○

L 的总数(　　)

I	L	D
阅读科学书籍和杂志	○	○
在研究室或实验室工作	○	○
从事一项科学项目	○	○
研究一个科学理论	○	○
从事与化工品有关的工作	○	○
应用数学解决实际问题	○	○
上物理课	○	○
上化学课	○	○
上数学课	○	○
上生物课	○	○
研究学术或者技术问题	○	○

L 的总数(　　)

A	L	D
素描/制图/绘画	○	○
设计家具，服装或者海报	○	○
在乐队/管弦乐队/其他组团中演奏	○	○
练习乐器	○	○
创造肖像或者拍照	○	○
写小说或者戏剧	○	○

(续表)

A	L	D
上艺术课	○	○
编曲或者谱曲(不限曲种)	○	○
与有天赋的艺术家、作家或者雕塑家一起工作	○	○
为他人表演(跳舞、唱歌、小品等)	○	○
阅读艺术、文学或者音乐类文章	○	○

L 的总数( )

S	L	D
会见重要的教育家或者咨询师	○	○
阅读社会学文章和书籍	○	○
为慈善团体工作	○	○
帮助他人解决他们的个人问题	○	○
研究青少年的犯罪问题	○	○
阅读心理学文章或者书籍	○	○
上人类关系课程	○	○
在高中教书	○	○
照看有精神疾病的病人的活动	○	○
给成年人讲课	○	○
从事志愿者的工作	○	○

L 的总数( )

E	L	D
学习商业成功的策略	○	○
创业	○	○
参加销售会议	○	○
参加行政管理或领导力的短期课程	○	○
担任任何组织的负责人	○	○
监督管理其他人的工作	○	○
会晤重要的执行长官或者领导	○	○
领导一个团队实现某个目标	○	○
参加政治竞选	○	○

(续表)

E	L	D
担任某一组织或者企业的顾问	○	○
阅读商业杂志或文章	○	○

L 的总数(　)

C	L	D
填写收入报税表	○	○
在交易或记账时进行加、减、乘、除的计算	○	○
使用办公设备	○	○
坚持做详细的开支记录	○	○
建立记录系统(如记录钱、人员、原材料等)	○	○
上会计课	○	○
上商业数学课	○	○
建立生活用品或商品的清单	○	○
检查文案或者产品中的错误/瑕疵	○	○
更新记录或文档	○	○
在办公室内工作	○	○

L 的总数(　)

第三部分　能力

Y 代表完全能做或者能做得很好的活动，N 代表从来没做过或者做得很差的活动。请在相应的○里打√。

R	Y	N
我能使用电锯、车床或磨砂机等木工工具	○	○
我能画有比例要求的图纸	○	○
我能给汽车加油或者换轮胎	○	○
我能使用电钻、磨床或缝纫机等电动工具	○	○
我能给家具或木制品刷漆	○	○
我能修理简单的电器用品	○	○
我能修理家具	○	○
我能使用很多手工工具	○	○
我能简单地修理水管	○	○

(续表)

R	Y	N
我能制造简单的木工作品	○	○
我能粉刷房间	○	○

Y 的总数( )

I	Y	N
我能使用代数解决数学问题	○	○
我能执行一项科学实验或者调查	○	○
我明白放射性元素的半衰期	○	○
我能使用对数表	○	○
我能使用计算机研究一个科学问题	○	○
我能描述白细胞的功能	○	○
我能解释简单的化学方程式	○	○
我明白为什么人造卫星不会坠落到地球上	○	○
我能写一篇科学报告	○	○
我明白宇宙大爆炸理论	○	○
我明白 DNA 在遗传中的作用	○	○

Y 的总数( )

A	Y	N
我能演奏乐器	○	○
我能参加二部或四部合唱	○	○
我能独唱	○	○
我能演戏	○	○
我能朗诵	○	○
我能画画(油画或水彩)或雕塑	○	○
我能创作或者编曲	○	○
我能设计衣服、海报或者家具	○	○
我会写很不错的故事或诗	○	○
我能写一篇演讲稿	○	○
我能拍摄很吸引人的照片	○	○

Y 的总数( )

S	Y	N
我发现与不同类型的人交谈很容易	○	○
我擅长向其他人解释或说明一些事情	○	○
我能做一个有亲和力的组织者	○	○
人们常向我诉说他们的困扰	○	○
我能很轻松地教小孩子	○	○
我能很轻松地教成年人	○	○
我擅长帮助感到不安或者有困扰的人们	○	○
我对社会关系有很好的理解	○	○
我擅长教别人	○	○
我擅长使别人感到轻松	○	○
相比物和观念，我更擅长与人打交道	○	○

Y 的总数（　）

E	Y	N
我知道如何成为一个成功的领导	○	○
我是一个优秀的公共演说者	○	○
我能组织某个销售活动	○	○
我能组织其他人的工作	○	○
我是一个有抱负而且意志坚定的人	○	○
我擅长让别人按照我的方式做事	○	○
我有很好的推销能力	○	○
我有很强的辩论能力	○	○
我非常有说服力	○	○
我有很不错的规划能力	○	○
我有某些领导力	○	○

Y 的总数（　）

C	Y	N
我能将函件或其他文件分门别类管理	○	○
我能从事办公室工作	○	○
我能使用自动化的办公设备(如打印机、复印机、计算机等)	○	○
我能很快地完成大量的文案工作	○	○

(续表)

C	Y	N
我能使用简单的数据处理设备	○	○
我能进行收支记录	○	○
我能准确地记录付款和销售额	○	○
我能使用计算机输入信息	○	○
我能撰写商业信函	○	○
我能完成一些常规的办公室工作	○	○
我是一个细心而且有条理的人	○	○

Y 的总数( )

第四部分　职业

这是你关于很多工作态度和情感的清单。如果某个职业你很**感兴趣**或者很受吸引，则在 Y 下面的○上画√；如果你**不喜欢**或者没兴趣，则在 N 下面的○上画√。

R	Y	N
飞机机械师	○	○
汽车机械师	○	○
木工技师	○	○
汽车司机	○	○
测量工程师	○	○
建筑工地现场监理员	○	○
无线电机械师	○	○
交通机车(如火车)工程师	○	○
机械技术员	○	○
电器技术员	○	○
农业技术员	○	○
飞机驾驶员	○	○
电子技术员	○	○
焊接技术员	○	○

R 类 Y 的总数( )

生涯规划与人生设计

I	Y	N
气象学科研人员	○	○
生物学科研人员	○	○
天文学科研人员	○	○
医学科研人员	○	○
人类学科研人员	○	○
化学科研人员	○	○
独立的研究科学家	○	○
科学书籍的作家	○	○
地质学科研人员	○	○
植物学科研人员	○	○
科研技术员	○	○
物理学科研人员	○	○
社会科学研究人员	○	○
环境分析学者	○	○

I 类 Y 的总数（   ）

A	Y	N
诗人	○	○
音乐家	○	○
小说家	○	○
演员	○	○
自由职业作家	○	○
编曲家	○	○
新闻学家/记者	○	○
艺术家	○	○
歌唱家	○	○
作曲家	○	○
雕刻家	○	○
剧作家	○	○
漫画家	○	○
娱乐节目的艺人	○	○

A 类 Y 的总数（   ）

S	Y	N
职业咨询师	○	○
社会学者	○	○
高中教师	○	○
物质依赖(如对酒精、药物等依赖)治疗师	○	○
青少年犯罪专家	○	○
语言治疗师	○	○
婚姻咨询师	○	○
临床心理学家	○	○
人文社会课教师	○	○
私人咨询师	○	○
青少年野营主管	○	○
社会工作者	○	○
残障人士康复咨询师	○	○
儿童乐园主管	○	○

S 类 Y 的总数( )

E	Y	N
采购员	○	○
广告宣传主管	○	○
工厂管理者	○	○
商业贸易主管	○	○
晚会或仪式主持人	○	○
销售人员	○	○
房地产销售员	Y	○
百货商场经理	○	○
销售经理	○	○
公共关系主管	○	○
电视台经理	○	○
小企业主	○	○
法官	○	○
机场经理	○	○

E 类 Y 的总数( )

C	Y	N
账目记录员	○	○
预算规划员	○	○
注册会计师	○	○
金融信用调查员	○	○
银行出纳员	○	○
税务专家	○	○
物品管理员	○	○
计算机操作员	○	○
金融分析员	○	○
成本估算员	○	○
工资结算员	○	○
银行督察员	○	○
会计职员	○	○
审计职员	○	○

C 类 Y 的总数(　　)

第五部分　自我评估

下面列出 6 种能力，请与自己的同龄人比较一下，对自己的实际情况进行评估。在最适合自己的等级数字上画圈，尽量避免对每项能力打相同的分。

自我评估(1)

能力	机械操作能力	科学研究能力	艺术创作能力	教授讲解能力	商业推销能力	事务管理能力
高	7	7	7	7	7	7
	6	6	6	6	6	6
	5	5	5	5	5	5
中	4	4	4	4	4	4
	3	3	3	3	3	3
	2	2	2	2	2	2
低	1	1	1	1	1	1
领域	R	I	A	S	E	C

第二章 评估人生兴趣：表达真实自我

自我评估(2)

能力	动手能力	数学能力	音乐能力	理解他人能力	管理能力	行政能力
高	7	7	7	7	7	7
	6	6	6	6	6	6
	5	5	5	5	5	5
中	4	4	4	4	4	4
	3	3	3	3	3	3
	2	2	2	2	2	2
低	1	1	1	1	1	1
领域	R	I	A	S	E	C

汇总评估

将活动、能力、职业和自我评估各个分项中 6 个领域(R, I, A, S, E, C)中 L 的总数和 Y 的总数分别填在如下对应的位置。

项目	R	I	A	S	E	C
活动						
能力						
职业						
自我评估(1)						
自我评估(2)						
综合得分(纵向相加)						

从综合得分中选出 3 个得分高的，由高到低排列，即霍兰德代码：_____。

(二) 霍兰德兴趣岛活动

除了正式的量表之外，霍兰德兴趣岛(活动 2-3)是最为常用的职业兴趣评估手段。它被看作是霍兰德《职业自我探索量表》的游戏版，在进行该活动时可增加文本描述、岛屿海报(图 2-4)和播放视频等有趣的手段，也可以将课堂桌椅摆放成六边形，模拟霍兰德六角形，让有相同兴趣代码的学生相对集中地坐在六边形的相应位置(图 2-5)，从而更具象地观测同类型的学生。

图2-4 霍兰德兴趣岛海报

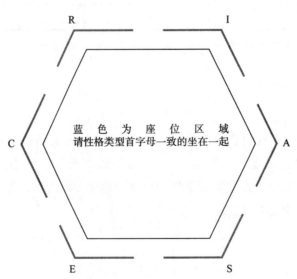

图2-5 霍兰德六边形座位区域示意图

第二章
评估人生兴趣：表达真实自我

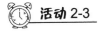

霍兰德兴趣岛活动

1. 导入语

假如你获得了一次免费度假游的机会，有机会去下列 6 个岛屿中的一个。唯一的要求是你必须在这个岛上待至少半年时间。请不要考虑其他因素，仅凭自己的兴趣按照一、二、三的顺序挑出你最想前往的岛屿。

2. 各个岛屿的具体情形

岛屿 R：自然原始的岛屿。岛上保留热带的原始植物，自然生态保持得很好，也有相当规模的动物园、植物园、水族馆。岛上居民以手工见长，自己种植花果蔬菜、修缮房屋、打造器物、制作工具，喜欢户外运动。

岛屿 I：深思冥想的岛屿。岛上人迹较少，建筑物多，僻处一隅，平畴绿野，适合夜观星象。岛上有多处天文馆、科博馆以及科学图书馆等。岛上居民喜好沉思、追求真知，喜欢和来自各地的哲学家、科学家、心理学家交换心得。

岛屿 A：美丽浪漫的岛屿。岛上有美术馆、音乐厅，弥漫着浓厚的艺术文化气息。同时，当地的土著还保留了传统的舞蹈、音乐与绘画，许多文艺界的朋友都喜欢来这里找寻灵感。

岛屿 S：温暖友善的岛屿。岛上居民性情温和、十分友善、乐于助人，社区均自成一个密切互动的服务网络，人们多互助合作，重视教育，关怀他人，充满人文气息。

岛屿 E：显赫富庶的岛屿。岛上的居民热情豪爽，善于企业经营和贸易，能言善道，以口才见长。岛上的经济高度发展，处处是高级饭店、俱乐部、高尔夫球场。来往者多是企业家、经理人、政治家、律师等，曾数次在这里召开财富论坛和其他行业巅峰会议。

岛屿 C：现代、井然的岛屿。岛上建筑十分现代化，是进步的都市形态，以完善的户政管理、地政管理、金融管理见长。岛民冷静保守，处事有条不紊，善于组织规划，细心高效。

你选的三座岛屿依次是：（　）（　）（　）。画出它们在霍兰德六边形中的关系。

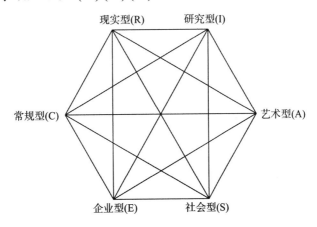

3. 按照自己的第一选择分组

选择同一岛屿的人交流一下：自己为什么选择这个岛屿，看看大家有什么共同的兴趣爱好，并归纳关键词。根据大家的交流给自己的小组命名，并选取一个标志物和Logo，在白纸上制作一张小组的宣传图。每个小组请一位组员用2分钟时间展示自己小组的宣传图，并向全班同学介绍自己小组的共同特点。

这6个岛屿分别代表着6种职业类型，即选择R岛的人是现实型，选择I岛的人是研究型，选择A岛的人是艺术型，选择S岛的人是社会型，选择E岛的人是企业型，选择C岛的人是常规型。你最想去的三个岛屿的代码就是你的霍兰德代码。对照《霍兰德自我探索量表》职业索引表就能得出与自己人格类型所匹配的职业。

需要注意的是，这只是对兴趣类型的一个初步判断，初学者对霍兰德类型的掌握不够深入，再加上社会期望和缺乏自我认识等原因，个人不易准确地判断自己的职业兴趣类型，因此，最好通过信效度均较高的《霍兰德职业兴趣量表》协助确认。

（三）萨维科斯生涯探索五问

萨维科斯批判性地继承了霍兰德职业兴趣理论及职业世界地图理论，提出了个体的职业人格类型(RIASEC)。萨维科斯认为，从过往经历中可以发现一个相对稳定的职业人格(注重评估行动呈现出的兴趣倾向)，并且会与职业呈现出一定的匹配性。但萨维科斯的关注点与霍兰德有所不同：一是更侧重来访者的主观看法，而非测评分数；二是更关注来访者意图中呈现的可能的自我，而非过去的我。通过"生涯探索五问"(表2-9)，我们可以了解一致性的兴趣倾向。

表2-9 萨维科斯的"生涯探索五问"

问题	具体问题	解释
第一问：榜样人物	你最欣赏或崇拜的人有哪些？他们的哪些特质吸引你？	这个问题结合来访者展现出的榜样人物特征，往往是在阐述他们的自我概念。咨询师如果直接要求来访者用语言描述他们的自我概念，很少能奏效，但对于榜样角色的描述过程中，来访者会自然地界定自我。你会发现同样一个人物，不同人看到的特质不同。因为，来访者在这些榜样角色中看到的是自己，包括当前的自己(你与他们有哪些相似点？)以及期待中的自己(你期待获得他们哪些特质？)。这个问题往往会带来深入的自我觉知
第二问：兴趣活动	你最喜欢且经常看的电视节目(杂志、网站等)有哪些？喜欢它什么？	这种问法展现的通常是他们不受限制的状态下的倾向，这最能显露来访者的兴趣和偏爱的环境。结合霍兰德类型(RIASEC)，对预测未来的职业方向非常有价值

(续表)

问题	具体问题	解释
第三问：喜欢故事	你最喜欢的书或电影是什么？讲讲里面的故事情节	这个问题涉及的是生命的脚本，将个体的自我概念(从榜样人物中呈现)和偏爱的环境(从休闲活动中体现)统一在一起。换句话说，最喜爱的故事描绘了个体的核心问题，以及在什么环境、如何回应自己所面临的问题
第四问：座右铭	你最喜爱的格言或座右铭是什么？	这个话题涉及来访者对自己的建议。如果来访者说没有座右铭，咨询师可以邀请他们回忆自己记得的格言，甚至现场创造一句格言。这些努力都将会引出他们如何面对困境，如何前行的直觉理解
第五问：早期回忆	你能告诉我你现在能记起的最早的3件事吗？	这是呈现生涯主题的一问，也是有一定风险的提问。它可能会带出未处理的创伤体验。咨询师需要把握好访谈深度，甚至在能预估当事人有你不能应对的创伤时，不妨简化为前4问，从榜样人物和喜欢的故事两问中也能寻找来访者的生涯主题

(资料来源：萨维科斯)

（四）兴趣派对练习

兴趣派对练习(活动2-4)是理查德·尼尔森·鲍利斯在《你的降落伞是什么颜色》中提供的方法，该方法遵循霍兰德的系统。据研究，该方法92%的情况下测试结果与SDS测试结果一致，是一种快捷而简单的霍兰德代码获取方式。

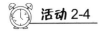
活动2-4

兴趣派对练习

图2-6为正在开派对的房间示意图，派对上有同样兴趣的人(因为某些原因)都聚在房间的角落。没错，一共6个角落。

(1) 直觉上，你会被哪个角落吸引？愿意和哪一群人待最长时间？(别考虑害不害羞，或者非要和他们交流，你可以只是听着)

把那个角落的字母写在这儿：_____。

(2) 15分钟后，你选择的那个角落的每个人，除了你都离开去参加另一个派对了。剩下的那几组，你会被哪个角落吸引？你愿意和哪一群人待最长时间？

把那个角落的字母写在这儿：_____。

(3) 15分钟后，这群人也走了，去参加另一个派对。剩下的那几组你愿意和哪一群人待最长时间？

把那个角落的字母写在这儿：_____。

刚刚选择的三个字母就是你的"霍兰德代码"，把代码写在这儿：_____。

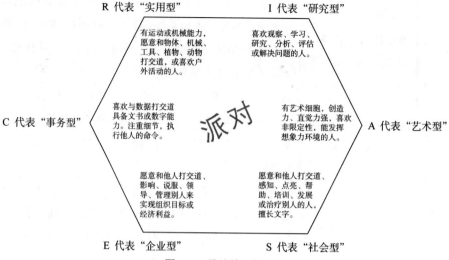

图 2-6 霍兰德兴趣派对

(资料来源：理查德·尼尔森·鲍利斯、李春雨)

（五）兴趣探索活动

该活动通过课程、书籍、杂志、电影等来帮助个人回忆并梳理日常生活中有关个人兴趣的代表性事件，增进自我觉察。这是一种偏后现代主义叙事方式的自我探索活动，它通过挖掘个人经验并归纳总结，发现经验的规律性和一致性，从而掌握个人的兴趣类型(活动 2-5)。

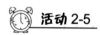活动 2-5

发现你的兴趣

指导语：请根据以下问题如实回答，答案无好坏之分，仅为发现您的兴趣。

1. 在学校里我喜欢哪些课程？
_____

2. 我常阅读哪些类型的书籍或者杂志？
_____

3. 我通常对什么事情最有兴趣？
_____

4. 在空闲时间，我通常干什么？
_____

5. 我做过哪些工作(包括自愿工作), 我喜欢做哪些工作?
_____

引导讨论：回看你对上述问题的答案，看看这几个问题的答案有没有共同点？是否可以归纳为几个关键词？这些关键词和你的个人兴趣有什么关系？

(六) 职业兴趣分类卡

职业兴趣分类卡是将职业兴趣分类卡片按照喜好程度进行分类，然后通过探索寻找职业所蕴含的一致性，进而帮助个体探索职业兴趣。在实施过程中，教师引导来访者或学生将职业兴趣分类卡片(表2-10)按照"不感兴趣、不太感兴趣、不知道、感兴趣和有点感兴趣"五个维度进行分类分层排序(图2-7)，引导学生看到感兴趣和不感兴趣职业的一致性，进而推导个人职业兴趣，这也是一种非正式评估手段。

表2-10 职业兴趣分类卡

序号	职业	代码	序号	职业	代码	序号	职业	代码	序号	职业	代码
1	按摩治疗师	ISR	17	儿童看护员	RES	33	化学实验员	REI	49	旅馆服务员	RE
2	办公室主任	ESR	18	法官	EAS	34	画家	AES	50	旅馆老板	ECS
3	保险代理	ESC	19	房地产代理商经纪人	ESX	35	计算机操作员	CSR	51	旅游代理商	ECS
4	保险人员	ECS	20	服装设计师	ARI	36	计算机程序员	IRE	52	旅游指导	SER
5	报刊专刊作者	ASE	21	工程师	REC	37	计算机系统分析员	IER	53	园艺家	IRS
6	博物馆管理员	ESA	22	工具装卸员	RCI	38	计算机销售员	ESR	54	职业咨询师	SAE
7	裁判员	ESC	23	公共汽车驾驶员	ESR	39	记录员	CSI	55	律师	ESI
8	餐饮经理	ESR	24	广播电视播音员	SCR	40	建筑师	AIR	56	轮船船长	RE
9	插图画家	AER	25	广播电视主持人	AES	41	健康顾问	SER	57	民航飞行员	RIE
10	出纳员	CSI	26	宗教教育工作者	SEA	42	教育家	SAI	58	木匠	RCE
11	档案管理员	CRS	27	舞蹈教师	AES	43	接待员	CSE	59	牧场负责人	IRS
12	电工	RIE	28	广告商	ESA	44	经济学家	IAS	60	内科医生	ISC
13	电话接线员	CSE	29	合唱队指挥	ASI	45	卡车司机	RCS	61	农民	RIS
14	电脑图形设计师	AER	30	护士	SIA	46	空中服务员	ESA	62	排版操作员	RIE
15	电影导演	AES	31	护士长	ESR	47	劳务仲裁员	SEA	63	汽车修理工	RCI
16	电子技工	RIE	32	化学家	IRC	48	零售商	ESA	64	人力资源经理	SEC

(续表)

序号	职业	代码	序号	职业	代码	序号	职业	代码	序号	职业	代码
65	人事专员	ESC	76	书店售货员	ESR	87	物理学家	IRE	98	牙医	ISR
66	商学教师	SAE	77	数学家	IER	88	物业管理人员	ECS	99	牙医助理	SAI
67	社工	SEA	78	数学老师	SAE	89	鲜花店主	ARE	100	演艺人员	AES
68	社会福利工作员	SEC	79	体育教练	SER	90	销售经理	ERS	101	验光师	ISE
69	社会科学家	IES	80	园丁	REI	91	小学教师	SAE	102	药剂师	IES
70	社会科学教师	SAE	81	娱乐活动导演	SEI	92	校务管理	SEI	103	药剂实验师	IRE
71	社会学家	IES	82	统计学家	IRE	93	心理学家	IES	104	音乐家	ASC
72	时尚设计员	ASR	83	图书管理员	ESI	94	心理咨询师	SIE	105	银行家	ESR
73	手术室技术员	ISR	84	外语教师	SAE	95	信息管理员	IER	106	印刷工	RIE
74	兽医	IRS	85	舞蹈家	AER	96	行政助理	ESC	107	营养学家	SIE
75	售货员	ECS	86	物理教师	SER	97	学院院长	SEI	108	邮递员	CRS

感兴趣	有点感兴趣	不知道	不太感兴趣	不感兴趣
机械师	建筑师	产品代理	办公室	秘书
机械设计师	建筑承包人	银行家	幼儿园助理	作家
……	……	……	……	……

图 2-7 职业兴趣卡分类示意图

（七）ACT工作世界地图

ACT工作世界地图是美国大学考试中心(ACT)结合各种职业兴趣的最新研究成果，在兴趣的两维基础上，将职业群体的具体位置标定在坐标图上，从而得到工作世界地图(图2-8)，作为职业生涯规划的参考工具，它可用于评价个人的工作兴趣，让人更加清楚自己感兴趣的工作领域。

图 2-8 ACT 工作世界地图

普利伯格以霍兰德的理论为蓝本，发现在霍兰德的这个六边形的兴趣结构下，潜藏着两个双极维度(表 2-11)：一个维度为事务处理和心智思考，另一个维度为与物质接触和与人接触。ACT 工作世界地图把霍兰德的六边形与潜藏着的两个维度(人和物纬度，数据与观念纬度)组合在一起，将职业的类型和职业的性质有机结合。通过进一步分析我们可以看出，这基本是将霍兰德的职业兴趣理论与职业选择关系组合在一起，使得我们可以直观地判断自己适合的职业类型。ACT 工作世界地图将 26 种职业领域(相似的工作群)分为 12 个区域，每种职业领域都按照以上四种工作任务族群来确定其在工作世界地图中的位置。

表2-11 霍兰德潜藏着的两个维度及其说明

数据(D)	事实、数字、文件、计算、商业程序
观念(I)	洞见、理论、新的表达或行动方式
人(P)	你能够为之服务、提供帮助、提供信息和照料的人，或者是你向其出售商品的人
物(T)	机器、工具、生物、食物、木材金属等材料

普利伯格关于潜在的两个维度结构的研究，可用于兴趣的非正式测评中，如在职业憧憬活动、职业幻想、崇拜的人、喜欢的活动探索之后，引导学生在两个维度(图 2-9)

上打分，从而判断职业兴趣代码的相应位置，进而粗略了解学生的职业兴趣类型。

事务处理 ————————————————————————— 心智思考
　　　　　5　4　3　2　1　0　1　2　3　4　5

与人接触 ————————————————————————— 与物接触
　　　　　5　4　3　2　1　0　1　2　3　4　5

图 2-9　霍兰德潜藏两维度打分图

如果个体知道自己的兴趣类型，就可以较准确地确定自己的职业兴趣在 ACT 工作世界地图中的位置，通过与不同职业群的远近位置的比较可以进一步扩展职业兴趣的搜寻范围。下面我们列举了 26 种职业类型及其典型职业、典型专业类别(表 2-12)。

表2-12　职业族群与职业领域

族群	序号	职业领域	职业
管理和销售职业族群	1	就业相关服务	人力资源、培训/教育、员工福利经理、招聘人员、面试官、工作分析员
	2	市场营销与销售	保险、房地产、旅游等中介、采购、销售/制造商代理、零售员、电话推销者
	3	管理	执行经理、执行秘书、采购、财务、办公室、房地产等总经理、专门经理(零售、酒店/旅馆、餐饮等)
	4	管制与保护	检查员(海关、食物/药品等)、警务人员、侦查员、公园管理员、保安经理、警卫
商业操作与职业族群	5	沟通与记录	前台、书记员(包括法院与医院)、法庭书记官、文员(订货单、账单、酒店等)
	6	金融操作	会计/审计、出纳、银行出纳、财务/信用分析师、税务师、票务代理
	7	分配与派发	运务员/售货员、仓管员、邮递员、分派员(飞机、出租车等)、航空空管员
技术职业族群	8	运输操作及相关职业	卡车/公共汽车/出租车司机、机车工程师、船长、机长、海员、专职司机
	9	农业、林业及相关工作	农民、养护经理、虫害控制者、林务员、伐木工、场地管理者、育兽员
	10	计算机与信息专业	程序员、系统分析师、信息系统经理、电脑维修师、精算师
	11	建筑与维护	木匠、电工、泥水匠、瓦匠、粉刷匠、水管工、盖屋顶的人、消防员、门卫

(续表)

族群	序号	职业领域	职业
技术职业族群	12	手工艺及相关工作	细工木匠、裁缝、厨师、面包师、理发师、珠宝匠、银匠、手工艺
	13	生产制造和加工处理	工具/模具制造者、机械师、焊工、装订工人、印刷操作工、冲印过程工人
	14	机械、电气专业	机械师/技师(如汽车、飞机、热能和交流电、电气、牙科实验室等)、维修员(如办公室机器、电器、电视/录像机、CD机等)
科学和技术职业族群	15	工程与技术	工程师(如航空、农业、核能、国防、计算机等)、技术师(如电子、机械、激光等)、测量员、制图员、建筑师、技术绘图员
	16	自然科学与技术	物理学家、天文学家、生物学家、统计学家、土地资源保护学家、食品技术员、犯罪实验室分析员
	17	医疗技术	药剂师、验光技术、假肢制作者、技术人员(如手术、药品实验室、脑电等)、营养师
	18	医疗诊断与治疗	医生、精神科大夫、病理学家、牙医、激光配镜师、兽医、麻醉师、听觉矫正师、医生助手
	19	社会科学	社会科学家、实验心理学家、政治科学家、经济学家、犯罪学家、城市规划师
艺术职业族群	20	应用艺术(视觉)	艺术师、画家、摄影师、插图师、花艺/时尚/室内设计师、商品陈列师
	21	创造及表演艺术	作家/作者、音乐家、歌手、舞蹈家、作曲家、电影/电视导演、模特
	22	应用艺术(语言与文字)	作者、专栏作家、编辑、广告词撰稿人、公共关系专家、电视播音员、图书馆学专家、翻译
社会服务职业族群	23	健康服务	管理者、娱乐治疗师、精神科技师、口腔保健员助手、老年护理人员
	24	教育	管理者、教师和助手(如学前教育、小学和中学、特殊教育、体育课等)
	25	社区服务	社会服务保障、社工、律师、律师助手、生涯咨询师、牧师
	26	个人服务	理发师、侍应生、化妆师、飞机乘务员、家庭康复人员、导游

思考题

1. 请完成霍兰德职业兴趣量表，并确认自己的兴趣特征及职业兴趣优势。
2. 请简述能够证明你职业兴趣的在校经历或成就故事。

第三章
评估自身技能：发挥个人优势

前面，我们讲了"兴趣"，从个体角度看，"兴趣"决定我们喜欢什么；从单位角度看，喜欢并不等于擅长，单位更多考虑的是你擅长干什么，你的擅长符合不符合单位的要求？所以，我们应考虑如何通过多种途径、多种形式的学习满足未来单位对技能的要求。这里的技能与我们传统上讲的知识、技能和能力的含义大概一致，我们可以从一般意义上理解即可，如果不做学术讨论，没有必要辨析得这么清楚。

著名心理学家斯特朗将兴趣、能力和成就的关系比作一艘带有"舵"和"马达"的"船"。"舵"(兴趣)决定了船的行进方向，"马达"(技能)决定了船的行进速度，二者共同决定了这艘船在一定时间、方向上前进的距离。所以，正确把握兴趣、技能的关系，是个体职业生涯成功的关键。众所周知，大学生处于能力培养的关键阶段，根据智能职业生涯的观点，个体在职业发展过程中会不断培养、发展并展现出相应的能力，这些技能可以帮助个体应对变化中的环境和雇佣关系，也会影响个体一生的职业发展，是一个人职业发展的基石。

本章通过介绍技能的定义、分类和应用等相关概念，通过正式或者非正式的测评工具(活动)帮助学生探索自己的技能，最终目的是引导学生了解技能与其生涯发展的关系，正确看待自己的技能，了解自己的能力结构，发挥技能的积极作用，提升自我效能感。

生涯规划与人生设计

第一节 技能概述

通常，技能和能力、知识、才能、本事、本领与谋生手段等词语交叉使用。事实上，在实践应用过程中，没有必要区分清楚不同名词概念的细微差异，大家可以对这些词语形成同样意义的理解。但是在学理上明确技能的定义，对于技能的澄清、培养、证明和展现应用具有十分重要的意义。

一、技能的定义

技能的定义是什么？《中国大百科全书·心理学》中的技能定义为"通过练习获得的能够完成一定任务的动作系统"；《心理学大辞典》中的技能定义为"个体运用已有的知识经验，通过练习而形成的智力动作方式和肢体动作方式的系统"；《辞海》中的技能定义为"运用知识和经验执行一定活动的能力"；《教育词典》中的技能定义为"通过学习重复和反省而习得的体能、心能和社会能力"；《教育大辞典》中的技能定义"主体在已有的知识经验基础上，经过练习形成的对待某种任务的活动方式"。通过对技能概念的梳理，我们发现技能具有以下四个特点：

(1) 技能是一种习得的能力，获得方式是练习，没有多次重复的练习，技能学习是不能发生的，反复的练习是技能获得的必然途径。

(2) 技能的形成标志是形成稳定的动作方式或系统，它总是以一定的规则为基础，是合乎法则的活动方式。

(3) 技能的获得基础是已有的知识和经验，技能与知识密不可分，技能的本质是知识的运用。

(4) 技能的获得目的是完成一定的目标任务，其最终指向是从学到用，技能和实践活动密切相关，离开了具体任务和活动，技能就无法形成和表现。

综上所述，我们认为技能是为个体运用已有的知识经验，通过练习或者反复积累而形成的、符合一定规则的动作方式或系统。技能是一种有效解决问题的能力，是经过后天学习形成的能够完成一定任务的动作系统，如人际交往能力、语言表达能力、数据分析能力、自我反省能力等。

我们虽然主张在实践应用上将技能和能力、知识等词同义理解，但认真地考究起来，三者却有显著的差异。什么是知识？什么是技能？什么是能力？这三者之间到底存在着什么样的区别和联系？本节尝试从概念、区别与联系三个角度对知识、技能和能力进行辨析(表3-1)。

表3-1 知识、技能和能力的区别与联系

区别与联系		知识	技能	能力
概念		知识是个体与环境相互作用后获得的信息及其组织，其实质是人脑对于客观事物的特征和联系的反映，是客观事物的主观表征，是人类经验、思想、智慧赖以存在形式	技能是活动水平的概括，一般认为是通过练习而形成的合乎法则的活动方式，包括操作技能和心智技能	能力是心理水平的概括，指直接影响个体的活动效率，促使活动顺利完成的个性心理特征
区别	所属范畴	知识是人类社会历史经验的总结和概括，是在对客观现实的反映过程中对相应经验的概括化结果	技能是在活动中由于练习而巩固，并在活动中应用的基本动作方式	能力是人的个性心理特征
	生理机制	知识、技能赖以获得的神经机制是形成暂时神经联系和动力定型		能力的神经基础是中枢神经系统在暂时的神经联系形成和巩固过程中表现出来的某些特性
	概括程度	知识是在对客观现实的反映过程中对相应经验的概括化结果	技能是在行为方式的练习巩固过程中对相应行为方式的概括化结果	能力是调节行为、活动的相应心理过程的概括化结果
	迁移范围	知识与技能的迁移范围均较窄，它们只能在类似的活动、行为或情境中发生迁移		能力有相当广的迁移范围，可以在很多场合(即便它们并不很相似)发生作用
	发展水平	较之能力的发展，知识与技能的掌握更快一些		能力也不是永远随知识、技能的增加而呈正比例地发展
联系		(1) 从知识和技能的角度看，知识是技能形成的基础，而技能反过来也可以巩固知识的学习，深化对于学习的理解 (2) 从知识、技能和能力的角度看： ① 知识、技能是能力形成的基础，并推动能力的发展； ② 知识、技能的掌握并不必然导致能力的发展，知识、技能的掌握只有达到熟练程度，通过广泛迁移，才能促进能力的发展； ③ 能力反过来制约知识、技能的掌握水平，影响知识、技能的学习进度 (3) 能力包含了比知识和技能更高一级的概念，知识和技能是构成能力的要素 (4) 能力、知识和技能是构成个体调节不可或缺的因素 (5) 随着知识的掌握和技能的形成，相应的能力也就开始形成和发展，脱离知识和技能的独立能力根本不存在		

二、技能的分类

当别人问你获得了什么技能时,你通常会怎么回答?从实际情况来看,大部分学生要么说不清楚自己的能力,要么在一两项能力上反复强调。其实,这是因为学生不了解自己的技能,不清楚技能的分类方式,所以在表述上看起来很没有结构性。目前在大学生和成人领域使用最广泛的技能分类方式是"职业技能三分法",是由美国学者辛迪·梵和理查德·鲍尔斯提出的,他们将技能分成专业知识技能、可迁移技能和自我管理技能三种类型。

1. 专业知识技能

专业知识技能是指通过教育和培训所掌握的某个领域的专业知识能力,它指一定范围内相对稳定的系统化的知识,如心理咨询师所具有的心理咨询知识技能,天文学家所具有的天文知识技能。专业知识技能需要通过背诵、记忆获得,一般用名词来表示。专业知识技能可以通过专业学习、社会实践和生活娱乐等多种路径获取(表 3-2),可以通过专业知识技能词汇表了解自己的知识领域(活动 3-1)。

表3-2 专业知识技能获取路径

A	B	C	D	E
在高中、大学或研究生院学习到的	在工作中学习到的	从会议、辅导班、培训班、研讨会中学习到的	从电视、网络中学习到的	休闲时学习到的:志愿工作、爱好等

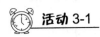
活动 3-1

了解你的专业知识技能

表 3-3 汇总了很多描述专业知识技能的词汇,请根据自己的实际情况,用"圆圈"标出你所擅长的专业知识技能,用"对钩"标出你未来想提升的专业知识技能。该词汇表并不能涵盖所有的专业知识领域,如果有可能,你可以增加、替换或者详细描述这里面的词汇。比如,如果你标出了"外语"这个词,根据你所掌握的外语方面的知识,你可以把它替换成"日语""广东话""法语"或"德语",你也可以建立某学科专业知识词汇查询表。

表3-3 专业知识技能词汇查询表

研磨剂	毒品	美学	过敏性反应
受虐儿童	黏合剂	非洲、非洲人	游乐园
会计	管理	农业	解剖学
声学	青春期	疾病	麻醉药

(续表)

杂技	收养	飞机	动物
丙烯酸树脂	航空学	酒精中毒	古董
人类学	制陶术	工程学	地理
开胃食品	庆典	发动机	构造
仪器	椅子	娱乐	老年病学
学徒	支票簿	设备	魔力
仲裁	化学药品	道德	玻璃
建筑	教堂	欧洲、欧洲人	目标
争吵	马戏团	事件	高尔夫球
数学	城市	织物	政府
艺术、艺术史	泥土	家庭	机构
炮兵	气候	农用机械	图表
亚洲、亚洲人	衣服	时尚	谷物
天文学	学院	发酵	语法
运动	颜色	肥料	制图学
原子	喜剧	纤维光学	小组
拍卖	委员会议	纤维	成长
听众	沟通	小说	枪支
音频设备	公司	电影	头发
航空学	抱怨	金融	手工艺品
儿童养育	计算机	财务记录	和谐
细菌	混凝土	抛光剂	卫生保健
信仰	修建	火灾、消防	听力
行为	化妆品	急救	帮助
钟	女装	鱼	远足
自行车	工艺品	钓鱼	历史
生物学	犯罪	健康	爱好
小鸟	庄稼	调味	马匹
毯子	顾客	飞行	园艺
蓝图	风俗	地板	医院
船只	奶制品	插花	旅馆
簿记	数据	花	清扫房屋

(续表)

书	决策	液体	房子
植物学	装饰	食物	人性
花束	错失	食品供应	打猎
刹车	过失行为	外交	水力学
砖	事物	外语	卫生
桥	残疾人	森林	思想
预算	疾病	叉车	意识形态
建筑	戏剧	水果	文盲
建筑材料	钻孔机	火炉	插图
官僚制度	干砌墙材料	室内装饰	意象
生意	染料	家具	移民
橱柜	地震	皮毛	所得税
地毯	同情	计量表	保险
卡通	雇主	宝石	兴趣
水泥	能量	地理学	投资
灌溉	饭食	室外	印刷机
事件	机械学	大纲	机械
珠宝	医学器械	熔炉	监狱
新闻业	药物	行李	问题
正义	会议	包装	产品
狗窝	精神疾病	怀孕	节目
钥匙、锁	菜单	绘画	财产
刀子	商品	纸张	心理学
湖泊	金属	养育	心理疗法
灯	公尺	公园	宣传
土地	方法	党派、社会	公众意见
风景	公制	病人	公开演说
语言	细菌	形式	出版
花边	矿物质	工资体系	木偶
洗衣房	钱	人	谜语
法律	电影	绩效	棉被
割草机	动机	期刊	收音机

(续表)

草坪	摩托车	人格	铁路
领导	马达	前景	范围
学习	移动设备	说服	房地产
皮革制品	博物馆	药物	娱乐
立法	音乐	哲学	冷藏
图书馆	乐器	摄影	宗教
灯光	神话	身体残疾	宗教书籍
读写能力	名字	物理学	报告
文学	麻醉剂	图画	饭馆
平版印刷	记叙文	管道安装	恢复
礼拜仪式	国家	地方	退休
牲畜	国内事件	计划	节奏
场所	自然	植物	步枪
位置	导航	灰浆	河流
机车	人类需求	塑料	道路
逻辑学	新来者	盘子	岩石
长寿	报纸	游戏	角色
润滑油	小说	钳子	屋顶
行李	数字	管道设备	房间
木材	托儿所	诗歌	根
机器零件	营养	毒药	路线
机器	障碍	政治程序	惯例
魔术	办公设备	亮光剂	橡皮
磁性	办公室工作	政治组织	铁锈
管理	油、油产品	组织	安全
地图	戏剧	政治	销售
市场、市场学	观点	民意测验	盐
婚姻	光学	污染物	卫生、卫生设备
协会成员	果园	锅	锯
按摩	管弦乐队	贫穷	量表
材料	组织	电动工具	风景
化粪池	结构	交易	婚礼

(续表)

服务	学生	交通	重量
莎士比亚	形式	旅行	焊接
掩蔽	吸毒	治疗	井
灌木	调查	树木	车轮
标记	符号	打字机	野生生物
丝绸	对称	制服	窗户
银器	桌子	室内装饰业	挡风玻璃
洗涤槽	团队	公用事业	葡萄酒
素描	牙齿	假期	木材
皮肤	电话	真空吸尘器	版画
社会	望远镜	蔬菜	羊毛
社会学	电视	退伍老兵	文字处理软件
软件	领土	盒式录像带	词汇
声音	测验	录像机	世界
词汇	纺织品	录像	崇拜
体育运动	质地	村庄	包装材料
舞台	戏剧	视力	写作
污点	神学	图像	X射线
统计学	理论	词汇	游艇
存货	疗法	声音	故事
石头	线	战争	青年团体
储藏	轮胎	洗涤	动物园
仓库	工具	浪费	故事
旅游	水	—	—

通过专业知识技能词汇查询表可以将自己的知识领域快速"标签化"和"结构化"。之后,根据"知识的沙堆模型"(图3-1),我们掌握自己专业知识技能的整体发展状态。

沙堆模型包括知识深度、知识广度和时间长度(达到某个知识深度或知识广度需要耗费的时间)这三个核心维度。

(1) 知识深度。纵向坐标为知识深度,是指触及事物本质的程度,方向上表现为纵深。深度决定了知识最终能够创造的价值,我们暂时用具体能够取得的分数来表示知识的深度,即在一个专业领域,如果知识深度能够达到100分,则说明在该知识领域属于资深专家级别的人物。

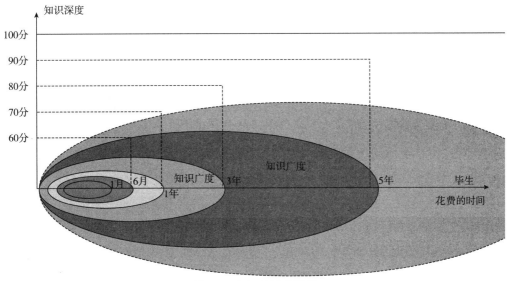

图 3-1 知识的沙堆模型

(2) 知识广度。图中的椭圆面积为要达到某个知识领域深度所需要的知识广度的积累。从图 3-1 中可以看到，虽然知识深度的分数为均匀增长，但是为了支持知识深度的提升，知识广度的面积却呈现指数级别的增长。

(3) 时间长度。横向坐标为时间长度，即达到某一个知识深度所需要花费的学习和实践时间。时间长度是实现知识深度和知识广度的基础。

知识的沙堆模型有四个生涯启示：

(1) 学无止境。要在某个领域深度上达到满分或接近满分，往往需要耗费毕生的精力，我们可以看到最后一个椭圆没有画全，因为你可能花费了终身的精力也无法达到 100 分的水平。

(2) 前易后难。任何一件事情只要掌握了通用的学习方法，经过刻意练习，就比较容易在较短的时间达到 70 分的水平，但是越往后走，提升越难，即从 90 分提升到 100 分需要耗费的时间往往是从学习到及格所需时间的几倍。

(3) 广度优先。任何学习和实践等都是优先积累的知识广度，只有知识广度得到了积累，最终才能总结消化，将知识广度向上堆积和抽象为知识深度。没有知识广度支撑的知识深度犹如空中楼阁，随时都可能崩塌。

(4) 及时转深。有了单位广度后，即沙堆底面积累到一定面积后，就需要有意识地将这种单位广度朝深度转换，只有转换为单位深度才能够提高个人核心竞争力，创造效益。如果一味地追求单位广度将无法实现价值最大化。

知识深度创造价值，知识广度创造机会。知识深度表现为在某一专业知识领域的集中程度，指事物的纵向方面，即精和专业。知识深度决定可能创造的未来价值。知识深度让我们更接近事物的本质，对某个方面探究得更透彻，在某个领域显得更专业。知识深度注重实用性，意在培养研究型和技能型的人才。如果你想利用知识谋生，你就要专注知识深度，这样更容易达到你的目的。知识广度表现为在多专业知识领域的分散程度，指事物的横向方面，即宽度和范围。知识广度更倾向于拓宽认知边界，从多角度、多方面看待问题。如果你想多理解这个世界，或者从事通用性的任务，就需要通过学习多方面的知识，找到知识的共向性，这样你更能游刃有余。一般来讲，在大学期间，大学生应重视通识性知识的学习，广泛地积累各方面、各种类型的知识，同时，铺开沙堆的"底面积"，选择某一特定专业领域，为知识广度做好准备。在工作期间，则要找到专注的精深领域，拓展知识深度，同时进一步关注知识广度方面的积累。知识深度是目标，知识广度是基础，因此，要兼顾二者的关系。例如，一名计算机专业的毕业生，在职场初期，希望能做到专家级别，所以在职业生涯的前10年深耕于这个领域，但发展到后期他发现自己遇到了瓶颈。虽然他的技能水平能够让他在这个领域立足，但是如果想继续发展，就必须补齐知识短板，拓宽知识广度，如锻炼演讲技能与写作技能等，从而确保自己在这个行业里走得更远。

知识的沙堆模型视觉化呈现知识的结构和发展水平，锚定知识的发展层级，各个发展层级对应相应的培训学习活动(表3-4)，体现专业化水平，决定了未来不同性质和水平的职业要求。

表3-4　知识的层级与所需要的教育背景

序号	知识的层级		解释
1	有限的工作知识	掌握基本的工作管理和标准的基础知识，以履行狭小范围内的工作任务	初级教育水平，通过短期入职培训(几个星期或1~2个月)即可以掌握岗位所需知识
2	基本的工作知识	掌握岗位特定的业务(商业、贸易)知识和技能或者精通某种特定技术/操作	需具备专科以上教育背景或者拥有该方面3年以上的从业经验，才可以掌握岗位特有的技能
3	宽泛的工作知识	掌握一个专业领域内不同方面的、广泛的知识和理论	需具备学历教育后，一段时间(1~3年)的广泛实践后，广泛了解本领域内多个方面的知识，或者具备中级教育后通过长时间的实践掌握特定的技巧或操作方法
4	专业知识	某个特定领域具备精通的专业技能和知识，并能够给予理论整合公司的实际	需具备学历教育后，通过长期(3~5年)实践，在某个特定领域内达到精通，可以在实际工作中深入地应用理论，或者对一个领域内多个方面的知识原理具有宽泛的理解，具备应用和指导他人的能力，成为企业专家
5	宽广的职能领域知识/资深专业知识	一个职能各方面具备既深且广的知识和应用能力；对特定专业领域具备企业内部专家程度	需具备学历教育后，通过长期(5~8年)实践胜任此岗位，需要在一个职能内多个不同方面具备深广的专业知识和实践经验，或者精深专业知识，成为行业专家

2. 可迁移技能

可迁移技能是个体所能胜任的活动，具体表现为一个人所能从事的工作内容。可迁移技能往往通过观察、实践、思考、熟练等过程掌握，它可以通过学校学习获得，可以在生活中发展，也可以迁移应用在不同的工作之中，既是个人最能持续运用和最能依靠的技能，也是用人单位最为看重的技能。可迁移技能一般用动词来表示，往往具有通用性。我们可以通过"了解你的可迁移技能"(活动 3-2)来探索自己的可迁移技能。

了解你的可迁移技能

表3-5 汇总了很多描述可迁移技能的词汇，请你根据自己的实际情况，用"圆圈"标出你所擅长的可迁移技能，用"对钩"标出你未来想提升的可迁移技能。该词汇表并不能涵盖所有的可迁移技能词汇，如果有可能，你可以增加、替换或者详细描述这里面的词汇。

表3-5 可迁移技能词汇查询表

达到	照顾	巩固	指导
执行	运送	建设	洞悉
适应	制图	联系	发现
管理	选择	控制	拆除
做广告	分类	烹调	展示
劝告	打扫	协调	证明
开玩笑	攀登	复制	草拟
分析	训练	纠正	绘制
预测	收集	符合	训练
申请	上色	咨询	驾驶
评价	交流	计数	编辑
安排	比较	创造	授予
装配	比赛	培养	鼓励
声称	编辑	决定	忍耐
评估	完成	定义	加强
协助	构成	代表	提高
参加	领会	运送	娱乐
达到	照顾	巩固	指导

(续表)

审核	计算	证明	建立
权衡	集中	设计	估计
议价	概念化	详述	评估
美化	调和	探测	膨胀
预算	面对	发展	解释
购买	联结	发明	探索
计算	保存	诊断	表达

希迪·阿凡的"金字塔图"(图 3-2)能够形象化展示可迁移技能的类别和层次,并阐述可迁移技能与未来职业的关系。该图将可迁移技能分为人、事和数据三个维度,每个维度又分为 6~8 个水平,这些技能的类别与层次决定了未来职业发展的程度。

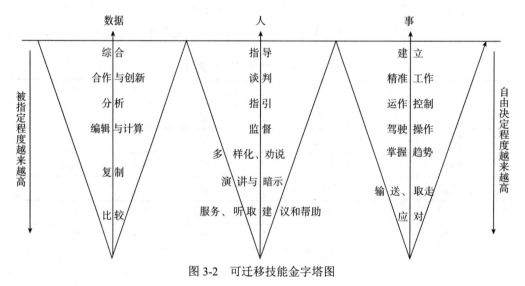

图 3-2 可迁移技能金字塔图

基于上述图表,我们有三点发现:

(1) 可迁移技能是选择任何职业的根本,它具有超强的场景迁移和转化应用能力,能快速实现职业转型和职位转换。

(2) 按照"最高原则"描述技能,总是强调最高可迁移技能,如你在简历中要多用"综合"而少用"比较"来描述数据运用能力。

(3) 可迁移技能水平越高,你的工作自由度就越高,面临的职业竞争就越少。

3. 自我管理技能

自我管理技能是一个人在工作中所表现出来的特征和品质。自我管理技能通常是通过认同、模仿和内化等途径获得的，一般用形容词和副词来表示。有时候，自我管理技能又被称为适应性技能、才干、品质或者职业素养，是职业生涯成功与否的关键。自我管理技能经常被看作个性品质，而不是技能，因此其通常被用来描述或说明人具有的某些特征。我们可以通过"了解你的自我管理技能"(活动3-3)来探索自己的自我管理技能。

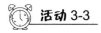

了解你的自我管理技能

表 3-6 汇总了很多描述自我管理技能的词汇，请你根据自己的实际情况，用"圆圈"标出你所擅长的自我管理技能，用"对钩"标出你未来想提升的自我管理技能。该词汇表并不能涵盖所有的自我管理技能词汇，如果有可能，你可以增加、替换或者详细描述这里面的词汇。

表3-6　自我管理技能词汇查询表

学术性强的——勤学的、博学的	机敏的——警戒的、警惕的、警觉的
精确的——准确的、正确的	野心勃勃的——有抱负的、毅然决然的
活跃的——活泼的、精力充沛的	好分析的——逻辑的、批判的
适合的——灵活的、适应的	感谢的——感激的、感恩的
精通的——娴熟的、内行的、熟练的	能说会道的——善于表达的、擅长辞令的
胆大的——勇敢的、冒险的	艺术的——美学的、优美的
攻击性强的——强有力的、好斗的	随和的——放松的、随意的
坚持己见的——强调的、坚持的	有效的——多产的、有说服力的
健壮的——强壮的、肌肉发达的	有效率的——省力的、省时的
留心(细节)的——观察敏锐的	雄辩的——鼓舞人心的、精神饱满的
吸引人的——漂亮的、英俊的	有感情的——感动的、多愁善感的
平衡的——公平的、公正的、无私的	同情的——理解的、关心的
心胸开阔的——宽容的、开明的	着重的——强调的、有力的、有把握的
有条理的——有效率的、勤勉的	精力充沛的——活泼的、活跃的、有生气的
平静的——沉着的、不动摇的、镇定的	进取的——冒险的、努力的
正直的——直率的、坦率的、真诚的	热情的——热切的、热烈的、兴奋的
有能力的——有竞争力的、内行的、技艺精湛的	博学的——消息灵通的、有文化修养的
仔细的——谨慎的、小心的	慷慨的——乐善好施的、仁慈的
喜悦的——高兴的、快乐的、欢快的	讲道德的——体面的、有德行的、有道德的

(续表)

清楚的——明白的、明确的、确切的	富于表现力的——生动的、有力的
聪明的——伶俐的、敏锐的、敏捷的	公平的——无私的、无偏见的
有能力的——熟练的、高效的	有远见的——明智的、有预见的
竞争的——好斗的、努力奋争的	流行的——时髦的、走俏的、现行的
有信心的——自信的、有把握的	坚定的——不动摇的、稳定的、不屈不挠的
志趣相投的——愉快的、融洽的	灵活的——适应性强的、易调教的
认真的——可靠、负责的	有力的——强大的、强壮的
考虑周到的——体贴的、亲切的	合礼仪的——适当的、有礼貌的、冷静的
前后一致的——稳定的、有规律的、恒定不变的	朴素的——节俭的、节省的、节约的
常规的——传统的、认可的	大方的——慷慨的、无私的、乐善好施的
合作的——同意的、一致的	亲切的——真诚的、友好的、和蔼的
有勇气的——勇敢的、无畏的、英勇的	温和的——好心的、温柔的、有同情心的
周到的——有礼貌的、彬彬有礼的、尊敬的	乐群的——爱交际的、友好的
有创造性的——新颖的、有创意的	吃苦耐劳的——坚强的、坚忍不拔的
好奇的——好问的、爱探究的	健康的——精力充沛的、强壮的、健壮的
果断的——坚决的、坚定的、明确的	有帮助的——建设性的、有用的
慎重的——小心的、审慎的	诚实的——真诚的、坦率的
微妙的——机智的、敏感的	有希望的——乐观的、鼓舞人心的
民主的——平等的、公平的、平衡的	幽默的——诙谐的、滑稽的、可笑的
感情外露的——富于表情的、易动感情的	富有想象力的——有创造性的、有创意的
可靠的——令人信任的、可信赖的	独立的——自立的、自由的
坚决的——坚定的、果敢的	勤奋的——努力的、忙碌的
灵巧的——灵活的、敏捷的、机敏的	有知识的——学者气质的、大脑的
婉转得体的——机智的、文雅的、精明的	智慧的——聪明的、见识广的、敏锐的
谨慎的——小心的、精明的	特意的——有目的的、故意的
独特的——唯一的、个性化的	明智的——聪明的、有判断力的、冷静的
占统治地位的——发号施令的、权威的	善良的——好心的、仁慈的
有文化的——博学的、诗意的、好学的	逻辑性强的——理智的、有条理的
拘谨的——矜持的、客气的	忠诚的——真诚的、忠实的、坚定的
负责的——充分考虑的、成熟的、可靠的	有条理的——系统的、整洁的、精确的
反应灵敏的——活泼的、能接纳的	小心翼翼的——精确的、完美主义的
自发的——首创的、足智多谋的	谦虚的——谦逊的、简朴的、朴素的

(续表)

敏感的——易受影响的、敏锐的	有益于成长的——有帮助的、支持的
严肃的——冷静的、认真的、坚决的	观察敏锐的——专注的、留心的、警觉的
精明的——机敏的、爱算计的、机警的	头脑开放的——接纳的、客观的
真诚的——诚恳的、可信的、诚挚的	有秩序的——整洁的、训练有素的、整齐的
交际的——随和的、亲切的	独创的——创造性的,罕有的
自发的——冲动的、本能的	随和的——友好的、好交际的、温暖的
稳定的——坚固的、稳固的、可靠的	充满热情的——狂喜的、强烈的、热心的
高大结实的——强有力的、强健的、肌肉发达的	成功的——有成就的、证据确凿的
耐心的——坚定不移的、毫无怨言的	同情的——仁慈的、温暖的、善良的
平和的——宁静的、平静的、安静的	有策略的——考虑周详的、慎重的
敏锐的——有洞察力的、有辨识力的	顽强的——坚持的、坚定的
坚持的——持久的、持续的	理论性强的——抽象的、学术的
有说服力的——令人信服的、有影响力的	完全的——彻底的、全部的
爱玩耍的——有趣的、快乐的	深思熟虑的——沉思的、慎重的
泰然自若的——自制的、镇静的	宽容的——仁慈的、宽大的
礼貌的——尊敬的、文明的、恰当的	坚强的——不动摇的、坚定的
积极的——有远见的、坚定的	值得信赖的——可靠的、可信赖的
实用的——有用的、实际的	真诚的——诚实的、实际的、精确的
精确的——详细的、明确的、准确的	善解人意的——了解的、理解的
多产的——硕果累累的、丰富的	保护的——警戒的、防御的
文雅的——文明的、有修养的	智慧的——明智的、仔细的、聪明的
爱说话的——爱发表意见的、善于表达的	准时的——守时的、稳定的、及时的
有目的的——下定决心的、有意的	多才多艺的——多技能的、手巧的
快速的——敏捷的、迅速的、灵活的、轻快的	精力旺盛的——生机盎然的、充满活力的
安静的——无声的、沉默的、宁静的	有德行的——好的、道德的、模范的
容光焕发的——明亮的、热情洋溢的、光彩夺目的	活泼的——活跃的、快活的
理性的——健全的、合理的、符合逻辑的	志愿的——自由的、非强迫的
现实的——自然的、真实的	温暖的——充满爱意的、慈爱的、友善的
合理的——合逻辑的、有根据的	迷人的——有魅力的、令人愉快的
沉思的——爱思考的、深思熟虑的	热心的——热情的、热切的、热烈的
可靠的——可信赖的、值得信赖的	

技能的三种分类帮助我们从三个侧面了解自身的技能结构，我们可以通过"三种技能的对比表"从类别、关系、口语表达、填写形式、发展程度、择业影响、学习方式和证明材料几个方面加深对技能的理解(表3-7)。

表3-7 三种技能的对比表

类别	关系	口语表达	填写形式	发展程度	择业影响	学习方式	证明材料
专业知识技能	某些指引，关于你最喜欢工作的领域	知不知	名词	专业化	行业领域、发展高度	学习背诵	成绩单、证书
可迁移技能	不仅是你能做什么，而且要找到你最喜欢使用的能力	熟不熟	动词	职业化	工作内容、岗位任务	重复练习、多次尝试	个人经历、实习实践
自我管理技能	一个人在工作中所表现出来的特征和品质，是职业生涯成功与否的关键	好不好	形容词	事业化	岗位高低、发展程度	榜样示范、模仿顿悟	自我认知、他人评价

为了更形象地说明三种技能的层次关系，有人把它比喻成一棵树。其中，树冠代表专业知识技能，它表示与其他树的区别，表现了树的种类是树外在的展示，就像专业分类一样；树干代表可迁移技能，它是用人单位最看重的部分，也是最值钱的部分；树根代表自我管理技能，它虽然是隐性的，但至关重要，它决定了树的生存、生长、抗风险能力，是职业生涯成功与否的关键。

三种技能在人生不同的发展阶段以及企业不同要求时期产生着不同的影响，从人生发展阶段上，早期(大学前)主要看专业知识技能，要成绩；中期(大学时)主要看可迁移技能，要能力；后期主要看自我管理技能，要人品。进入职场后，大概也会遵循以上发展路线，早期看专业，中期看能力，后期看人品。所以我们有必要在不同的时期有重点地展示不同类型的技能。

关于技能的分类最为经典的就是"技能的三分法"，当然依据不同的分类标准产生了不同的分类形式，本书整理了与技能最容易混淆的能力分类(表3-8)，可以帮助我们了解自身的技能优势，并且有意识地将技能与未来的职业发展进行对应。

表3-8 能力的分类

分类标准	分类	详细描述
倾向性	一般能力	一般能力是指在不同种类的活动中表现出来的能力。它是有效掌握知识和顺利完成活动所必需的心理条件。一般能力又称为普通能力，它主要包括观察力、想象力、言语能力、记忆力和思维能力。其中，思维能力起着核心的作用。一般能力多和认识活动联系紧密，所以，一般能力又称为智力
	特殊能力	特殊能力是指顺利完成某种专业活动所必备的能力，它又称为专门能力。例如，数学能力、音乐能力、绘画能力、文学能力、教育能力等
创造性	模仿能力	模仿能力是指仿效他人的言行举止而引起的、与之相类似的行为活动的能力。模仿是人们彼此之间相互影响的重要方式，是实现个体行为社会化的基本历程之一。通过模仿，人们原有的行为能够得到巩固或改变，从而习得新的行为
	创造能力	创造能力是指在创造活动中能产生出具有社会价值的、独特的、新颖的思想和事物的能力。例如，作家、科学家、教育家的活动经常表现出创造能力。心理学家认为，创造能力的基本特征是独特性和有价值性。人们正是有了创造能力，才能在模仿的基础上有所突破、有所发展，社会才得以发展
认知对象	认知能力	认知能力是指个体接受信息、加工信息和运用信息的能力。它包括观察能力、思维能力等，是完成各种活动所必备的最基本、最主要的心理条件。简单地讲，认知能力就是个体对自己的认知过程进行认知和调控的能力。具体地说，认知能力就是个体对自己的认知活动的体验、评价和监控能力
	操作能力	操作能力是操纵、制作和运动的能力，如运动能力、操纵器械能力、制作能力等，也是人们适应或改变环境、协调自己动作、掌握和施展技能所必备的心理条件
	社交能力	社交能力是参加社会群体生活，与周围人相互交往、保持协调所不可缺少的心理条件
人生中的发展趋势及多维性	流体智力	流体智力是指在信息加工和问题解决过程中所表现出来的能力，如对关系的认识、类比、演绎推理能力等。这种能力较少地依赖于文化和知识的内容，而取决于个人的禀赋，属于人类的基本能力
	晶体智力	晶体智力指获得语言、数学知识的能力。它取决于后天的学习，与社会文化有密切的关系

三、技能的应用

各种技能不能无意识地、散漫地生长，必须加强技能管理。这就像种西瓜一样，如果将小西瓜扭比喻成等待培养的各种技能，如果不及时掐掉小西瓜根前的西瓜秧头，小西瓜会因为养分不足而萎缩掉落；如果不及时打秧压蔓，会导致小西瓜生长缓慢，而西瓜藤疯狂成长；如果不及时掐掉多余的小西瓜扭，过多的西瓜扭也会因为养分分散而长不好。这对于大学生的启发是：

(1) 选择优势技能。在技能培养上，避免"满堂灌""眉毛胡子一把抓"，要有意识地培养某些技能，舍弃"多余"技能。

(2) 选择最优方法。有意识地集合多种优势资源，使用多种手段，学会成就事件管理，多创设能够体现技能的各种大事件。

(3) 实现技能应用。好瓜用在"刀刃"上，自己要及时生产几个"技能大瓜"。

上述三个生涯启发展示了技能的澄清、培养、证明和发展四个技能应用环节。其实，这四个环节有时并没有清晰地界定，并不能完全区分清楚，我们可以通过以下四个步骤实现技能的综合应用。

1. 分析外部要求，了解目标状态

技能应用的第一个环节就是了解外部的要求是什么，作为一个大学生，你要了解职业(企业)的要求是什么；作为一名高中生，你要了解专业(大学)和选科的要求是什么。以大学生为例，如果一个大学生，未来想成为销售，那么他可以通过参观、体验、实习、访谈、书籍、网络、研究报告或者查阅《胜任力素质表》等直接或间接手段了解目标岗位的任职要求，如通过表 3-9 展现的销售所具有胜任能力模型样例，我们就能获得用人单位对个人的岗位要求。了解了外部的要求，也就锚定了目标状态。然后可以结合"技能三维度"(表 3-10)，从专业知识技能、可迁移技能和自我管理技能三个层次进行职位要求的分析与拆解，更加直观地看到企业要求的能力结构。

表3-9 销售所具有胜任能力模型样例(部分)

一级维度	二级维度	详细说明
专业知识技能	财务分析	了解决策对客户、客户的客户以及组织本身在财务方面的影响
	市场分析	了解市场趋势以及这些趋势对行业、客户、市场以及竞争的影响
	业务计划	了解哪些因素影响行业利润和增长的潜力与企业在竞争中的地位，了解如何使用这些信息来确定企业的战略方向及制订年度商业计划
	计算机能力	具备在营销项目中应用计算机的基本技能，包括市场展望、客户联系方式以及相关业务数据

(续表)

一级维度	二级维度	详细说明
专业知识技能	业务流程改进	了解不同业务流程间的关系,运用这些知识来发现效率低下的环节或者问题所在,并提出简化和改进流程的建议
	产品知识	精通企业产品和服务的相关信息以及其他关键业务知识
可迁移技能	销售技能	建立和谐关系,确定客户需要,阐述产品特色和可以带来的好处,善于处理争议,达成交易
	策略性销售技能	听取客户对于产品以外的需求,具有建立客户/供应商网络的远见,这种关系有助于双方战略目标的实现
	咨询技能	让受某一决策影响的人参与决策的制定,鼓励主要利害关系人参与,促成突破性的观点和解决方案的形成
	解决问题的技能	能预测可能出现的问题,鼓励新想法,区分现象和原因,提供修改意见,并实施解决方案
自我管理技能	高度耐心(较长的销售周期)	愿意并能够抛开一时的小利来关注他人的需要,能够对未来的利益或回报付出时间和精力
	成功欲	从实现个人的业务目标、获得成就中衡量自我价值并得到个人满足感
	自我反省	有自知之明,并了解其他人如何看待自己,行动前考虑自己的言语和行为会对他人产生何种影响,不感情用事
	归属需求	渴望与他人交流,在此过程中表现出热情,并能和各类人相处融洽;希望被他人接纳
	果断	能够把握面对面交往的局势,同时使用适当的外交政策
	自立能力	在极少的支持和赞许下,也能长期独立工作,掌握主动权,积极行动,并享受个人成功的果实

表3-10 运用"技能三维度"拆解职位要求

步骤	详细要求(例)
第一步:查询招聘网站上的职位要求	某招聘网站上的护士职位要求: (1) 护理专业本科以上学历,取得护士执业资格; (2) 有爱心、细心、责任心以及耐心; (3) 了解诊疗护理常规,熟练掌握护理三级操作技能; (4) 具有很强的亲和力、沟通能力以及语言表达能力; (5) 具有高度的责任心、良好的职业道德、严谨的工作态度、较强的综合分析能力和敏锐的洞察力

(续表)

步骤	详细要求(例)
第二步：通过"技能三维度"来拆解护士应具备的能力	(1) 知识层面： 护士执业资格、护理专业本科以上学历、相关医疗基础和业务知识。 (2) 技能层面： 护理操作技能、执行操作、咨询、辅导、接诊、协助治疗、物品管理、汇报、反映、记录、沟通、协调、表达、综合分析。 (3) 自我管理层面： 爱心、细心、责任心、耐心、亲和力、职业道德、洞察力、严谨

2. 了解自身水平，确认初始状态

了解自身水平就是了解自身的技能结构和水平，通过测试、活动、核减表、咨询等手段澄清自身的技能结构，并使用"李克特五级评分"对三个维度的技能进行水平评级，从而确定每个技能的初始发展水平。其目的在于明确自己在能力结构以及各个结构发展水平的高低，从而有针对性地制订不同的能力提升计划。例如，一个学生想当心理咨询师，通过技能澄清发现自己掌握的心理学知识偏向测评，而咨询心理学知识掌握较少，测量技术较好而咨询技能较差。

3. 构建问题空间，提出解决策略

外部的要求水平和个体实际的发展水平构成了问题空间，有助于思考接下来的技能培养策略，即可采用的解决方案，其中包括采取什么原则和具体的途径、方法。但这些往往不是简单的、现成的，而是有多种多样的可能。这是技能提升的关键阶段，有助于引导问题顺利得到解决。比如，想提升"领导力"，你要在第二个阶段了解自己最欠缺的是哪个维度的技能，并考虑相对应的解决途径和方法，如果缺专业知识技能，可以买些书学习一些领导力知识；如果缺可迁移技能就利用在学生组织、班级的机会去实践、去练习这些理论知识；如果缺领导才干(自我管理技能)，可以有意识地模仿榜样，通过体悟内化领导力才干。当然，这些大的策略很难转变成实际的改变行动，我们可以尝试将这些大的策略变成具体计划。

4. 实施提升计划，实现组合应用

策略的提出并不能保证问题的解决，我们必须将这些大的策略变成可以实行的计划，并在日常的学习、工作和生活中有意识地实施，从而培养并证明这些技能。培养时要根据自身情况选择最优的方法，证明时要有意识地积累一些大事件。例如，大学生可以积极主动地参与到一些重大事件、任务和角色中，如专业成绩、英语等级、专业证书、获奖证明和实践经历。任何单一类型和数量的技能都不能满足职业的要求，它需要三种技能的综合，我们在实施提升计划时，要有意识地对一些技能进行组合应用，要有意识地做一些"大事件"(做出可量化或者可以说的绩效)。你的生活不应该是琐事的集合，应该是大事的分类，这些方面没有做好的话，你毕业时会发现你的简历没得写，面试没得说，最后落得没人要。

四、技能的五种设计模式

有学者提出，在职业生涯早期阶段，个体的人力资本对职业生涯成功具有很强的预测力，尤其是对技术型的职业，人力资本更具有预测力。这里强调的人力资本就是沉淀在个体身上的知识和技能。21世纪是信息爆炸时代、知识经济时代，随着经济全球化、技术一体化、交流国际化的浪潮不断加剧，信息量、信息传播的速度、信息处理的速度以及应用信息的程度等都以几何级数的方式在增长，知识技能更新迭代的速度超出想象，这都对人们学习知识、掌握知识、运用知识提出了新的挑战。只有保持积极主动的心态，实现"技能组合"，加强"技能设计"，才能形成未来职场竞争力。这里提供以下五种技能组合设计模式。

1. 平面型设计模式

平面型设计是一种"多面手式"的技能设计模式。这种设计模式要求人具有多样性的知识与技能，且这些知识与技能几乎不分主次，平行发展，利用自己的比较优势形成自己的职场竞争力。这种类型的人兴趣广泛、注重体验、崇尚自由、精力旺盛，不在乎传统的职业晋升路线，在职场上信奉"职业"而不固守"忠诚"。现在我们经常提到的"斜杠青年"就是这样的技能组合设计模式。这种设计模式需要很强的学习力和自控力，需要同时学习掌握多个知识区块，经常在多个项目上移动交付，但因为是多面手，难以做到精致，难以成为专家。

2. 直线型设计模式

直线型设计是一种"专家化"的技能设计模式。这种设计模式要求人具有较为系统精深的知识与技能，且这些知识与技能垂直发展。它要求在某个专业领域中垂直深耕、精耕细作、精益求精，成为真正的专家，这种类型的人才兴趣分化性较强，长于研究，是精通某一门学问或某一项技术的人才；知识面过于单一，对超越自己知识面的东西极少关注和了解，不仅可能成为"有用但无趣"的人，还可能限制自己的眼界和思路，影响自己的发展。大学生掌握的知识深度和知识宽度均有限制，如果采用直线型设计就必须继续学习进修或耐得住寂寞。

3. T型设计模式

T 型设计是一种"横宽纵深式"的技能设计模式。其中，横向代表宽口径厚基础，知识广博、经验丰富；纵向代表专业发展的方向，特点是精深，代表技能十分突出，有竞争力。这种模式要求人们既专注又开放，既在某个专业领域有深厚的知识和技能，又对其他领域和学科有着浓厚的兴趣和求知欲。例如，金融专家懂互联网或教育专家懂互联网都是一专多能，在不同领域的交融中产生创新性成果。T 型人才的广博是为精深服务的，最容易形成职场上独特的竞争优势，成为不可替代的人才。

4. X型设计模式

X 型设计模式需要系统地掌握两门专业知识，这些知识之间又具有明显交叉点和结合部分。X 型人才是按知识结构划分的一种新型人才，用字母"X"可形象地反映出这类人才的知识结构特点：其一，X 型人才必须系统地掌握两门专业知识；其二，两门专业知识必须有明显的交叉点和结合部分。X 型人才比较适合做两种专业交叉结合的工作。例如，一个研究者同时拥有社会学和心理学知识，他就可能成为研究社会心理学的专家。X 型设计模式符合当今社会学科交叉、知识融合、技术集成的重大特征。

5. π型设计模式

π 型设计模式需要至少拥有两种专业技能，本身知识广博、经验丰富，还能将知识融会贯通的复合型人才，有点类似 T 型人才和 X 型人才更高一级的发展状态。π 下面的"两竖"指两种或者多种的专业技能，上面的一横指能将多门知识融会应用。以往 T 型人才只要拥有单一专长就可成功，可是，在这个高度竞争的信息时代，只有一种独特竞争力是不够的，这样很快就会被别人迎头赶上，因此，必须拥有两种以上的专业技能，进化到"π 型人才"，培养出除了技术专长之外的多项才能，才能更好地在职场上立足。

21 世纪人才的标准是具有复合性、发展性、创新性和竞合性这四个特征，我们对人才的需要也经历了从"一专"到"一专两能"，到"一专多能"，再到"多专多能"的综合素质较高的复合型人才转变。这就要求大学生在大学期间澄清自身的技能结构，加强技能设计。第一，不仅关注自身工作，更要关注行业发展，了解人才需求的变化；第二，积极累积未来职业相关知识和技能，打造多元化的职业能力，提高技能的可迁移性。

第二节　技能的探索

技能与职业生涯发展关系密切，主要表现在求职前的技能培养与澄清，求职中的技能描述与证明，求职后的技能发挥与发展三个阶段。我们可以在不同的阶段采用不同的方法对技能进行探索，当然这三个阶段并不能完全区分清楚，如在进入职场后，有时候技能的澄清和培养、描述与证明、发挥与发展在相对短的时间内同步进行，在前面技能的分类中，通过词汇核检表可以对三种技能进行澄清。

一、技能的主要探索方法

综合来看，技能的主要探索方法包括测量解读、课堂活动、材料梳理和访谈调查等，这些方法广泛应用在求职前、求职中和求职后三个阶段，在使用过程中可以根据使用目的、对象和场景等综合使用。常用的技能探索工具见表3-11，它提供了更多了解和挖掘个人技能的方法，并且标注出了主要的使用功能。

表3-11 技能的探索方法

序号	工具活动	使用方式	主要功能		
			培养与澄清	描述与证明	发挥与发展
1	加德纳多元智能量表	测量解读	√		
2	优势识别器	测量解读	√		
3	职业能力倾向测试	测量解读	√		
4	识别你的技能(技能解析与词汇对照分析表)	课堂活动	√		
5	技能澄清四象限法	课堂活动	√	√	
6	技能花瓣图	课堂活动	√	√	
7	模拟面试法	课堂活动	√	√	
8	用STAR法则撰写成就故事	课堂活动	√	√	
9	技能的证明材料(如学历、学业、成绩单、证书等)	材料梳理		√	
10	360度评价(他人评价法)	访谈调查	√	√	
11	技能测试之寻找核心竞争力	课堂活动			√
12	技能六边形分析模型	课堂活动	√		√
13	能力加减法	课堂活动	√		√
14	技能分类卡	课堂活动	√		√

二、常用技能探索工具介绍

下面介绍几种常用的技能探索工具，包括撰写成就故事、技能测试之寻找核心竞争力、模拟面试法、技能澄清四象限法、能力加减法和技能六边形分析模型。

（一）撰写成就故事

成就故事是表达能力结构的基本单元，它承载了人的专业知识技能、可迁移技能和自我管理技能。当有人问"你能说一个你最有成就感的事情吗"的时候，除了用"STAR法"结构化地表达之外，还要按照"KSTO模型"说出你适合这个岗位(活动3-4)。

成就故事的选取应遵循三个标准：

(1) 有效性。判断一项胜任素质的唯一标准是能否显著区分出工作业绩，这就意味着所确认的胜任素质必须在优秀和一般之间有明显的、可以衡量的差别。

(2) 客观性。判断一项胜任素质能否区分工作业绩，必须以客观数据为依据。

(3) 体验性。你喜欢做这件事时体验到的感受，你为这件事带来的结果感到自豪。

活动 3-4

撰写你的成就故事

指导语：请你写下生活中令你有成就感的具体事件，然后对事件进行分析，看看你在其中使用了哪些技能？这些"成就故事"可以是在工作、学习和生活中发生的，如举行了一次新年晚会，解决了一个技术难题，等等。

成就故事	按照 STAR 法则进行描述

分析程序：

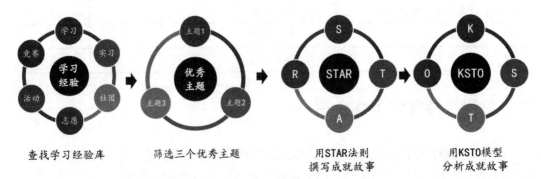

查找学习经验库　　筛选三个优秀主题　　用STAR法则撰写成就故事　　用KSTO模型分析成就故事

STAR 法则是一种回应成就事件清晰的、有条理的回答模板,能够体现分析阐述问题的清晰性、条理性和逻辑性,具体含义如下:

S(situation)代表情境、处境,指事情是在什么情况发生的;

T(task)代表目标、任务,指你的任务是什么;

A(action)代表行为、行动,指你采取了什么样的行动方式;

R(result)代表结果,指事情结果怎样,在这种情况下你学到了什么。

KSTO 模型是指从成就故事中挖掘个体所具有的能力结构和个性品质。

K 指专业知识;

S 指可迁移技能;

T 指自我管理技能;

O 指其他心理品质,如兴趣、性格、信念和价值观等。

备注:STAR 法则也是面试官常常使用的一种工具,用来收集面试者与工作相关的具体信息和能力。例如,在面试过程中,你经常被问到以下问题:"你能说一下你最有成就感的一件事情吗?""你能说一下你印象中最深刻的一件事吗?"相比于传统的面试手法,STAR 法则可以更精确地预测面试者未来的工作表现。

(二)技能测试之寻找核心竞争力

学习者通过澄清自己的专业知识技能、可迁移技能和自我管理技能,并确认三种技能交叉的地方,可明确自己的核心竞争力(活动 3-5)。

寻找你的核心竞争力

指导语:

接下来请你思考以下三个问题:

(1) 你知道什么?你的知识或者专业领域是什么?请写在相应的位置。

(2) 你会做什么?如果我雇佣你,你都会做什么?请写在相应的位置。

(3) 在你知道且会的事情里面,你做得怎么样?请写在相应的位置。

请确认三个问题的共同之处,这三个问题交汇的地方就是你的核心竞争力。从下图我们可以看出,一个人要想形成自己的核心竞争力,必须做到:①基础知识要比别人懂得多;②不仅懂得多,还要比别人做得多;③不仅懂得多、做得多,还要比别人做得好。

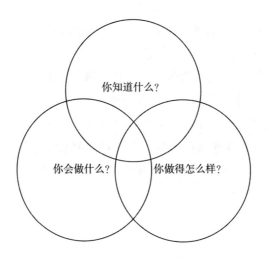

（三）模拟面试法

模拟面试法是通过模拟求职者和面试官的互动场景来澄清技能的方式，即通过模拟的面试场景，回应相应的问题来引发学生对自身技能的澄清和思考(活动3-6)。

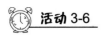

模拟面试活动

指导语：假如我是一个超级人力资源经理，我可以提供任何你想要的职位。在提供给你理想的工作机会之前，请如实回答我三个问题：

(1) 请用3~5个名词概括你所学习过的专业理论知识，并明确它们都属于哪些学科。

(2) 假如我可以满足你期待的薪资要求和福利条件，请你用3~5个动词描述你所能做的事。

(3) 假如和你应聘同一个职位的人也有着同你一样的专业知识和技术，你身上有哪些优秀的特点和品质让我有充分的理由选择你呢？请你用3~5个形容词或者副词描述这些特质。

（四）技能澄清四象限法

技能澄清四象限法是一种有效澄清和了解自我技能结构的方法。它以美国心理学家乔瑟夫(Joseph)和哈里(Hary)提出的关于人自我认识的窗——"乔哈里视窗"为基础，将自我评价和他人评价相结合。

活动 3-7

解密自我活动

指导语：人最难了解的不是别人，而是自己，发现自己是发挥潜能和超越自我的最有效的方法。接下来通过"解密自我"活动来了解自己的能力结构。

步骤 1：请以关键词的形式列出自己所拥有的技能(5~7个)，并写在一张空白纸上。

步骤 2：请采访身边的亲朋好友，并请他们用 5~7 个关键词描述自己所拥有的技能，请询问至少 5 个人。如果条件允许的话，请尽可能采访更多的人。

步骤 3：请汇总以上两个步骤收集到的所有技能关键词，并按照自己知道、不知道、他人知道、他人不知道四个维度，分别填写在下面的"乔哈里视窗"四个象限中。

步骤 4：通过"乔哈里视窗"更加立体地澄清自己的技能结构。

(1) 开放区：这是透明真实的自我，这部分自己很了解，别人也很了解，应该遵循"品牌化"策略，继续增强。

(2) 盲目区：别人看得很清楚，自己却不了解，应该遵循"意识化"策略，引导学生澄清认识。

(3) 隐藏区：自己了解但别人不了解的部分，应该遵循"外化"策略，有意识地展示自己不被别人了解的技能。

(4) 未知区：别人和自己都不了解的潜在部分，遵循"培育"策略，有意识地通过实践活动培育新的技能。

维度	自己知道	自己不知
他人知道	开放区	盲目区
他人不知	隐藏区	未知区

（五）能力加减法

能力加减法是按照"能力三核"的三个维度，评价自我能力结构，并通过职业生涯人物访谈、网络搜索和查询招聘启事或能力素质表等方式了解目标岗位的能力结构，从而引导学生增加对自我技能的认识，确认自我技能提升方案。具体使用过程中可以参照能力加减法表单(表 3-12)进行。

表3-12 能力加减法表单

能力三核	现状评估	目标岗位
专业知识技能		
可迁移技能		
自我管理技能		

（六）技能的六边形分析模型

技能的六边形模型是根据美国学者辛迪·梵和理查德·鲍尔斯"技能三分法"改编的，是通过技能的三个维度和每个维度的两个方面来分析能力初始状态与要求目标状态的差距，从而提出解决方案的一种分析模型(活动3-8)。

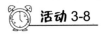

技能的六边形分析模型

技能的六边形分析模型具体操作如下：

(1) 了解要求状态。通过职业生涯人物访谈、查阅招聘信息等手段，明确某一个职业的"任职条件""职位说明"或者"岗位职责"等内容，从专业知识技能、可迁移技能和自我管理技能三个维度分析出6项技能要求，列为目标状态。请有经验的职场人士或者教师分别为这6项技能打分，并标注在六边形上。

(2) 再根据你当前在6项技能上的能力水平进行打分，打分范围都是1~5分。对自己技能打分时要明确打分的依据(技能的描述和证明)，尽量不空想。

(3) 模型绘制阶段。将6项技能和打分情况绘制在六边形中，你就可以看到自己目前与目标职位的要求匹配程度了。

(4) 解决路径阶段。区别问题空间，从三个维度形成缩小问题空间的手段。

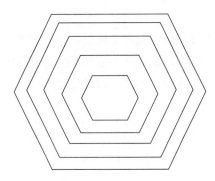

思考题

1. 你的目标职业对技能的要求有哪些？请根据"技能的三分法"分类进行探索。

2. 你个人最擅长并愿意使用的技能有哪些？你未来期待提升的技能有哪些？提升技能的途径是什么？

第四章
确立核心价值：强化平衡能力

价值观是人们在工作、学习和生活中所坚守的原则、信念和标准，正如米尔顿·罗克奇在《人类价值观的本质》中所述，价值观是一种抽象的目标，超越了具体的行动和环境。它来自我们对内心感受的评价，没有对错，只有真实与否，它提供工作与生活的内驱动力。价值观是"人生的罗盘"，可以推动并指引个人做出决定和采取行动，对人们自身行为的定向和调节起着非常重要的作用。价值观不仅决定人的自我认识，还直接影响和决定一个人的理想、信念、生活目标及追求方向的性质。

本章主要对价值观进行概述，阐述了价值观的定义、分类、表现形式和作用，并介绍了价值观的形成、培养和澄清过程，引导学生通过正式和非正式测评工具(活动)了解和澄清自己的价值观。其最终目的是引导学生了解价值观与生涯发展的关系，使学生能够明确并定义自己最重要的工作价值观，并有意识地运用价值观工具进行职业决策。

第四章
确立核心价值：强化平衡能力

第一节 价值观概述

价值观既是人们追求成功的动力，也是人们克服困难时的意义。面对同样的问题情境，不同的人会做出不同的选择，其中的决定因素就是价值观。人们总是根据内心的某种原则和标准对事物做出判断，而价值观总是帮我们指向我们认为重要的东西。因此，了解价值观对于了解行为背后的动机，促进职业选择和职业发展具有重要的意义。

一、价值观的定义

价值观是主体按照客观事物对其自身及社会的意义或重要性进行评价与选择的原则、信念和标准。它是内心对于各种价值要素之间的重要程度的排序，我们每个人的生命、时间、资源都有限，应该知道什么是重要的，什么是更重要的，这就是我们的价值观。例如，学生对影响生涯选择的各种关键价值要素，如学习、劳动、享受、贡献、成就、金钱、稳定等，或追求进步，或"佛系""躺平"，在心目中存在主次之分，对这些事物的轻重排序和好坏排序构成一个人的价值观体系。

（一）价值观的内涵

我们可以从以下三个层面把握价值观的内涵：

(1) 从其形式来看，价值观是由人们对那些基本价值的看法、信念、信仰、理想等构成的，思想形式是多种多样的。

(2) 从其内容来看，价值观反映了主体的根本地位、需要、利益，以及主体实现自己利益和需要的能力、活动方式等方面的主观特征，是以"信什么""要什么""坚持追求和实现什么"的方式存在的人的精神目标系统。

(3) 从其功能来看，价值观起着评价标准的作用，是人们心目中用于衡量事物轻重、权衡得失的天平和尺子。

总之，价值观是人和社会精神文化系统中深层的、相对稳定且起主导作用的部分。对于一个人来讲，价值观是他精神心理活动的中枢系统，是其人生和事业中最重要的精神追求、精神支柱和动力所在。

（二）价值观的特性

一般认为，价值观具有以下特性：

(1) 主观性。价值观是个人对一般事物的价值进行评判时所持有的内部标准和主观观念。俗话说:"一种米养千百种人。"人与人之间的差别主要在于其思想观念,即价值观。例如,有的学生相信"天生我材必有用",所以他认为大学就是一个不断精进、追求科研高峰的过程;有的学生相信"人生得意须尽欢",所以他认为大学就是一个"上了大学就可以玩了"的场所。我们在咨询时也经常遇到让我们协助决策"A好还是B好"的学生,对此,我们需要站在决策者本人的视角进行协助。所以,诸如得与失、荣与辱、成与败、福与祸、善与恶的标准是根据个人内心的尺度进行衡量与评价的,个人应依据主体自身的需要对客体的意义进行评价。

(2) 选择性。价值观是经过多次选择获得的,这种选择必须是自由的而不是被迫的,是在可选择范围内进行的;必须同时具备其他可选择的内容,是经过慎重考虑后的选择。所以,从这个角度看,偶尔的、一时的、冲动的选择不能完全反映一个人真实的价值观。

(3) 稳定性。价值观是个体具有的一种相对持久的信念,个体用这个信念可以判定某种行为方式或结果的好与坏、适当与不适当、对与错等,这种较稳定的信念可以使个体的行为一致地朝向某一目标或带有一定的倾向性,所以可以通过比较稳定的选择来判定其价值观。

(4) 社会历史性。个人的价值观是习得的,是长期社会化和内部化的结果,不同的社会环境和文化背景使人们形成了截然不同的价值观,因此价值观是对时代精神的反映。

(5) 发展性。价值观的重要性程度是发展变化的、相对的。不同心理水平的人,尤其是形式思维能力不同的人所持有的价值观是不同的。随着人们各方面的成熟,对社会问题理解的加深,各种需要和目标都在发生变化,价值观也在发生变化。

(6) 导向性。价值观是人们行为的最基本的内部指针,个体价值观的形成,除了选择以外,还必须喜爱和赞赏,并按该选择行事,把它作为生活方式反复履行。因此,价值观是各种行为的标准,对行为决策起着指导作用。

(7) 系统性。价值观不是孤立地、单个地存在着,而是按照一定的逻辑和意义联结在一起,按一定的结构层次或系统存在的。单一的价值观只有处在整个价值系统时才能显示出作用和意义。

二、价值观的分类

客观世界的纷繁复杂以及人们需要上的千差万别决定了相应的价值观内容的丰富多彩。研究者根据不同的标准对价值观进行了分类,在职业领域应用广泛并为很多哲学家、人类文化学家和心理学家所认同的分类是人本主义心理学家米尔顿·罗克奇在《人类价值观的本质》(*The Nature of Human Values*,1973)中总结提出的13种最重要的价值观。

米尔顿·罗克奇指出,各种价值观是按照一定的逻辑意义联结,按一定的结构层次

第四章
确立核心价值：强化平衡能力

或价值系统而存在的,价值系统是沿着价值观的重要性程度的连续体而形成的层次序列。米尔顿·罗克奇认为人最重要的价值观有13种,分别如下：

(1) 成就感。提升社会地位,得到社会认同；希望工作能得到他人的认可,对工作的完成和挑战成功感到满足。

(2) 美感的追求。能有机会多方面地欣赏周围的人、事、物或者任何自己觉得重要且有意义的事物。

(3) 挑战。能有机会运用聪明才智来解决困难；舍弃传统的方法,选择创新的方法处理事务。

(4) 健康(包括身体和心理)。工作能够免于焦虑、紧张和恐惧,希望能够心平气和地处理事务。

(5) 收入与财富。工作能够明显、有效地改变自己的财政状况,希望能够得到金钱所能买到的东西。

(6) 独立性。在工作中能有弹性,可以充分掌握自己的时间和行动,自由度高。

(7) 爱、家庭、人际关系。关心他人,与他人分享,协助他人解决问题；体贴、关爱,对周围的人慷慨。

(8) 道德感。与组织的目标、价值观和工作使命不相冲突,紧密结合。

(9) 欢乐。享受生命,结交朋友,与别人共处,一同享受美好时光。

(10) 权力。能够影响或控制别人,使他人照着自己的意思去行动。

(11) 安全感。能够满足疾病需要,有安全感,远离突如其来的变动。

(12) 自我成长。能够追求知性方面的刺激,寻求更圆满的人生,对智慧、知识与人生的体会有所提升。

(13) 协助他人。认识到自己的付出对团体是有帮助的,别人因为自己的行动而收获颇多。

奥尔波特根据德国哲学家E.施普兰格尔区分的6种理想价值型编制了价值观量表,将价值观分为6种类型,分别是社会型(重利他)、科学型(重经验、理性)、实用型(重实用、功利)、信仰型(重宇宙奥秘)、审美型(重形式、和谐)和政治型(重权力和影响)。

(1) 社会型。注重人际关系与友爱,为人处世公平正义；关心他人,乐于助人,诚实可信；喜欢民主有效的集体,建立和谐的人际关系,喜欢互相依靠,共同生活,爱他人也希望被他人爱,把人与人之间的情谊放在首位,所以他们基本上不会计较得失。

(2) 科学型。重知识,爱科学；注重能力,勤于思考,追求真才实学；讲原则,不拘人情；重理轻利、理性化,注重理性思考,反感不符合道理的事情,从不为感性的事情所迷惑。

(3) 实用型。注重事物的功利价值,喜欢明确学习的用处,追求实用性,追求经济效益和财富积累；以是否有利于个体或集团和社会的生存与发展为评价事物价值的标准,比起过程，他们更注重结果。

(4) 信仰型。追求理想与信仰；喜欢探索人生的意义与宇宙的奥秘；注重精神生活与道德修养；凡事随缘，顺其自然；相信宗教与自然的力量，有人重视今生，有人重视超越现世的价值，有人对两者都很重视。

(5) 审美型。追求艺术美感，做事尽善尽美；生活、学习、工作丰富多彩，和谐完美；以美感、对称、和谐的观点评价与体验事物，认为美的体验具有很大价值，讨厌世俗和纠纷，和周围人始终保持最低限度的接触，通常给人很冷漠的感觉。

(6) 政治型。关心国家与民族发展，以振兴国家与民族为己任；追求自尊与自强，责任感强；重视领导管理能力的培养，希望显示自己的能力与影响；关心伟人生平；勇敢顽强，喜欢奋斗与竞争，喜欢发动组织和支配他人，认为人生就是一场战争，为了胜利可以采取一切手段；与他人交往也是达成目的的一种手段，基本没有情分可言。

施普兰格尔认为，人们的生活方式会朝着这6种价值观方向发展。奥尔波特的6种价值观念的绝对划分并不表示有这6种典型人物存在，分类只是为了更好地理解。事实上，每个人都或多或少地具有这6种价值观，只是价值观因人而异。

三、价值观的表现形式

价值观是指个人对事物及对自己行为结果的意义、作用、效果和重要性的总体评价，是推动并指引一个人做出决定和采取行动的原则和标准。价值观具有个体差异性，每个人都有自己独特的价值观，并且主要表现在他们面临决策时的选择偏好上，即当不同目标发生冲突时，认为哪一个更重要。价值观的主要表现形式为兴趣、信念和理想。

(1) 兴趣。兴趣是人对事物的一种认知倾向，伴随着积极的情绪体验，是价值观的初级形式。例如，有的人阅读兴趣很强烈，通常会购买很多的图书或者报刊进行阅读；有的人科研兴趣很浓厚，就会整天泡在实验室进行科学实验；等等。

(2) 信念。信念是坚信某种观点、思想或知识的正确性，并调节控制自己行动的倾向性，它是一套无须质疑地认识世界的"滤镜"。例如，有的人觉得身材很重要，会通过控制饮食来保持身材；有的人觉得能吃才是福。又如，万通集团创始人、董事长，被称为"商界思想家"的冯仑有着"改造中国"的信念，才不断尝试新的商业构想，发射卫星……从而回应人生的意义。信念在某种程度上是人生态度问题，以对人生的价值判断为根据。

(3) 理想。理想是个体对未来可能实现的奋斗目标的向往和追求。理想是人们在实践过程中形成的、有实现可能性的、对未来社会和自身发展的向往与追求，也是人们的世界观、人生观在奋斗目标上的集中体现。美国现代小说的先驱、现实主义作家之一德莱赛说:"理想是人生的太阳。"高尔基说:"理想,能给天下不幸者以欢乐。"理想与信念关系密切,理想是信念指向的未来对象,理想比信念更具体、更丰富、更确定,更富有感染力。

四、价值观的作用

价值观是"人生的罗盘",它可以推动并指引个人做出决定和采取行动,价值观对人们自身行为的定向和调节起着非常重要的作用。价值观决定人的自我认识,直接影响和决定一个人的理想、信念、生活目标和追求方向的性质。国内外大量研究证实:工作价值观与组织公民行为、组织承诺、敬业度、工作满意度、职业生涯发展等有着密切的联系;大学生职业价值观反映了其职业偏好、标准和取向,对大学生毕业时的职业态度、职业选择与个人发展等均具有非常深远的意义和作用。价值观的作用大致体现在以下三个方面。

(一)价值观反映人们的认知和需求状况

价值观反映人们的认知和需求状况,各种需求在我们生活中被反映出来,就是我们的价值观。马斯洛需求层次理论是人本主义科学的理论之一,由美国心理学家亚伯拉罕·马斯洛于 1943 年在《人类激励理论》一文中提出。书中将人类需求像阶梯一样从低到高按层次分为 5 种(图 4-1),分别是生理需要、安全需要、归属需要、尊重需要和自我实现需要。需要激发动机,动机指向行为。需要往往是我们行为选择背后的内驱力,我们所做的事情正是为了满足这些需要。例如,有的学生比较重视高收入,有的学生更重视未来职业的发展,有的学生更重视专业对口性,这些均反映了学生不同层次、不同阶段的需求状况。

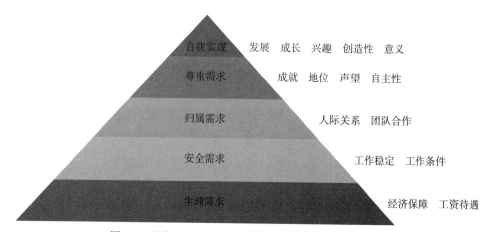

图 4-1 马斯洛需求层次理论模型与价值观的对应关系

（二）价值观对动机有导向作用

价值观对动机有导向作用，人们行为的动机受价值观的支配和制约。价值观既指向积极情绪背后的意义，也指向痛苦坚持后的获益。

(1) 一定行为背后的动力及克服困难的动力一定反映当下的价值观。学生虽然谈不上对某个专业有兴趣，但是会了解到本专业良好的就业潜力和薪资状况，也通过意志努力而认真学习，所以当学生因为没有兴趣而不愿学习时，应引导他认识到价值和意义有可能是一种有效的办法。

(2) 价值观对动机模式有重要影响。在同样的客观条件下，具有不同价值观的人，其动机模式不同，产生的行为也不相同。同理，同样的行为模式也可能反映不同的价值观。例如，大学生入伍参军，有些是为了服从父母的安排，不愿意让父母失望；有些是为了参军报国，具有深厚的军人情结和英雄情结；有些学生认为军校毕业能成为军官，可以拥有权力和威望。

(3) 动机的目的方向受价值观的支配，只有那些经过价值判断被认为是可取的，才能转换为行为的动机，并以此为目标引导人们的行为。

（三）价值观能够协助人们做出关键选择

价值观能够协助人们做出关键选择，并能产生持续的动力。首先，价值观的作用是让我们了解对于自己来说生命中最重要的是什么，让我们对生命中的诸方面确定一个优先次序，建立一个平衡，找到此时此处最佳的平衡点。其次，当你面临重大的决策，很难取舍的时候，正确的价值观可以帮助你做出正确的选择，即使眼前利益受损，时间也将证明你的选择是明智正确的。尤其在面对不易下决定的职业选择时，价值观通常有很好的澄清作用。例如，当一个以专业为导向(选专业)的学生做出考研决策，又因其他同学报考名校(选学校)而担忧自己的选择时，可引导学生看到他未来专业纵向发展的结果，他会因为坚定了对专业的喜爱而不会盲目地选择名校。最后，当面临巨大困难与挫折的时候，价值观是坚固的支撑，能迅速帮助建立信心。当有一个清晰的价值主轴时，会更加坚定，不容易受外界环境干扰。

五、职业价值观及其分类

职业价值观指人生目标和人生态度在职业选择方面的具体表现，它是个人价值观在职业问题上的反映，包含一个人对职业的认识和态度，以及对职业的追求和目标。职业价值观是你在选择职业时更看重什么，你更期待从工作中获得什么。著名生涯大师舒伯认为，职业价值观是个人追求与工作有关的目标，从事满足自己内在需求活动时所追求的工作特质和属性。每种职业都有其特性，不同的人对职业意义有不同的认识、对职业好坏有不同的评价和取向，这就是职业价值观。职业价值观决定了人们的职业期望，影响着人们对职业方向和职业目标的选择，决定着人们就业后的工作态度和劳动绩效水平，从而决定了人们的职业发展情况和职业满意度。哪个职业好？哪个岗位适合自己？从事某一项具体工作的目的是什么？这些问题都是职业价值观的具体表现。

舒伯及其同事通过了解人们对于工作的各项特征的重要性的优先顺序，开发了一个包括3个维度、15个因子的职业价值观量表(vocational values scale)，并把职业价值观分为3类、15个维度。

第一类：内在价值维度。内在价值维度指与职业本身性质有关的因素，即工作本身的一些特征。它包括7个因子：

(1) 智力激发。能够在工作中充分运用自己的智力，如能力、空间能力等。
(2) 利他性。能够带给他人以成长、发展或福利。
(3) 创造性。产生新的想法并努力实现。
(4) 独立性。能够自主地安排工作。
(5) 美感。能够在工作中体会到和谐、美的体验。
(6) 成就。工作能够带来成就感。
(7) 管理。对他人施加影响，领导和激励他人一起。

第二类：外在价值维度。外在价值维度指与工作内容无关的外部因素，即工作的环境。它包括4个因子：

(1) 工作环境。工作的物理环境，如室内或室外、空间、温度、照明等。
(2) 同事关系。工作中与同事的关系，如竞争性的或者合作式的同事关系。
(3) 监督关系。上级的管理方式，如权威式或者民主式等。
(4) 变动性。工作的环境，如地点、同事、领导等是否经常变化。

第三类：外在报酬维度。外在报酬维度指在职业活动中能获得的因素。它包括4个因子：

(1) 声望。职业在社会上是否得到尊重。
(2) 安全性。职业是否有较高的稳定性。
(3) 经济报酬。工资、奖金、福利待遇等。
(4) 生活方式。工作对个人生活的影响。

六、价值观的形成与修炼

价值观是在个体出生后随着社会生活实践的拓展而逐渐萌发和形成的。一般而言，价值观在儿童早期开始形成(价值观萌芽在幼儿期和童年期)，到成年的时候相对稳定。

儿童期的"价值观"是通过对社会代理人(通常为父母或其他成人)言行的模仿和接受要求而形成的，他们的"价值观"具有明显的感性形式，是对成人价值观的照抄照搬。因此，儿童期还未真正形成价值观，其"价值观"只能称为"价值感"。青少年阶段是价值观确立的时期，在青少年阶段，随着自我意识逐渐成熟和认知能力的快速发展，青少年的各个方面都表现出极为迅猛的发展变化，个体开始有意识地选择符合自己的评价标准，从而形成个人特有的价值观。青年大学生在职业价值观上表现为：追求发展，崇尚创造的职业价值观念与急功近利的求职心理共存，普遍注重自身价值的实现，成才愿望迫切；紧迫感、竞争意识和自强精神明显增强，讲究效率、注重学习实效已成为当代青年大学生的主要价值取向，绝大多数学生都渴望通过大学的学习来丰富和完善自己，占领就业的制高点，赢得发展的主动权，以适应社会的竞争。在此过程中，个体有可能会出现社会上的恶习，为了出众会不择手段，病态竞争。

一般来说，价值观一旦形成就具有稳定性，细微条件的变化不会导致价值观动摇，价值观突变的方式只有一种，就是面对人生重大挫折且内心决然痛苦时(关键事件的显性刺激)。例如，一些人往往经历了一些重大事件的冲击，使其原有的价值观体系产生了动摇或改变。面对重大抉择，他们对自己进行了深刻的反思。但是这种反思若没有正确的引导，极易走向极端，因此在价值观相对稳定性的前提下，可以通过一些方法，逐步对这种反思进行调整和完善。

价值观的学习是阶段性和连续性的统一。张春兴研究认为，青少年价值观的学习历程可以分为四个阶段，即先有价值感，后有价值观，进而建立价值标准，最后才能做出价值判断。这个过程有两个概念需要辨析。

(1) 价值感。价值感是个人的主观感受，它由个人生理上和心理上的需要产生相应的需求，这些需求一旦得到满足(个人有一种心得)，就会产生价值感。我曾咨询一个案例，一个大一女学生，在其初二时，妈妈生了弟弟，双亲对她疏于照顾的失落恰好被老师满足，关心关爱对她来说就有了价值感，后来极大可能演化成一种助人利他倾向。

(2) 价值观。人们的价值观在实践中进一步集中、抽象、升华，就会形成对于价值、价值关系的一般看法和根本观点，并外在表现为处理各种价值问题时所持有的比较稳定的立场、观点和态度的总和，这就是价值观。

从价值感到价值观，青少年的价值感是多元取向的，他们认为有价值感的东西很多，这既给青年大学生带来了冲突和矛盾，又不断推动青年大学生做出选择。正是在不可回避、对多元取向价值定向的过程中，青年学生通过了解、思辨、选择、比较、组合、调整等学习历程，最终建立起了属于自己的价值观。

我们了解了价值观的形成历程，那么如何让自己的价值观更好地发挥作用呢？这就需要进行价值观修炼。从价值观的力学模型来看，力有方向和大小，价值观修炼的目的就是让方向更加明确，驱动力更加强劲。具体分为以下四步：

(1) 持续确认。修炼价值观首先来自对生活的体验。持续确认就是在对自己和世界不断探知的过程中，多尝试、多追问，反复确认什么是自己想要的，这一步也被称为价值观的澄清。

(2) 自我激活。在不断地确认之后，内心开始焕发不可抑制的热情，这很可能就是你一生所追寻的价值观。这时需要进行积极的自我激活，在不断调整的过程中，找到自己一生不变的价值观。

(3) 公开主张。知道了个人价值观所在之后，就要公开自己的主张，勇敢地面对各种阻力，这既是为了获取周围人的支持，也是为了更好地贯彻自己的价值观。公开主张有助于营造利于坚持价值观的环境。

(4) 不断践行。纵有千般学问，仍需贯彻执行。干扰价值观修炼的因素是很多的，只有不断践行，才能建立起基于价值观的信念或信仰，并作为终身追求。

七、价值观的培养

习近平 2014 年 5 月 4 日在北京大学师生座谈会上的讲话——《青年要自觉践行社会主义核心价值观》中提到："青年的价值取向决定了未来整个社会的价值取向，而青年又处在价值观形成和确立的时期，抓好这一时期的价值观养成十分重要。这就像穿衣服扣扣子一样，如果第一粒扣子扣错了，剩余的扣子都会扣错。人生的扣子从一开始就要扣好。""青年要从现在做起、从自己做起，使社会主义核心价值观成为自己的基本遵循，并身体力行大力将其推广到全社会去。"这个"穿衣扣扣子"的比喻恰如其分，内涵丰富，既指出了一个人在青年时期价值观养成的重要性，也展现了习近平对中国青年的殷切期盼，希望青年从"扣好第一粒扣子"开始，自觉践行社会主义核心价值观，努力在实现中国梦的伟大实践中创造自己的精彩人生。我们可以从以下三个方面培养正确的价值观：

(1) 学习和遵循社会主义核心价值观。我国社会主义核心价值观是青少年追求人生理想的价值标尺，大学生应认真学习、正确理解并牢牢记住社会主义核心价值观的内容和意义，以社会主义核心价值观为行事准则来引领自己的成长，形成正确的、合乎社会发展需要的价值观，把立志报效祖国、服务人民作为自己的人生追求。

(2) 在生活小事和社会实践中培养价值观。学生的价值观培养不能单靠单调、枯燥的教学灌输，更重要的是让学生在日常学习、工作和生活实践中形成和端正自己的价值取向。例如，在与人相处时做到守时、守信，形成信守承诺的价值观；主动承担家务活，热心帮助邻里，形成懂得感恩、乐于助人的价值观；认真遵守家规、班规、校规、交通规则及社会公德，形成遵纪守法的价值观；积极参加志愿者服务、环境保护等实践活动，形成热爱祖国、热爱环境、乐于奉献的价值观。

(3) 让家庭成为学生价值观塑造的第一课堂。孩子的价值观最初是从父母那里观察学习而来的。因此，为了塑造孩子正确的价值观，父母应以身作则，坚持积极、正向的价值观，成为孩子价值观塑造的榜样。同时，父母应抓住日常生活中的一切机会对孩子进行正反面教育，并为孩子营造民主平等、温馨和谐、积极进取的家庭氛围，对孩子产生潜移默化的熏陶和影响作用，帮助孩子形成正确的价值观、人生观。

八、价值观的澄清

我们如何判断某种信念或标准是一个人真正的价值观？我们的价值观什么时候能足够清晰？当你能清晰地表达出具体的内容，而不是一个抽象词汇；做决定的时候能想得起来；真正落实在主张和行动时，就真的清晰了。价值观澄清模式基于价值形成过程(称评价过程)的基本模式提出了一套标准，即任何信念、态度等价值要变成某个人的价值必须符合这一过程的七个标准，否则将不可能成为他的价值观。这就是拉舍等学者提出的价值观澄清的三个阶段和七个步骤。例如，一个人认为考研很重要的时候，我们看到他没有任何行动，最多只是说说，我们不能立即判定这是他真正的价值观；当一名高三学生谈到对服装设计的兴趣时，他在繁忙的课业生活之外每周坚持服装素描，利用休闲时间查阅服装设计相关资料，我们认为这有可能是他真正的价值观。所以我们不能仅仅根据抽象的文字表述来断定价值观，我们必须潜入个人关键经验中进行挖掘、验证，通过清晰的体系模式来协助价值观的澄清，帮助学生明确未来发展方向，促进职业选择，挖掘内在价值。

（一）理论基础

价值观澄清的理论基础如下：

(1) 每个人都有自己的价值观。价值观是指导人们如何生活的一套准则，它与个人的生活经验紧密联系在一起，而个人生活经验的获得是由其生活环境决定的，因此具有不同生活经验的人价值观是不同的。

(2) 价值观方法教育大于价值观内容教育。获得价值观的方法比拥有什么价值观重要。通过"关键事件"所体现的选择和决策可教会学生进行价值判断、价值决策的方法，提高学生的价值判断能力，引导他们学会对不同价值观进行价值排序。

(3) 价值澄清旨在帮助学生澄清自己的价值观。价值观会随着个体需求发生变化，应该引导学生在其生涯发展过程中不断地探索、思考和整理，从而做出人生关键决策。

（二）基本模式

价值观的探索和澄清需要三个阶段来完成，即选择、赞赏(又称"珍视")和行动。

第四章 确立核心价值：强化平衡能力

其中包括七个准则，我们称之为价值观澄清"三阶段七准则"(表 4-1)。

表4-1 价值观澄清"三阶段七准则"

三阶段	七准则
选择(choosing)	(1) 不受他人的影响，完全自由地选择； (2) 在尽可能广泛的范围内自由选择； (3) 衡量以上各种选择可能出现的后果，进行再选择
赞赏(prizing)	(4) 重视和喜爱自己做出的选择并感觉满足； (5) 乐于公开表达自己的选择
行动(acting)	(6) 按照自己做出的选择行事； (7) 重复一贯的行动和确定的模式

1. 选择阶段

(1) 自由选择。只有自由选择才能根据自己的价值观做事，被迫选择是无法将这种价值整合到自身价值体系中的。不要考虑任何人会如何建议你选择，应完全听从自己的内心进行选择。例如，很多学生受同学影响或者父母影响而选择考研，往往因动力不足而失败。

(2) 从多种可能中选择。提供多种可能让学生选择，有利于学生对选择进行分析思考。学生因为视野狭窄、探索不够或者自我同一性早闭而做出的职业选择，不能真正地反映其价值观。我曾经遇到一个学土木建筑学的大一学生因受父母影响和自身对职业的不了解，而提前确定要么当教师要么考公务员的职业定向。很显然，该生缺乏对本专业未来方向的基本了解。"自我同一性早闭"出自马西亚(Marcia)的同一性状态理论。她将探索和承诺看作两个并列的具有直交关系的维度，以探索和承诺程度的高低划分出 4 种同一性状态的象限。具有低探索和高承诺的青少年称为"同一性早闭者"，这类个体没有体验过明确的探索，但却做出了承诺，这种投入基于父母或权威人物等重要他人的期望或建议，他们接受了权威人物预先为他们准备好的"同一性"。

(3) 对结果深思熟虑地选择。在对各种选择都做出理性的因果分析、反复衡量利弊的过程中，个人在意志、情感以及社会责任等方面都受到考验。例如，高中生在幻想未来职业的时候，一会儿想当医生，一会儿想当公务员，一会儿想当老师。例如，当给学生咨询建议的时候，学生在很短时间内做出判断，有时候可能也是以"确定性"来缓解"不确定性"焦虑。又如，在一次我协助学生选择考研学校时，我从 A 维度介入分析，学生说不想了，就选某某学校吧；我从 B 维度介入分析，学生说就选××学校吧，我们认定该生在选择考研学校时并没有澄清价值观。再如，一个学生在当年 10 月份因考研学校科目调整而草草调整考研学校。如何判断深思熟虑？主要从三个方面考虑：一是考虑价值选择的时间长度有多少；二是考虑决策的维度有多少；三是考虑是否经过重要他人的参谋。

2. 赞赏阶段

(1) 珍视与爱护。珍惜自己的选择，为自己能有这种理性选择而自豪，并将其看作自己内在能力的表现和自己生活的一部分。只有我们自己重视并从内心深处珍视这个选择背后的价值观，我们才会悦纳自己，为自己的选择感到欣慰和喜悦。

(2) 确认。以充分的理由再次肯定这种选择，并乐意公开与别人分享而不会因这种选择而感到羞愧。如果我们选择了我们最看重的，便会自然而然地想"把我的选择告诉我的父母""把我做的事情让更多的人知道"。敢于对朋友和家人公开表达自己的选择，不仅会让你了解内心对这个选择的认同程度和敢于接受评判的自信，还将有机会为自己赢得更多人的鼓励和支持。

3. 行动阶段

(1) 依据选择行动。价值观念能左右行动的方向，对个人认为具有价值的东西，一定会努力去实践、完成，百折不挠、锲而不舍地采取行动。例如，一个汉语言文学专业的学生想做图书馆讲解员，她认为"公益精神""助人精神"很重要。我们经过了解得知，该生自从大一起就做省图书馆的义务讲解员，每周都会去讲解，我们认为这是她真正的价值观。

(2) 反复地行动。当个人的一些信念、看法和态度，已达到价值阶段时，它们会成为价值体系的一部分，一而再，再而三地表现在行为上，出现在不同的生活和空间。我们都认为自己的选择是最重要的观念，当它上升为我们的价值观后，我们将会在任何合适的时间和场合一而再，再而三地重复我们的行为。我们甚至会为此舍弃很多其他的价值观，而且毫无怨言。当你决定考研究生，就是要以考上研究生为目的去行动的，你应该在任何时间、任何场合都做着为了考上研究生该去做的事情，并且必须是一而再，再而三地围绕考研重复着学习、思考、刷题、强化理解等行为，才能"一步步"地实现这个目标。

"三阶段七准则"在实际运用中具有较强的操作性和准确性，是个人在进行决策选择和价值观澄清时易于掌握的工具，可以长期使用，运用得越多，越能快速指导我们进行合理决策。

（三）应用流程

价值观澄清模式是一个价值观澄清的基本方法和底层逻辑，该澄清流程可以配合很多价值观澄清工具使用，从表层到深层，从经验到概念，可以帮我们一步步厘清决策时的影响因素。使用该流程的基本操作如下：

(1) 列表。首先根据使用场景，尽可能规范地列出影响职业决策、生活方式选择涉及的价值观影响因素,如前文提到的舒伯的职业价值观分类等。

(2) 筛选。从所有的影响因素中挑选出 3~5 个重要的价值观,并思考为什么做出这样的选择。在这个环节可以增加列表中未提及,但是对自己做出这个选择很重要的影响因素。

(3) 取舍。采用"逐层破选法"一步步地放弃在第二步所筛选出的价值观。指导语可以参考如下:你已经选择了×项价值观,这些价值观对你来说都很重要,但是现在出现了某种情况(尽可能带入场景),你必须放弃其中 1 条,你会先放弃哪条?为什么?现在你只能剩下 1 条,你将最后保留哪条?为什么?经过一步步地取舍,最终厘清最重要的价值观和价值观的顺序,并初步明确其对个人的意义。

(4) 澄清。针对这个最重要的价值观,引导学生深入思考,联结个人过去的故事,引导未来选择之后可能发生的故事,使这个抽象的概念发生个人化的意义。引导式提问内容包括如下三个层面:

① 选择层面。

你是否自主地做出这项选择?(考虑是否有他人的影响)

你是否考虑其他价值(选择)之后,才做出了这个价值选择?

你是否考虑这项价值带来的后果?

② 赞赏层面。

你是否对这一价值观感到骄傲?

你是否公开表达过你的价值观?

③ 行动层面。

你是否已经按照这个价值去行动?

你(按照价值观)选择的行动(计划)进行程度、频率如何?

第二节 价值观的探索

价值观不是一个抽象的词汇,而是具体的内容,它与我的个人经验的高度相关,价值观反映我们的内在需求,表现在兴趣、信念和理想中,并常常投射在我们的一些重要决策事件中。价值观探索的难点在于"我们"经常和"我们的价值观"绑定在一起,具有"主客一体"的特征,所以我们要经常保持"悬浮注意",先要从"自己"离开,再把自己当作一个客体,始终按照"先跳出、再审视、再融入"的方式进行探索。我们可以通过量化和质化的手段澄清价值观,但这两种手段有时候的表现也存在差异。例如,Cochran 和 Sharf 研究指出,当事人"口述的价值"常常与"评量的价值"有很大的出入,这是因为价值的复杂性与隐藏性不是简单的纸笔式价值测验问卷所能测量得出来的，同时可能因不同的价值观反映了不同阶段的需求，当进行价值观探索时，终极价值观、阶段价值观和当下需求反映的"时间需求"是不同的，所以呈现差异性。金树人以"利他主义"为例阐述了这种现象，这个要素是很容易让被试填答"重要"或"很重要"的题项，但是这个抽象的描述往往脱离了真实情境的脉络，只能反映世俗的利他价值。也许一个喜欢利他的社工人员，却无法忍受该职业职位上的不确定感(没有编制、不稳定、工资水平低)与自身尊严的不确定感(受到辅导对象的嘲笑或威胁)。人们往往根据价值来决定行为的方向，如果价值的认定是片面的、浅薄的，那么这样的决定会存在风险。

一、价值观的主要探索方法

价值澄清法很重视实践策略的设计，其中较为著名的探索方法有以下两种：

(1) 提供价值指示因素。教师通过某些蕴含有潜在价值的原型来发现学生的价值取向。

(2) 澄清反应。澄清反应是一种课堂讨论的策略，它主张呈现让学生感到被尊重和信任的氛围，澄清学生的价值观，讨论不是坚持性的，而是柔性的、随意性的和激励性的。

常用的价值观探索方法有问卷法、分类卡法、访谈法、活动法、团体辅导法、想象引导法等(表4-2)，这些方法具体在操作层面无非使用投票、分类、排列、补全、描述等手段。需要说明的是，这些职业价值观反映了"阶段特点"，呈现了"层次特征"。职业价值观按层次可分为终极目标、阶段目标和当下需求，基本上呈现了由元目标以及由此派生的具体目标或次级目标的层次关系。其中，终极目标指向职业的最高愿景，是与人生观密切联系的，是潜意识的深层次需要，终极目标来源于早期经验，指向最终场面。通常使用的探索活动为80岁生日宴会、墓志铭、临界思考、临终遗命和人生价值清单等。阶段目标通常是人们理性决策的结果，受现实条件制约，为终极目标服务，通常是指导做出当下决策的标准，具有理性大于感性、相对稳定的特征。在生涯咨询中，我们经常进行阶段目标的探索。常用的探索活动有"分类卡""最欣赏的五个人""我喜欢的生活方式""通过幻想技术澄清价值观"等。当下需求与日常生活密切相关，表现为日常生活的决策事件比较多，如应该选择哪个职业以及购物、择友、买房等当下的选择。它是三者中稳定性最低的。常用的探索活动有"施恩的职业锚测评""关键事件探索法"等。需要说明的是，我们做任何价值观的探索活动都要有阶段(时间)概念，你是探索当下、一年后、两年后，还是一辈子，这一点必须明确，否则无法对当下的决策做出回应。

表4-2 价值观澄清的主要方法和工具

序号	主要方法	主要工具或活动	适用场景			适用对象
			终极目标	阶段目标	当下需求	
1	问卷法	施恩的职业锚测评			√	在职或者有工作经验的人去选择当下认为更加看重的东西
2	分类卡法	职业价值观分类卡		√	√	根据不同阶段的职业选择引导个体进行分类
3	访谈法	80岁生日宴会	√			与人生终极目标密切相关
4		最欣赏的五个人(榜样探索法)		√		当一个人没有明确的价值倾向时,可用榜样人物投射价值倾向
5		关键事件探索法		√	√	通过厘清关键事件来判断价值观
6		临界思考	√			
7	活动法	价值观拍卖会		√		
8		人生价值清单		√		
9		你最宝贵的五样		√		
10		我喜欢的生活方式		√		
11	团体辅导法	火光熊熊	√			
12		临终遗命	√			
13		墓志铭	√			
14		姑娘与水手	√			
15	想象引导法	通过幻想技术澄清价值观		√	√	通过幻想技术来触发对价值观的思考
16		有关工作的一分钟联想			√	
17		拟物想象	√			
18		自由联想法	√			

二、常用价值观探索工具介绍

(一)问卷法

施恩的职业锚测评

此问卷的目的在于帮助你思索自己的能力、动机和价值观。仅仅依靠这个测试,可能无法真实地反映你的职业锚。你需要进行积极的思考,并与职业拍档进行相关的讨论。

请尽可能真实并迅速地回答下列问题。除非你非常明确，否则不需要做出极端的选择，如"从不"或者"总是"。

下面给出 40 个问题，根据你的实际情况，从 "1~6" 中选择一个数字。数字越大，表示这种描述越符合你的实际情况。例如，我梦想成为公司的总裁，你可以做出如下选择：选"1"，代表这种描述完全不符合你的想法；选"2"或"3"，代表你偶尔(有时)这么想；选"4"或"5"，代表你经常(频繁)这么想；选"6"，代表这种描述完全符合你的日常想法。

现在，开始回答问题。将最符合你自身情况的答案记下来。

1. 我希望做我擅长的工作，这样我的内行建议可以不断被采纳。
2. 当我整合并管理其他人的工作时，我非常有成就感。
3. 我希望我的工作能让我用自己的方式，按自己的计划去开展。
4. 对我而言，安定与稳定比自由和自主更重要。
5. 我一直在寻找可以让我创立自己事业(公司)的创意(点子)。
6. 我认为只有对社会做出真正贡献的职业才算是成功的职业。
7. 在工作中，我希望去解决那些有挑战性的问题，并且胜出。
8. 我宁愿离开公司，也不愿从事需要个人和家庭做出一定牺牲的工作。
9. 将我的技术和专业水平发展到一个更具有竞争力的层次是成功职业的必要条件。
10. 我希望能够管理一个大的公司(组织)，我的决策将会影响许多人。
11. 如果职业允许自由地决定自己的工作内容、计划、过程，我会非常满意。
12. 如果工作的结果使我丧失了自己在组织中的安全稳定感，我宁愿离开这个工作岗位。
13. 对我而言，创办自己的公司比在其他公司中争取一个高的管理位置更有意义。
14. 我的职业满足来自我可以用自己的才能为他人提供服务。
15. 我认为职业的成就感来自克服自己面临的非常有挑战性的困难。
16. 我希望我的职业能够兼顾个人、家庭和工作的需要。
17. 对我而言，在我喜欢的专业领域内做资深专家比成为总经理更具有吸引力。
18. 只有在我成为公司的总经理后，我才认为我的职业人生是成功的。
19. 成功的职业应该允许我有完全的自主与自由。
20. 我愿意在能给我安全感、稳定感的公司中工作。
21. 当通过自己的努力或想法完成工作时，我的工作成就感最强。
22. 对我而言，利用自己的才能使这个世界变得更适合生活或居住，比争取一个高的管理职位更重要。
23. 当我解决了看上去不可能解决的问题，或者在必输无疑的竞赛中胜出，我会非常有成就感。

第四章
确立核心价值：强化平衡能力

24. 我认为只有很好地平衡个人、家庭、职业三者的关系，生活才算是成功的。
25. 我宁愿离开公司，也不愿频繁地接受那些不属于我专业领域的工作。
26. 对我而言，做一个全面的管理者比在我喜欢的专业领域内做资深专家更有吸引力。
27. 对我而言，用我自己的方式不受约束地完成工作，比安全、稳定更加重要。
28. 只有当我的收入和工作有保障时，我才会对工作感到满意。
29. 在我的职业生涯中，如果我能成功地创造(实现)完全属于自己的产品或点子，我会感到非常成功。
30. 我希望从事对人类和社会真正有贡献的工作。
31. 我希望工作中有很多的机会，可以不断挑战我解决问题的能力(竞争力)。
32. 能很好地平衡个人生活与工作，比达到一个高的管理职位更重要。
33. 如果在工作中能经常用到我特别的技巧和才能，我会感到特别满意。
34. 我宁愿离开公司，也不愿意接受让我离开全面管理的工作。
35. 我宁愿离开公司，也不愿意接受约束我自由和自主控制权的工作。
36. 我希望有一份让我有安全感和稳定感的工作。
37. 我梦想着创建属于自己的事业。
38. 如果工作限制了我为他人提供帮助或服务，我宁愿离开公司。
39. 去解决那些几乎无法解决的难题，比获得一个高的管理职位更有意义。
40. 我一直在寻找一份能最小化个人和家庭之间冲突的工作。

现在重新看一下你给分较高的描述，从中挑出与你日常想法最吻合的3个，在原来评分的基础上，将这3个题目得分再各加上4分(如原来得分为5分，调整后的得分则为9分)。然后开始评分，按照"列"进行分数累加得到一个总分，将每列的总分除以5得到的平均分，填入表格。记住：在计算平均分和总分前，不要忘记将最符合你日常想法的3项额外加上4分。

最终的平均分就是你自我评价的结果，最高分所在列代表最符合你"真实自我"的职业锚。

维度	技术、职能(TF)	管理(GM)	自主、独立(AU)	安全、稳定(SE)	创造、创业(EC)	服务、奉献(SV)	挑战(CH)	生活(LS)
题项	1( )	2( )	3( )	4( )	5( )	6( )	7( )	8( )
	9( )	10( )	11( )	12( )	13( )	14( )	15( )	16( )
	17( )	18( )	19( )	20( )	21( )	22( )	23( )	24( )
	25( )	26( )	27( )	28( )	29( )	30( )	31( )	32( )
	33( )	34( )	35( )	36( )	37( )	38( )	39( )	40( )
总分								
平均分								

结果解释：

什么是职业锚？职业锚是个体对自己在成长过程中慢慢形成的态度、价值观与天赋的自我认知，它体现了"真实的自我"。职业锚决定：个体会选择什么样的职业与什么类型的工作单位；个体是否会喜欢所从事的工作，是否会跳槽；个体在工作中是否有成就感。换言之，一个人不得不做出选择的时候，他无论如何都不会放弃职业中那种至关重要的东西和价值观。

职业锚的作用：

施恩1978年开始在"职业动力论"研究中使用"职业锚"的概念，此概念有助于职业工作者进行职业定位。发现职业锚的标志是你能清晰地回答这三个问题：要干什么？能干什么？为什么干？

8种结果：

(1) 技术/职能型。技术/职能型的人，追求在技术/职能领域的成长和技能的不断提高，以及应用这种技术/职能的机会。他们对自己的认可来自他们的专业水平，他们喜欢面对来自专业领域的挑战。他们一般不喜欢从事一般的管理工作，因为这将意味着他们放弃了在技术/职能领域的成就。

(2) 管理型。管理型的人追求并致力于职务晋升，倾心于全面管理，独自负责一个部分，可以跨部门整合其他人的努力成果，他们想去承担整个部分的责任，并将公司的成功与否看成自己的工作。具体的技术/功能工作仅仅被看作通向更高、更全面管理层的必经之路。

(3) 自主/独立型。自主/独立型的人希望随心所欲地安排自己的工作方式、工作习惯和生活方式；追求能施展个人能力的工作环境，最大限度地摆脱组织的限制和制约。他们宁愿放弃提升或工作扩展机会，也不愿意放弃自由与独立。

(4) 安全/稳定型。安全/稳定型的人追求工作中的安全感与稳定感。他们可以预测将来的成功，从而感到放松。他们关心财务安全，如退休金和退休计划。稳定感包括诚信、忠诚以及完成老板交代的工作。尽管有时他们可以达到一个高的职位，但他们并不关心具体的职位和工作内容。

(5) 创造型/创业型。创造型/创业型的人希望使用自己的能力去创建属于自己的公司或创建完全属于自己的产品(服务)，而且愿意去冒风险，并克服面临的障碍。他们想向世界证明公司是他们靠自己的努力创建的。他们可能正在别人的公司工作，但同时他们在学习并评估将来的机会。一旦他们感觉时机到了，便会创建自己的事业。

(6) 服务型/奉献型。服务型/奉献型的人指那些一直追求他们认可的核心价值，如帮助他人，提高人们的安全，通过新的产品消除疾病。他们一直追寻这种机会，这意味着即使变换公司，他们也不会接受、不会允许自己实现这种价值的工作变换或工作提升。

(7) 挑战型。挑战型的人喜欢解决看上去无法解决的问题，战胜强硬的对手，克服他人觉得无法克服的困难障碍等。对他们而言，参加工作或职业的原因是工作允许他们去战胜各种不可能。新奇、变化和困难是他们的终极目标。

(8) 生活型。生活型的人喜欢允许他们平衡并结合个人、家庭和职业所需要的工作环境。他们希望将生活的各个主要方面整合为一个整体。正因为如此，他们需要一个能够提供足够的弹性让他们实现这一目标的职业环境，为此甚至可以牺牲他们职业的一些方面，如提升带来的职业转换，他们将成功定义得比职业成功更广泛。

（二）分类卡法

职业价值观分类卡采用一种类似纸牌的、有趣的卡片游戏，通过对卡片的分类，能够鉴别出个体的价值观，帮助来访者进行决策。分类卡法包括辨别、描述、分析和应用四个步骤。

(1) 辨别。对卡片进行分类，包括维度卡和价值卡的分类摆放。

(2) 描述。区分价值观分类卡优先次序(图 4-2)，通过卡片的摆放看到自己清晰的价值观的呈现，产生感受。

非常重视	比较重视	有时重视	很少重视	不重视
生活工作平衡	团队合作	环境	稳定	制定决策
……	……	……	……	……

图 4-2　价值观分类卡示例

(3) 分析。分析价值观之间的联系，澄清价值观与工作/专业/期待的关系，是支持、否定还是匹配？看到这样的关系，你有什么感受？

(4) 应用。你如何看待你的期待和目标？有没有哪个改变可以带动其他改变？你对自己有什么新的认识？对选择有什么发现？下面，我们结合职业价值观分类卡操作说明和具体实例进行介绍。

1. 职业价值观分类卡操作说明

(1) 将标有 5 个维度的卡片从左到右摆放，分别是"总是重视、常常重视、有时重视、很少重视、从不重视"。

(2) 参考《职业价值观分类卡细目表》，根据感觉快速地将价值分类卡分别放到这 5 个维度中，共 56 张卡片，每一张卡片列出了价值以及对它的一个简短解释，在"总是重视"维度中不能超过 8 张卡片。将卡片都展开，这样你就能够一眼看到你的全部选择。

(3) 调整每个维度中的卡片排序，把你感觉最强烈的价值卡片放在顶端，其他依次根据重要程度降序排列。

(4) 全面复盘价值分类卡片在各维度的位次，可根据实际情况降序(在某维度中往后排)降维(放到下一个维度上)，最终形成"价值观分类汇总表"(表 4-3)。

表4-3 价值观分类汇总表

总是重视	常常重视	有时重视	很少重视	从不重视
前沿领域工作	工作地点	高收入	权力	高压工作环境
创新	人身安全	利润	结构或可预见性	常规性
独立	晋升	团队合作	竞争	身体挑战
时间自由	有益社会	归属感	冒险	保障
实用性	信仰	艺术创造	快节奏	传统
影响他人	知识	轻松的工作环境	精确性工作	机会均等
帮助他人	挑战难题	变化	人际关系	符合兴趣爱好
社会地位	决策力	多元化	审美	同事关系
	建设性表达	刺激	单位知名度	
	快速、难度学习	工作节奏平缓	道德理想	
	发挥专长	工作、生活平衡		
	单独工作	赏识、认可		
	友谊	环保		
	正直的工作关系	专业地位		
	督导	家庭		

(5) 引导学生分析价值观之间的联系，澄清价值观与工作/专业/期待的关系，将价值观应用到关键选择、生活目标等决策事件中，形成对自己新的认识。

职业价值观分类卡细目表

1. 独立：工作有较大的自主性，较少受他人、规则或制度的限制。

2. 挑战难题：在工作中不断有复杂的问题和任务需要解决，排解困难和解决问题是工作的核心内容。

3. 发挥专长：工作中能够熟练使用自己的技能与知识，并有超出一般人的表现。

4. 工作节奏平缓：避免有压力和激烈竞争的工作。

5. 建设性表达：能通过书写或口头的方式表达自己对提升工作效率的建议，并有机会实践和改革。

6. 高压工作环境：工作时间经常很紧迫、工作质量要求严格、工作需要与严格且挑剔的同事合作。

第四章 确立核心价值：强化平衡能力

7. **身体挑战**：工作任务要求身体的力量、速度、灵巧和机敏。
8. **精确性工作**：工作任务要求遵循规程，十分谨慎和精确地关注细节。
9. **知识**：工作中不懈追求真理、知识的提升。
10. **审美**：工作本身能提供学习及欣赏美好事物的机会。
11. **社会地位**：所从事的工作在人们的心目中具有较高的社会地位，从而使自己和家人得到他人的重视与尊敬。
12. **专业地位**：在某一领域内有建树、有名望。
13. **快节奏**：在一个快节奏的环境中工作。
14. **刺激**：工作中经常有新鲜事物和戏剧性的事件发生，从中可以体验到刺激。
15. **保障**：没有被轻易辞退的风险，并有合理的薪酬保障。
16. **变化**：工作内容或环境多变。
17. **晋升**：能快速取得进步，获得晋升的机会并成为资深员工。
18. **前沿领域工作**：在学术、科研或商业单位从事研发，接触新思想或具有创意的观点。
19. **单独工作**：独自一人完成工作，不愿同他人合作，也不愿他人介入。
20. **帮助他人**：从事的工作可以直接帮助他人。
21. **影响他人**：能够影响别人，改变别人的态度或意见。
22. **常规性**：工作日程和工作任务都是可以预先安排和确定的，一段时间内不会发生大变化。
23. **友谊**：通过工作发展亲密的人际关系。
24. **决策力**：有权决定工作活动、政策等的进程。
25. **权力**：能够掌控工作进程或工作人员的行为等。
26. **有益社会**：做那些能够使世界变得更美好的事情。
27. **人际联系**：工作中能和他人保持日常联系。
28. **归属感**：获得特定组织的认可，成为该组织的一员。
29. **竞争**：工作中，可以与别人在能力上一比高下，从而获得进步。
30. **创新**：独创性地提出新的观点、项目和架构等，不循规蹈矩。
31. **时间自由**：能够自由安排工作时间，没有特别的工作时限。
32. **赏识认可**：工作业绩能得到大家积极的反馈和肯定。
33. **道德理想**：工作能促进实现自己的道德理想。
34. **工作地点**：能够找到一个可以保持自己生活风格的工作地点，按照自己希望的那样休闲、学习和工作。
35. **艺术创造**：不论以何种艺术形式从事创造性工作。

36. 高收入：收入能够达到自己的期望，可以购买奢侈生活用品。

37. 利润：通过所有权、利润分配、佣金、绩效奖金等方式积累最多的钱财或其他物质。

38. 团队合作：以团队形式开展工作并实现团队目标。

39. 家庭：确保工作及工作时间不影响履行家庭责任。

40. 督导：督促、指导别人开展工作，并且对工作结果负责。

41. 工作、生活的平衡：工作之余有足够的时间兼顾家庭、个人爱好和社会活动。

42. 环保：做有益于自然环境的工作。

43. 正直的工作关系：重视诚实和正直的工作关系和环境。

44. 轻松的工作环境：可以开玩笑、充满幽默、乐趣的工作环境。

45. 结构性和可预见性：工作具有高水平的结构性和可预见性。

46. 快速、难度学习：快速掌握新的、独特的和困难的工作任务。

47. 人身安全：工作能确保身体安全和健康。

48. 传统：工作与我所在的社会的习俗、传统不冲突。

49. 实用性：工作成果是实际的、有用的。

50. 多元化：工作环境中包括不同文化背景、不同种族和民族、不同宗教信仰及不同社会阶层的人。

51. 冒险：工作要求时常做一些有风险的事情。

52. 信仰：工作环境、内容不违背信仰。

53. 机会均等：能够处在一个公平竞争的环境，能够凭真实能力得到提升和发展。

54. 符合兴趣爱好：工作与自己的兴趣相符，能够体验到快乐。

55. 同事关系：希望一起工作的大多数同事和领导人品好，在一起相处时感到愉快、自然。

56. 单位知名度：单位在业内有较高的知名度和名声。

2. 价值观具体应用实例

如果你将面临一个重要决策或关键选择，可以使用"价值观分类卡"，结合"职业价值表"做出思考。步骤如下：

(1) 在你的"职业价值表"顶部写上你在不久的将来(下周、下月或明年)将会遇到的职业/生活决定。例如，创业、读研、离职、在同一领域另找一份工作、更换行业；减少在工作中的投入，更多地关注个人生活。

(2) 参照你的"价值观分类汇总表"，将"总是重视"维度中的名称复制到"职业价值表"中。将你最重视的价值观写在第一格中，其次重视的价值观写在第二格中，以此类推。

第四章
确立核心价值：强化平衡能力

(3) 权衡你的职业决定和你的 8 个重要价值观，注意你的价值观是支持、刚好匹配你的职业选择，还是与你的职业抉择完全无关。在"职业价值表"上记下你的思考。

(4) 仔细查看价值序列，找出冲突的领域。将这些冲突在职业价值表左边底部的部分列出来。

(5) 确定解决价值冲突的方法。将这些想法写在职业价值表右边底部的部分。

写一段这样开头的短文，"我认识到我……"

写一段这样开头的短文，"根据我在职业价值卡片排序中学到的，我计划……"

将价值观卡片的名称按顺序填写到这张表里，为你的职业选择提供记录和参考。

职业价值表

职业决定：创业还是找一份工作领工资

价值	在职业决定中的应用
前沿领域工作	信息研究有主动性，能想出新点子并获得满足感
创新	创新的机会在创业和其他工作中都可以找到
独立	如果选择找工作，我需要能在一个比较大的氛围中来决定做什么、怎么做、如何做
时间自由	我的工作有效时间与标准的工作时间不一致，如果选择找工作，需要把这个考虑进来
实用性	在创业或者一份工作中都可以
影响他人	先在一个小范围内有影响，一个好的工作需要提供机会让我影响更多不同的人
帮助他人	在目前状况下，没有这样的机会
社会地位	作为咨询顾问，有着独特的职业身份，如果找工作，也希望能在一定程度上维持这种身份
冲突创业	**解决冲突的方法**
没有足够的费用进行研发活动	寻找赞助方来独立研发，或者寻找一份做研发可以得到报酬的工作
因为没有工作同伴和财务安全感而感到孤独与压力	和其他有同样问题的咨询顾问组成支持小组，也可以建立一个职业协会；或者作为雇员来做同样的工作，这样既有机会社会交往，也能取得规律的收入
缺乏成就的可预见性和影响他人的平台	发展市场能力，安排与一些公司进行规律的咨询活动；或者取得一份工作，工作的公司中有良好的客户基础和论坛进行服务

我认识到我：

如果我从创业的状况变为选择一份有薪水的工作，可以有一个更有效果、更有趣的职业状况。

根据我在职业价值卡片排序中学到的,我计划:

找一份工作,这份工作可以让我使用偏好的技能和知识,在一种宜人的工作环境中工作并领取薪水。

(三)访谈法

1. 80岁生日宴会

【活动目标】

请想象你80岁生日宴会时的场景,想象自己终极价值实现后的画面、别人对自己的赞美之词,帮助自己思考最终想要成为什么样的人,实现什么样的人生价值。

【活动要求】

假如你已经80岁了,这是你80岁生日宴会时的场景,请你尽可能使自己放松,并按照以下问题的指引想象一下宴会的细节、画面,想象得越具体越好。

1. 请你想象一下自己会坐在哪个位置?
_____
2. 最中间的桌子坐的都有哪些人?他们都可能是谁?
_____
3. 在座的人谈到你时,都非常羡慕你的人生,你最希望他们称赞你的哪些方面?
_____
4. 如果在宴会上你要对自己的前80年做个总结,你会说什么?
_____
5. 如果要给像你现在一样的年轻人一个建议,你会给他们什么样的忠告?
_____

通过想象自己80岁生日宴会时的场景,我们会进入自我价值实现后的画面,我们所想象的别人对自己的赞美,就是最终我们想要实现的人生价值。这是当下的我们想象到的最理想的样子。随着我们人生阅历的不断增多,生活会发生很多改变,但这样的想象会给当下的我们很大的鼓舞。我们今天做的事情和状态与我们向往的终极价值相悖还是一致?如果相悖就应该果断叫停,如果一致就鼓励自己大胆坚持下去。

2. 关键事件探索法

指导语:请大学生回忆一个生命中最困难的生涯抉择(关键事件),采用"苏格拉底式对话"对谈追问。例如,当初你下决定的关键因素是什么?什么驱使你做出了最终的选择?你做出选择的深层次原因是什么?如果你信任的人出现,你会寻求什么样的帮助?如果再回到现场,你会做出什么选择?

技术说明:

(1) 每一个关键事件,都有内心深处的潜在动机,这个动机就是价值观的驱动力量。

(2) 以"个人关键事件"为切入点,通过"苏格拉底式对话"阶梯式追问(可以参考金树人"阶梯法"),将价值观澄清从抽象的名词变成具体的真实经验,通过"对话的滤网"进行洗涤、淘洗、显现……可逐步澄清个人关键选择背后的价值观。

(3) 通过对多个关键事件的澄清,可以帮助个体对价值观进行全面的梳理,这里常常借用鱼骨图分析法(图4-3),即成就事件梳理。利用鱼骨图分析法,我们可对自己过往人生中的重大事件进行深入分析,找到驱动自己做成这件事的最核心的驱动力。梳理过往人生中最重要的事件之后就会发现,自己内心追求的价值观越来越清晰。

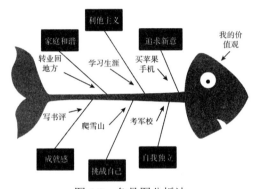

图 4-3 鱼骨图分析法

备注:

(1) "苏格拉底式对话"是一种采用对谈的方式,以澄清彼此观念和思想的方法。苏格拉底认为透过对话可使学生澄清自己的理念、想法,使谈论的课题更加清晰。

(2) 可结合生命线技术进行。

(3) 临界思考。

请思考以下问题,并尝试说明原因,回答模式为"我因为"。根据你的回答澄清上面各个回答呈现的共同主旨,发现了什么共同的价值观,对未来有什么启发?

① 假如我有一亿美元,我会……
② 我曾听过最好的观念是……
③ 我想改变世界的一件事物是……
④ 我一生中最想要的是……
⑤ 我做得最好的事是当我……
⑥ 我最关注的是……
⑦ 我常幻想的是……
⑧ 我想我的父母希望我……

⑨ 我一生中最大的快乐……
⑩ 我的工作必须给我……
⑪ 我最欣赏的榜样人物是……
⑫ 我希望改变自己的一样东西是……

(四) 活动法

1. 价值观大拍卖

(1) 活动目标

认识价值观、了解自己的价值观；学会做出选择，真正地体现自己的价值；学会抓住机会，不要轻易放弃。

(2) 规则和程序

指导语：今天，我们进行一场"价值观拍卖会"，在面对爱情、友情、健康、自由、美貌、爱心、权力、财富、快乐、亲情的时候，同学们是怎样进行选择的呢？选择不一样，体现了我们对人生的追求和事业的追求不一样。希望通过这次"价值观拍卖会"活动，同学们能更清楚地了解自己的价值取向，预测自己的职业生涯。

价值观大拍卖见表4-4，表中第1栏中每一项都有底价。每组同学象征性地发10 000元，代表你一生的时间和精力。将15项人生美事和优良品质作为商品逐一拍卖，每人出价以500元为单位，价高者得。有效利用手中的10 000元，尽可能买更多的东西。

请你根据这些工作价值项目在自己心中的优先地位进行排序，1表示最重要，15表示最不重要，填在表4-4中的第二栏内。你手里有10万元，对于各个工作价值项目，你愿意花多少钱买？请将自己预估的数额在表4-4中第三栏内填写，成交价在表4-4中第四栏内填写。

表4-4 价值观大拍卖

工作价值项目	职位	预估价	成交价
1. 为大众福利尽一份力			
2. 追求美感与艺术气氛			
3. 追求创意、发展新事物			
4. 独立思考、分析事理			
5. 有成就感			
6. 独立自主、依己意进行			
7. 受他人推崇并尊敬			
8. 发挥督导或管理他人的能力			
9. 有丰厚的收入			

第四章
确立核心价值：强化平衡能力

(续表)

工作价值项目	职位	预估价	成交价
10. 生活安定有保障			
11. 良好舒适的工作环境			
12. 与主管平等且融洽相处			
13. 与志同道合的伙伴一起工作			
14. 能选择自己喜爱的生活方式			
15. 工作富有变化不单调			

(3) 讨论

你们买到你想要的东西了吗？有没有后悔得到你所买的东西？为什么？拍卖过程中你的心情如何？

这些工作价值中，哪些价值是相对重要的，哪些价值是相对不重要的，为什么？

假如现在已经是生命的终点，你是否后悔刚才你所争取的东西？这个东西是否是你最想要的？金钱是否一定会带来幸福和快乐？有没有一些东西比金钱更重要？

我重视的价值观是什么？

我所选择的5个价值观是我一直都重视的吗？如果曾经有改变是在什么时候？

有哪些价值观是我父母认为重要的，而我却不认同？有哪些价值观是我和父母共同拥有的？

价值观的改变是否曾经改变我安排生活的方式？

我理想的工作形态与我的价值观之间是否有关联？

我是否因为谁说的一句话或某件事(如考试的成绩)而对自己的价值观产生怀疑？

以前我曾经崇拜哪些人？他们目前对我有什么影响？

我的行为是否反映我的价值观？例如，重视工作的变化、成长与突破。你能适应一成不变的工作吗？你会在父母的期待下选择他们认为理想的工作吗？

(4) 总结

每个人不可能同时获得这些价值满足，那么在面临抉择的时候，该如何选择呢？在这次价值观拍卖会中可以看到同学们的不同价值观，他们在选择价值观时要认识到哪些是相对重要的价值观，要树立正确的价值观。我们要学会选择，选择真正属于自己的价值观。

2. 人生价值清单法

人生价值清单可以帮助来访者确定底层需求，确定价值边界；来访者可以采用"灵魂四问法"来判断这些价值观在自己心中的权重问题。

第一问：选出这一生对你来说，非常重要的三个选项和无法接受的三个选项，并说出这样选择的原因；

第二问：你必须删除一个最重要的选项，保留一个最不接受的选项，你认为是什么？

第三问：你必须继续删除一个最重要的选项，保留一个最不接受的选项，你认为是什么？

第四问：留下的选项对你来说意味着什么。可能改变吗？

不理想生活清单

序号	选项	重要程度				
		1	2	3	4	5
1	朝九晚五					
2	被人管理，处处受限					
3	不自由					
4	不能发挥专业					
5	没有朋友					
6	工作没有挑战性					
7						
8						
9						
10						

备注：你可以根据自己的需求增加不理想生活清单选项

理想生活清单

序号	选项	重要程度				
		1	2	3	4	5
1	持续学习					
2	从事自己感兴趣又可以发挥专长的工作					
3	有充裕的金钱与休闲时间					
4	到处旅游，体验不同的生活方式					
5	享受结交新朋友的乐趣					
6	工作富有挑战性和创造性					
7	事业成功，具有一定的社会声望					
8	随心所欲地布置自己的环境					
9	无拘无束地生活					
10						

备注：你可以根据自己的需求增加理想生活清单选项

第四章
确立核心价值：强化平衡能力

3. 你最宝贵的五样

活动目标：

通过引导学生想象生命中最在乎的5样东西，并在最短时间内完成对它们的取舍，让学生能够快速体验选择与放弃的心理感受，并对自己最在乎的东西进行归类，为学习价值观分类和相关理论做准备。

活动要求：

我们一生中总有一些东西难以取舍，但又必须时常面临坚持和放弃。处在大学生活阶段的你，最看重的5样东西究竟是什么呢？现在，请你准备好一张白纸和一支笔，用5分钟的时间，安静地完成以下练习：

(1) 请在白纸上端中间郑重地写下标题，如"××最宝贵的5样"。名字一定要写，因为这个名字代表的不是别人，而是你自己。

(2) 请快速地写下你现在认为最重要的5样东西。这5样东西，可以是实在的物体，如食物、水或钱；可以是人和动物，如父母、朋友和爱犬；可以是精神类的东西，如宗教、学习；可以是你的爱好，如旅游、音乐或吃素；可以是抽象的事物，如祖国或哲学；可以是具体的物品，如一个瓷瓶或一组邮票；可以是一些表述，如健康、快乐、幸福、学业、金钱、名誉、地位。总之，你可以天马行空地想象，只要把你内心最珍贵的5样东西写出来。

不必思来想去，左右斟酌，脑海里涌出什么念头，就提笔把它写下来。

(3) 请你拿起笔，在你最看重的5样中去掉一样。用笔狠狠地涂掉，直到看不清字迹或成为黑洞。

(4) 你必须在剩下的4样中再去掉一样，这就是命运，你别无选择。

(5) 在你剩下的3样最珍贵的东西中，你还得去掉一样，实在是没有办法。不管你有多少怨言和不情愿，请你遵照游戏规则，用你的笔把3样当中的某一样涂黑。

此刻，请你坚持下去。游戏的核心价值就在这里——你要学会放弃。你有权利不再放弃任何东西，但命运和生活更有权利让你放弃你的最爱。

(6) 现在，你的人生中最重要和最珍贵的东西就剩下两样了。请你勇敢地从仅剩的两样中再涂掉一个！

到此，你的纸上只剩下一样东西了，这就是你最宝贵的东西。你涂掉了4样，它们同样是你宝贵的东西。好好记住这个顺序吧，它们就是你目前的优先排序。当你无所适从的时候，它会告诉你什么才是你最为重要的东西、什么才是你恋恋不舍的东西。

这是一项探索个人价值观的练习。我们每个人对生活都有自己独特的见解，而这些见解形成了我们各自独特的价值观和价值体系。重要他人(如父母、朋友、老师等)的价值观也会对我们产生较为重要的影响。因此，在做出人生的重大抉择时，我们必须仔细觉察自己所依据的内心价值观，只有对自己的价值观进行澄清和排序，才能知道如何进行适合自己的取舍,才能通过放弃得到最想要的。

4. 我喜欢的生活方式

活动目标:

很多学生在进行职业生涯规划时往往陷入职业选择具体的问题中,迷茫彷徨、不知所措。其实,我们可以跳出来问自己:10年后我究竟想过怎样的生活?我喜欢什么样的生活方式?回答后,再看当下的职业困惑,你或许就会知道如何选择。

活动要求:

请你想象一下,10年后,假如能够拥有理想的生活状态,你喜欢的生活方式是什么样的呢?请你仔细考虑下列各项,并依照它对你的重要程度打分,然后思考并回答表格下方的问题。

我喜欢的生活方式

项目	重要程度 (1~10分)	项目	重要程度 (1~10分)
居住在繁华的都市		能够自由支配自己的时间	
居住在宁静的乡村		每天按时上下班	
居住在文化水平较高的社区		有充裕的闲暇做自己感兴趣的事情	
居住在孩子上学方便的地方		坚持运动、强身健体	
定居在某个地方		工作之余参加社会活动	
担任管理职务		参与和宗教有关的活动	
吸收新知识,充实自己		每天有固定的时间和家人相处	
贡献自己所能,服务社会		和家人共享假期	
生活富有挑战性、创造性		积极参与社区活动	
有较高的社会声望		经常旅行,扩宽视野	
拥有宽广、舒适的生活空间		和父母生活在一起,承欢膝下	
工作稳定,有保障		和妻子(丈夫)、孩子生活在一起	
拥有较高的经济收入		有时间辅导孩子的作业	
有高效率的工作伙伴		有密切交往的好朋友	
能自由支配金钱		每个月有固定的存款	

思考:

1. 你最看重的三个项目是什么?为什么它们对你如此重要?

(1) _____

(2) _____

(3) _____

2. 根据刚才的填写情况，请描述10年后你最期待的三个生活画面：

(1) _____

(2) _____

(3) _____

3. 为了实现理想的生活状态，你需要满足哪些条件？

_____

_____

_____

4. 为了满足这些条件，你有哪些具体的行动计划？

_____

_____

_____

5. 当下，你觉得对你最重要的是什么？

_____

_____

_____

（五）团体辅导法

1. 临终遗命

目的：对个人的人生价值观做具体的探索并协助成员在生活中做明智的抉择。

时间：45~60分钟。

准备：白纸、笔。

操作：由于种种原因，你正面临着死亡。终期将至，时间只允许你再做最后10件事，你会做哪10件事，并排出先后次序；然后写下你的遗嘱(50字以内)。每个成员认真思索后写下你的决定和遗嘱，再向团体内其他成员说出，并解释原因，谈一谈你在写的时候有什么感受，这感受对你今后的生活有什么影响。通过练习，可以帮助团体成员对自己的人生观和价值观进行整理，也可以通过与他人的交流启发自己。

2. 火光熊熊

目的：明确自己的价值观，理解他人的价值观。

时间：30~45分钟。

准备：纸、笔。

操作：指导者将团体分成5人左右的小组，然后告诉大家，现在你的宿舍正被烈火吞噬，情况危急，时间只够你冲进火海取出三样东西，你会选择哪三样东西？先后顺序是怎样的？为什么选择这三样东西？它们对你有什么价值？还有没有重要的物品不在抢救之列？为什么？给成员一定时间让他们想一想，并写在纸上。然后在小组内交流，告诉其他人你如此选择的原因。

（六）想象引导法

1. 拟物想象

请你尝试完成下面的句子，并尝试思考自己"更看重什么"？

假如我是一种动物，我希望是_____因为_____。

假如我是一朵花，我希望是_____因为_____。

假如我是一棵树，我希望是_____因为_____。

假如我是一种食物，我希望是_____因为_____。

假如我是一种交通工具，我希望是_____因为_____。

假如我是一档电视节目，我希望是_____因为_____。

假如我是一部电影，我希望是_____因为_____。

假如我是一种乐器，我希望是_____因为_____。

假如我是一种颜色，我希望是_____因为_____。

假如我是一种软件，我希望是_____因为_____。

2. 通过幻想技术"澄清价值观"

幻想内容：想象你在一个富丽堂皇的府邸，里面有许许多多的房间，其中一间放满了金银珠宝，一间充满了琴瑟之音，一间传来了小朋友的嬉笑声，另一间则有一群你的崇拜者正等候着你大驾光临，你可以到任何房间去；你可以去听音乐，和小朋友玩，去看看仰慕你的人；你的生活是这么的平静。

(暂停)

但是不幸的事情发生了，你接到一纸命令，告诉你只能保留一间房间，你要留下哪一间呢？你现在一间间地删掉。第一间、第二间、第三间……现在你站在最后一间，是哪一间？对于删掉部分有什么感觉？要不要改变主意？

3. 一分钟联想

请在纸上写下"我希望做_____的工作"，在一分钟内尽可能写下你头脑中所联想到的任何短语。

思考题

1. 请根据价值观"三阶段七准则"完成价值观的澄清练习，明确你的价值观是什么？
2. 价值观是如何影响你的日常学习、工作和生活选择的？

第五章
探索职业世界：拓展发展空间

　　前面章节主要围绕内部自我认知的三个方面进行介绍，本章回到外部的职业世界，教学目标是使学生了解相关的行业、组织和职能，掌握收集和管理职业信息的方法，拓展对职业世界的认知，并通过这种认识的深化，不断地和自我信息进行对照、了解、调整，加强主观自我和客观世界的连接，形成关于未来职业的选项，拓展发展的空间。

生涯规划与人生设计

第一节　认识职业世界

案例再现

【案例1】汉语言文学专业大四学生高某："老师，我一想到我考上公务员之后，天天喝茶、看报纸，一眼望到头的日子，我就瞬间不想考了……"

【案例2】建筑学专业大一学生李某："老师，您看我们建筑学专业吧，毕业之后只能上建筑设计研究院，虽然我很喜欢建筑学，但是我最近一想到我的路都被定好了，我就瞬间没有学习动力了，怎么办？"

【案例3】土木工程专业大一学生："老师，我喜欢自由、艺术且不受限制的工作，公务员一定适合我。"

上述案例是大学生经常会遇到的问题，这些问题的共性之处就是对职业世界的认知不清，并且不能有效地将"自我"和"职业世界"有效连接。案例1中的高某不仅提前预支了焦虑，还对"公务员"存在刻板印象，缺少对职业世界信息的基本了解；案例2中的李某对专业和职业对应的多元性缺乏了解，将专业和职业"一对多"的关系窄化为"一对一"的关系；案例3中的学生开始尝试探索自我并且了解外部职业世界，但是两者的对应匹配关系发生了错误。以上案例出现的问题很大程度上是因为对职业世界的探索不够，不了解真实的工作世界，导致对职业世界的认知浅显，直接影响了未来的职业选择和工作获得感。

据研究，职业认知领域存在"20 000、2/3或4/5、5"现象，它的意思是世界上大约有20 000种职业，但是我们大学生中男生的2/3和女生的4/5只会考虑其中的5种类型的工作，表明当代大学生择业的盲目性，而这种盲目性很大程度上源于对职业世界的狭窄理解。事实上，对外部职业世界的了解就像一枚硬币的另一面，除了自我理解之外，所有关于职业发展的主要理论都强调有关工作世界信息的重要性。例如，弗兰克·帕森斯的经典匹配理论的第二步就是要了解可能适合你个人特征的个人职业；麦克马克也强调职业信息对职业选择过程的重要性，他将最新和准确的职业信息视为职业决策的关键组成部分；苏珊娜·M.达格认为，关于职业世界的信息不仅对于职业选择很重要，而且对于职业生涯的开始、工作找寻和持续性的职业发展也很重要。所以，作为一名教师或者咨询师的一个重要任务就是除了帮助学生了解个人倾向特征之外，还要帮助学生了解外部的职业世界，以及了解个人特征和工作因素之间的相互作用。可见职业世界认知对于拓展发展空间的重要性。

第五章 探索职业世界：拓展发展空间

一、了解职业

俗话说："三百六十行，行行出状元。"从古到今，行业众多，职业内容千差万别，尤其是当今世界，各行各业发生了很大的变化，各类不同的行业、不同的职业即使有着相同的名称，也可能包含着不同的工作内容和工作方式。可见，职业世界认知的重要性，它不仅关系着我们对不同工作内部情况的了解，还能够促使工作要求和工作内容与工作者本人产生联系，促进思考。

（一）职业的完整表达公式

我们在了解职业世界的时候究竟应该了解什么？或者说，我们在谈一个"工作"的时候，究竟在谈什么？比如，一个学生表示自己的职业理想是教师、工程师、公务员……那么我们就有疑问了：这个教师是某在线教育公司的教师，还是某教育机构的教师，是某互联网公司的培训教师，还是某公立高中的教师？很明确，该生所述"工作"应该是最终对应到一个具体的职位，但我们还需要进一步澄清的是该职位所属的行业和组织。这个"行业+组织+职位(职能)"便是一个职业完整表达公式(图5-1)，这些要素构成的系统就是职业世界系统，其中行业是职业的背景，组织是职业的最小依附单元。所以，当学生向你表述相应的职业时，首先需要澄清行业以及组织，写出职业完整表达公式，从而确认具体的就业意向，这也是我们需要了解职业世界的内容。另外，下文也提供中学教师(图5-2)和工程师(图5-3)的职业完整表达公式。

职业 = 行业 + 组织 + 职位(职能)

图5-1 职业完整表达公式

图5-2 职业(中学教师)完整表达公式

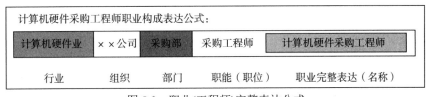

图5-3 职业(工程师)完整表达公式

了解职业就是了解工作世界，就是在一定的行业和组织系统中去了解具体的职位和职能。表 5-1 提供了分析维度、调研维度、调研渠道、分析重点以及职业倾向的对应关系和主要工具,我们可以对照收集相应的信息,并主动思考自己未来适合什么行业、适合什么企业?我们是否了解真实的职业情况。

表5-1 职业世界认知的三个维度和主要方法

分析维度	其他叫法	调研维度	调研渠道	分析重点		对应关系	主要工具	自我思考
				信息收集重点	职业访谈重点			
行业	领域	行业概况、发展史、发展趋势 知名企业、行业薪酬 核心岗位、校招职位	数据库、行业白皮书 管理咨询公司、行业年会资料 师兄师姐、专业课教师 就业老师、职业人物访谈 职业参观体验、见习、实习	行业内容发展趋势	发展阶段(时期)	兴趣	工作世界地图	我这个阶段适合去什么行业
组织	企业(公司)	组织概括、组织架构、企业文化	公司网站、权威杂志	企业文化职业发展	规模位置	价值观	单位性质	我适合什么企业
		行业地位、竞争情况、薪酬福利 核心岗位、校招职位 职业发展等	管理咨询公司、行业年会资料 就业老师、职业人物访谈 职业参观体验、见习、实习	企业文化职业发展	规模位置	价值观	单位性质	我适合什么企业

(续表)

分析维度	其他叫法	调研维度	调研渠道	分析重点		对应关系	主要工具	自我思考
				信息收集重点	职业访谈重点			
职位	职能	职位名称、工作职责、工作内容	公司网站、招聘信息	工作内容	职业的真实情况	性格和技能	工作要求	我能否接受真实的职业情况
		上级主管、平行部门情况	相关人士访谈、面试官					
		职位权利与责任、任职资格	师兄师姐、专业课教师、就业老师	任职资格				
		晋升通道、薪酬福利	职业参观体验、见习、实习	职业发展				
		工作条件(环境)						

（二）职业的定义与分类

"职业"通常是指一类性质相近工作的总称，通常是指个人服务社会并作为主要生活来源的工作，在特定的组织内表现为职位(岗位)，并且表现为工作任务的不同。我们在谈论某一具体工作(职业)时，其实也是在谈某一类职位。社会上的职业多种多样，要想有效地了解职业们，就需要了解职业的分类，因为职业具备多重属性，所以分类的方法和理解职业的视角也多种多样。根据我国不同部门公布的分类标准，我国职业分类主要有三种类型。

(1) 国家统计局、国家标准总局、国务院人口普查办公室在1982年3月公布，供第三次全国人口普查使用的《职业分类标准》。该标准依据在业人口所从事的工作性质的同一性进行分类，将全国范围内的职业划分为大类、中类、小类三层，即8个大类、64个中类、301个小类。其8个大类的排列顺序是：

第一类，各类专业、技术人员。

第二类，国家机关、党群组织、企事业单位的负责人。

第三类，办事人员和有关人员。

第四类，商业工作人员。

第五类，服务性工作人员。

第六类，农林牧渔劳动者。

第七类，生产工作、运输工作和部分体力劳动者。

第八类，不便分类的其他劳动者。

在8个大类中，第一、二大类主要是脑力劳动者，第三大类包括部分脑力劳动者和部分体力劳动者，第四、五、六、七大类主要是体力劳动者，第八类是不便分类的其他劳动者。

(2) 国家发展计划委员会、国家经济委员会、国家统计局、国家标准局批准，于1984年发布，并于1985年实施的《国民经济行业分类和代码》(GB/T 4754-1984)。它主要按企业、事业单位、机关团体和个体从业人员所从事的生产或其他社会经济活动的性质的同一性分类，即按其所属行业分类，将国民经济行业划分为门类、大类、中类、小类四级。门类有以下13个：

① 农、林、牧、渔、水利业。

② 工业。

③ 地质普查和勘探业。

④ 建筑业。

⑤ 交通运输业、邮电通信业。

⑥ 商业、公共饮食业、物资供应和仓储业。

⑦ 房地产管理、公用事业、居民服务和咨询服务业。

⑧ 卫生、体育和社会福利事业。

⑨ 教育、文化艺术和广播电视业。

⑩ 科学研究和综合技术服务业。

⑪ 金融、保险业。

⑫ 国家机关、党政机关和社会团体。

⑬ 其他行业。

(3) 根据《中华人民共和国职业分类大典》(表5-2)将我国职业归为8个大类，66个中类，413个小类，1838个细类(职业)。

表5-2 中华人民共和国职业分类

代码	工种	中类	小类	细类
1	国家机关、党群组织、企业、事业单位负责人	5	16	25
2	专业技术人员	14	115	379
3	办事人员和有关人员	4	12	45

(续表)

代码	工种	中类	小类	细类
4	商业、服务业人员	8	43	147
5	农、林、牧、渔、水利业生产人员	6	30	121
6	生产、运输设备操作人员及有关人员	27	195	1119
7	军人	1	1	1
8	不便分类的其他从业人员	1	1	1
合计		66	413	1838

如何获取与某一个职位本身要求有关的所有信息？通常，我们应该了解的信息不仅包括基本职业信息、任职资格与工作描述、职业发展和晋升机会等，还包括外部行业环境和内部组织环境。通常，我们可以通过多种职业信息收集方式，撰写职业环境分析报告(表5-3)，最终形成对职业世界的探索，获取职业认知的全貌。

表5-3 职业环境分析报告

分析维度	具体维度	分析内容
基本职业信息	职业名称	
	职业定义	
	所处行业	
	薪资状况	
	一般特性与功能	
	职业(职位)概述	
任职资格与工作描述	职责范围与主要工作内容	
	教育背景(知识、学历)要求	
	能力、技能要求	
	工作经验要求	
	工作态度和心理素质要求	
	其他(如身体、年龄、性别等)	
	工作环境	
外部环境对职业的影响评估	行业总的发展趋势影响	
	经济形势的影响	
	科技、教育、军事、政治等的影响	

(续表)

分析维度	具体维度	分析内容
组织环境对职业的影响评估	组织发展战略与发展态势	
	组织文化、氛围和人际关系	
	组织规模、结构和制度的影响	
	组织人力资源和管理	
	职位竞争者分析	
职业发展	入门职位	
	典型发展通道与时限	
	非典型发展通道	
	适宜的职业资格、教育、培训和认证情况	
	职业前景	

二、了解行业

我们通常说的"隔行如隔山""东行不知西行利""男怕入错行"中的"行"通常指"行业",可见行业的选择对个人职业乃至人生发展的重要意义。何为行业?一个行业可以理解为由若干从事同类或相关职业活动的部门(单位)所组成的集合,它是对组织结构体系的详细划分,如 IT 行业、电力行业、金融行业、机械行业、建筑业、交通运输业、饮食服务业、零售业等。对于大学生来说,一般需要了解行业的概况、发展史、发展趋势、知名企业、行业薪酬、核心岗位、校招职位等,其中信息收集的重点是行业内容和发展趋势,职业访谈的重点是发展阶段,即某一行业处于哪个发展时期。如果想了解行业的信息可以利用数据库、行业白皮书、管理咨询公司、行业年会资料、师兄师姐、专业课教师、就业老师、职业人物访谈、职业参观体验、见习、实习等调研渠道。

(一)行业的分类系统

行业分类可以解释行业本身所处的发展阶段及其在国民经济中的地位。根据 2017 年 10 月 1 日开始实施的《国民经济行业分类》(GB/T 4754-2017),可以将行业分为 20 个类别,见表 5-4。

表5-4 行业分类

农林牧渔业	批发和零售业	房地产业	教育
制造业	交通运输、仓储和邮政业	租赁和商务服务业	卫生和社会工作
电力、燃气及水生产和供应业	信息传输、软件和信息技术服务业	水利、环境和公共设施管理业	公共管理、社会保险和社会组织
建筑业	金融业	居民服务、修理和其他服务业	国际组织

国民经济行业分类标准规定了全社会经济活动的分类与代码，增进了我们对行业的理解，为了更深地理解行业(industry)，我们还需要理解以下术语。

(1) 主要活动。当一个单位对外从事两种以上的经济活动时，占其单位增加值份额最大的一种活动称为主要活动。如果无法用增加值份额确定单位的主要活动，可依据销售收入、营业收入或从业人员确定主要活动。与主要活动相对应的是次要活动和辅助活动。

(2) 次要活动。次要活动是指一个单位对外从事的所有经济活动中，除主要活动以外的经济活动。

(3) 辅助活动。辅助活动是指一个单位的全部活动中，不对外提供货物和服务的活动。(注：辅助活动是为保证本单位主要活动和次要活动正常运转而进行的一种内部活动。)

(4) 单位。单位是有效地开展各种经济活动的实体，是划分国民经济行业的载体。

(5) 产业活动单位。产业活动单位的特征：在一个场所从事一种或主要从事一种经济活动；相对独立地组织生产、经营或业务活动；能够掌握收入和支出等资料。

(6) 法人单位。法人单位的特征：依法成立，有自己的名称、组织机构和场所，能够独立承担负债和其他民事责任；独立拥有和使用(授权使用)资产，有权与其他单位签订合同；会计上独立核算，能够编制资产负债表和利润表。

（二）行业的发展阶段

行业的生命发展周期指行业从出现到完全退出社会经济活动所经历的时间，主要包括形成期(幼稚期)、成长期、成熟期、衰退期四个阶段，如图5-4所示。

(1) 形成期。形成期是指某一行业刚出现的阶段。这一时期的产品设计尚未成熟，行业利润率较低，市场增长率较高，需求增长较快，技术变动较大，行业中的用户主要致力于开辟新用户、占领市场，但此时技术上有很大的不确定性，在产品、市场、服务等策略上有很大的余地，对行业特点、行业竞争状况、用户特点等方面的信息掌握不多，企业进入壁垒较低。

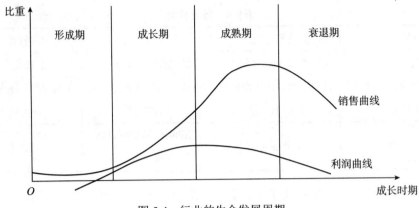

图 5-4　行业的生命发展周期

(2) 成长期。进入成长期，行业的产品已较完善，顾客对产品已有认识，市场迅速扩大，企业的销售额和利润迅速增长。这一时期的市场增长率很高，需求高速增长，技术渐趋定型，行业特点、行业竞争状况及用户特点已比较明朗，企业进入壁垒提高，产品品种及竞争者数量增多。

(3) 成熟期。进入成熟期后，市场已趋于饱和，销售额已难以增长，行业内部竞争异常激烈，企业间的合并、兼并大量出现，许多小企业退出。这一时期的市场增长率不高，需求增长率不高，技术上已经成熟，行业特点、行业竞争状况及用户特点非常清晰和稳定，买方市场形成，行业盈利能力下降，新产品和产品的新用途开发更为困难，行业进入壁垒很高。

(4) 衰退期。到了衰退期，市场萎缩，行业规模缩小，这一阶段的行业就是"夕阳行业"，行业生产能力会出现过剩现象，技术被模仿后出现的替代产品充斥市场，市场增长率严重下降，需求下降，产品品种及竞争者数量减少。

正如巴菲特提出的著名的"滚雪球理论"所述，人生就像滚雪球一样，重要的是发现很湿和很长的坡。从职业角度而言，这个很长的坡就是我们要选择的行业，只有这个行业有广阔的发展空间，企业才能有成长空间，个人才能取得长期回报。给予大学生最重要的启示是：选对行业，理解行业的分类以及发展阶段，在入行之前要做详细了解，包括适不适合、值不值得、个人发展空间以及这个行业未来发展状况和国家政策情况等。

三、了解组织

所谓组织(organization)，通常又称为用人单位，是管理学中的概念，是指按照一定目的程序和规则组成的一种多层次、多岗位以及具有相应人员隶属关系的权责角色结构，它是职、责、权、利四位一体的机构。组织包含了 3 种含义：①组织有共同的目标；②组织有不同层次的分工协作；③组织有相应的权力和责任。了解用人单位的类型和对学生的要求，对大学生在大学期间的目标定位、职业探索、技能准备、求职应聘有着重大的指导意义。通常，了解组织就是了解组织的期望，我们可以通过"你的期望是什么" 活动(活动 5-1)进行探索。

你的期望是什么

主要内容：让上司和下属互相沟通 3 个对于对方的期望，及 3 件最感谢对方的事情。
指导语：你将写下对上司(下属)的 3 个期待(需求)，并写出 3 件最感谢对方的事情。
材料：A4 纸、笔等。
分享：请你看看对方对你的需求与你对这个你需求的理解是否一致，并分享感受。
说明：有时候我们感觉对方对我们的需求和期待很清晰，但是很多时候我们正在做的事情并不和对方的期待一致，这要求我们不断澄清和确认对方对我们的期待。

（一）组织的基本类型

根据用人单位的性质和大学生的实际就业特点，一般将组织分为 5 种类型，分别为党政机关、事业单位、企业、部队及国防单位、社会团体等。

(1) 党政机关。党政机关是中国共产党的各级组织、部门、机关和各级人民政府所属的部门、机关以及其他民主党派、社会团体、部分被授有一定行政权力的事业单位的总称。例如，党中央、国家机关(含设在地方的垂直管理部门，如海关、税务)、省级机关、地(市)机关、县级及县级以下机关(含乡镇机关)。

(2) 事业单位。事业单位是国家为了社会公益目的，由国家机关举办或者其他组织利用国有资产举办的，从事教育、科技、文化、卫生等活动的社会服务组织。事业单位一般又分为科研单位、高等院校、普教(中小学、幼儿园)、医疗卫生单位和其他事业单位(如海洋管理、地震预报、环境监测等党政机关的服务性组织)。

(3) 企业。企业是为满足社会需要并获取盈利，实行自主经营、自负盈亏、独立核算、具有法人资格，从事商品生产和经营的基本经济单位。按照所有制形式及其导致的不同制度与文化，企业一般又可以划分为国有企业、外资企业、合资企业、私营企业和股份制企业。

(4) 部队及国防单位。部队及国防单位是指保家卫国和维护社会稳定的纪律组织。

(5) 社会团体。社会团体是由公民和企事业单位自愿组成，按章程开展活动的社会组织，包括行业性社团、学术性社团、专业性社团和联合性社团(如社团联合会)。

(二)组织的需求类型

对于即将步入职场的大学生来说,了解组织的文化、择才标准、发展趋势等,非常重要。如何洞察和分辨所在组织的需求类型?这里提供一个"四象限的企业需求矩阵"(图5-5),我们把纵轴设为"清晰—模糊",横轴设为"岗位行为要求—组织行为要求",会得到一个四象限的企业需求矩阵,分为A区、B区、C区和D区,这四个区域的主要特征如下:

A区是指对个人有明确关键绩效考核指标KPI、绩效等。

B区是组织对于你的明确要求以及被写出来的企业文化或者规章制度。例如,很多公司有明确的汇报制度、工作流程等。

C区是深层的企业文化和不成文的隐性规则。

D区是个人的才干、气质,那些KPI里没有写,但是公司期待的东西。

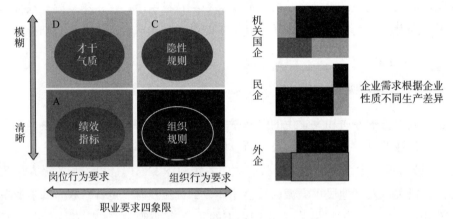

图5-5 四象限的企业需求矩阵

根据以上区域特征要求,结合目前的企业类型,我们可以做如下匹配:

(1) 民营企业中个人的作用明显,考核标准也相对清晰,因此A区(绩效指标)最重要。

(2) 外企规范清晰、组织纪律明确,所以B区(组织规则)最重要,往往最重视和强调"职业化""职业素养"。

(3) 国企和机关中,组织利益高于一切,但具体规则又大多模糊,搞清楚隐性规则的C区是重中之重。

(4) D区关于才干、气质部分,则是需要自己建立和不断提升的部分,而形成自己的个人品牌是职业生涯可持续发展的基石。我们只有通过艰苦的专项练习和千锤百炼的技能提升,最终才能内化为个人才干,挥洒自如。

"四象限的企业要求矩阵"为我们描述了不同组织类型的需求重点,但这种对应关系并不是绝对的,需要结合个人和组织情况进行具体分析,它对我们有以下四点启发:

(1) 明确企业需求，是确保工作方向正确的第一步。

(2) 任何一个组织对以上四个需求都有所期待，这要求我们澄清或明或暗的需求，了解组织风格和规则。

(3) 在任何环境中都要根据组织要求有侧重地提升个人才干，建构符合环境要求的能力是任何工作的基础。

(4) 如果你是一名大学生，可以结合企业需求矩阵和个人价值倾向做出职业选择。

（三）组织的发展阶段

不同组织(企业)有着不同的需求，处于不同发展阶段的组织(企业)也有着不同的需求，在不同的发展阶段，组织(企业)会遇见对应的问题和挑战，这就决定了不同组织(企业)发展阶段必须制定对应的人才战略，也相应地需要不同的人才。所以，我们应了解企业的发展阶段，根据个人所处的职业发展阶段，有针对性地对自己的能力结构和职业生涯做出调整，从而最大限度地发挥作用，保持发展活力。组织(企业)生命周期有四个阶段，分别是初创阶段、成长阶段、成熟阶段和衰退阶段(图 5-6)。

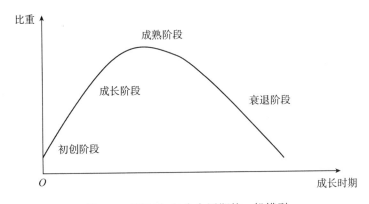

图 5-6　组织(企业)生命周期的一般模型

(1) 初创阶段。初创阶段是指某一行业创立的阶段。

(2) 成长阶段。进入成长阶段，行业的产品已较完善，顾客对产品已有认识，市场迅速扩大以及企业的销售额和利润迅速增长。

(3) 成熟阶段。进入成熟阶段后，市场已趋于饱和，销售额已难以增长，行业内部竞争异常激烈，企业间的合并、兼并大量出现，许多小企业退出。

(4) 衰退阶段。到了衰退阶段，市场萎缩，行业规模缩小，这一阶段的行业就是"夕阳行业"。

四、了解职能

"职能"在更多的时候被称为岗位、职位,是求职者最终在某一行业、某特定组织的落地点,我们通常所说的"人岗匹配"指人们在这一微观层面的适恰。因为不同的岗位对求职者的能力要求是不同的,不同的岗位也是自身相对独立的能力模块集合,所以我们要引导学生去了解这些岗位的差异,从而有意识地进行学习与提升。

(一)职能的分类

职位分类指根据职位的工作性质、责任轻重、难易程度和所需任职条件等进行分类,划分为若干种类和等级。这种分类可以方便对不同类、不同级的员工,用不同的资源、政策、工作要求和管理方式进行管理,并对同类同级的员工用统一的标准管理。结合各自公司业务特点、公司规模和实际状况,分析价值流程及其主要活动,通过对职位职责的深入理解,对职位进行整合和归类,根据工作职能不同划分为不同的职位类(也有称为职位族)。一般来说,有以下8个基本职能,这些职能对应着不同的发展水平(表5-5)。

表5-5 常见职位(职能)分布表

职能	财务	人力	研发	市场	销售	客服		产品	行政
发展通道	财务总监	人力总监	研发总监	市场总监	销售总监	客户服务总监、业务指导		总工程师、副总工程师	行政总监、总经理助理
	财务经理	人力资源部经理	研发经理	市场经理	大区经理、地区销售经理、销售经理	副客户总监	客户群总监	营运经理	行政主管
	来往账会计	总账会计	人力资源部、总经理助理	项目主管	市场专员	销售主管	客户经理		生产经理、车间主任	行政助理、行政秘书
	成本材料税务会计	稽核会计	薪酬福利经理(主管) 培训经理(主管)	高级研究员	市场调研	高级销售代表				
	出纳		绩效专员、招聘专员 培训专员、薪酬专员、劳动关系专员	研究员 研究助理	市场助理	销售代表	客户主管 客户主任、客户服务人员		生产计划协调 生产主管、高级技术员、技术员	行政专员 资料管理员、前台接待

(1) 财务职能。财务职能指企业财务在运行中所固有的功能。它来源于企业资金运动及其所体现的经济关系，表现为筹资、用资、耗资、分配等过程中的管理职能。它包括财务预测、财务决策、财务计划、财务控制、财务分析等。

(2) 人力职能。人力职能是人力资源管理职能的简称，是根据企业目标确定的所需员工条件，通过规划、招聘、考试、测评、选拔、获取企业所需人员。

(3) 研发职能。研发职能指从事新产品的研发和管理工作，根据市场的情况、制定公司不同阶段的技术策略及发展目标，研究行业技术发展趋势，探索新项目、新产品的可能性。

(4) 市场职能。市场职能指市场营销的功能和作用，具体包括商品销售、市场调查研究、生产与供应、创造市场要求和协调平衡公共关系五大职能。

(5) 销售职能。销售职能指销售部门岗位职责，包括正确掌握市场、定期组织市场调研、收集市场信息、分析市场动向、了解特点和发展趋势、确定销售策略、建立销售目标、制订销售计划、管理销售活动等。

(6) 客服职能。客服职能是客户服务职能的简称，一般分为售前服务、售中服务、售后服务三类。其中，售前服务一般是指企业在销售产品之前为顾客提供的一系列活动，如市场调查、产品设计、提供使用说明书、提供咨询服务等；售中服务则是指在产品交易过程中销售者向购买者提供的服务，如接待服务、商品包装服务等；售后服务是在商品出售以后所提供的各种服务活动。

(7) 产品职能。产品职能有时被称为生产职能，指根据企业的经营目标和经营计划，从产品的品种、产量、质量、成本、交货期等要求出发，采取有效的方法和措施，对生产人员、材料、设备、能源等资源进行计划、组织、指挥、协调和控制，确保按计划生产出满足市场需求的产品。

(8) 行政职能。行政职能指负责企业整体行政运作和管理，负责企业对外公共关系的维护，负责后勤管理以及企业安全保卫工作，维护企业形象、创造良好的办公环境等。

（二）职业发展六大水平

根据职责、能力和技能，美国职业发展理论家罗伊将职业发展分成六个水平(图5-7)，从低到高分别为：非技术，如清洁工人、守卫和服务员等；半技术，如司机、厨子、小贩、图书管理员和模特等；技术，如厨师、推销员、矿工、技术助手和职员等；半专业及低级管理，如护士、经销商、会计、记者和广告艺术工程师等；一般专业及中级管理，如人事经理、银行家、飞行员、教师和建筑师等；高级专业及高级管理，如社会科学家、心理治疗师、发明家、医师、法官和教授等。"职业水平"让我们超出"职能分类"的观点，了解到一个职位除了有类型的不同，还有发展水平的差异，二者共同组成了我们未来职业发展的水平空间。

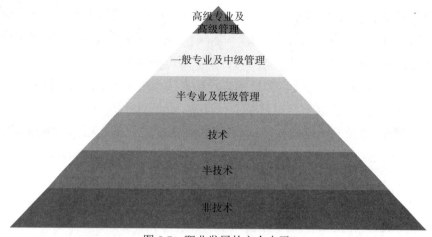

图 5-7 职业发展的六个水平

（三）专业和职业的关系

观点 1：专业和职业是一致的，学什么就是干什么，专业就是职业。

观点 2：专业和职业没有什么关系，学这个专业不一定从事这个职业。

以上两个观点反映学生对专业和职业关系认识存在明显的误区，部分学生对专业和职业之间的关系的认识还处于比较初级的阶段。事实上，专业和职业的对应关系非常复杂，从培养目标的制订上看，专业与职业一般是对应关系，但这并不代表学习某一专业就必须从事对应的职业，大量专业不存在这种对应关系。尤其是宽口径的专业和基础学科，如数学、物理、自动化、工商管理、金融学等，这些专业一般都有比较宽泛的职业分布。

对专业和职业关系的辨析首先要明确两者的概念。专业是指高等学校或中等专业学校根据社会分工需要而划分的学业门类。各专业都有独立的教学计划，以体现本专业的培养目标和要求。潘懋元、王伟廉主编的《高等教育学》将"专业"定义为：专业是课程的一种组织形式。薛国仁、赵文华认为，专业是指根据学科分类和社会职业分工需要，分门别类地进行高深专门知识教与学活动的基本单位，这个专业定义既有高深专门知识教与学活动(课程)的属性，又有分门别类地进行这种活动的基本单位(职业)的属性。职业是人们相对固定地从事的有一定专门职能的并取得经济报酬的工作，是人的生活方式、经济状况、文化水平、行为模式、思想情操的综合反映，也是一个人的权利、义务、职责和社会地位的一般体现。

王思峰、刘兆明的研究指出，学系与职业是多对多关系，一个学系对应多种职业，一种职业对应多个相关科系；学系与职业各有其分类的逻辑，两种逻辑的分类结果不会是单纯的一对一关系，也非树枝分流状的一对多关系，而是网状的多对多关系。也有学者指出，专业作为一种学科，与职业构成"手段与目的"关系；专业作为一种专门职业，与职业构成"特殊与一般"的关系。事实上，这些都是从学科角度分析的，专业与职业之间有网状般"多对多"的包容关系,一个职业需要多个学科专业作为支撑,一个专业也可能往多个方向延伸发展。具体到学生个人视角,专业和职业有以下四种对应关系:

(1) 专业包容职业。它指个人未来所从事的职业在专业包含范围之内。个人的职业发展一直在所学的专业领域内,选择的职业与学习的专业高度吻合,这是一种非常理想的状态,如很多学生高一选科和高报,乃至大学规划设计的"匹配状态";学习心理学专业的学生从事心理咨询的职业;学习汉语言文学专业的学生从事中学语文教师职业。这种生涯设计的学生可以遵循"先定点再聚焦"的发展策略,先选定可能从事与未来职业高度相关的专业领域,然后再聚焦学习,实现细分领域外显,打造专业集中度。结合刚才的例子,学习心理学的学生如果就业意向明确,应该结合就业意向选择心理咨询、生涯规划或人力测评等领域,然后打造某一个领域的专业优势。

(2) 以专业为核心,职业包容专业。它指个人未来所从事的职业超出所有专业领域。这种情况下,选择的职业与学习的专业虽然方向一致,但职业发展超出所学专业领域。例如,学习给排水科学与工程的学生从事土木建筑工程这个职业,除了掌握给排水设计之外,还要掌握土木工程、建筑设计等。这种生涯设计的学生可以遵循"先聚焦再延展"的发展策略,即个人职业规划设计以所学专业为核心,学好专业、向外扩展,通过选修、自学提高自己所从事职业应拥有的较为综合的素质。

(3) 专业与职业交叉。它指个人未来所从事的职业与专业存在交叉。这种类型的学生未来从事职业所要求的知识能力本专业是满足不了的。例如,学心理学专业的学生想从事高校辅导员职业。除了学好教育心理学、心理咨询学之外,还需要增加管理学、思想政治教育等知识。这种生涯设计的学生需要遵循"先定点再复合"的发展策略,个人的职业发展在所学专业基础上有重点地沿某一方向拓展。在学好本专业的基础上,辅修或自学自己规划要从事的其他专业课程。处于这种情况的学生可以考虑"辅修"专业或者通过外部培训、自学增加知识供给。

(4) 专业与职业分离。它指个人未来想从事的职业与所学专业基本无关,所学专业的某些方面在个人职业发展中有一定的重要性,但方向并不一致。例如,学软件工程专业的学生想从事人力资源职业。这种生涯设计的学生需要遵循"先定向再聚焦"的发展策略,需要尽快明确自己的就业方向,通过调整专业、辅修第二专业或者自学等形式打造满足未来就业的能力区域。

我们可以看到,专业和职业的对应关系既与本专业的学科设计有关,也与个人的职业规划密切相关。通常来讲,只有一些实践性或专业技能非常强的学科,如计算机专业、建筑专业、法学、医学等,学生毕业之后可能找到所谓"对口"的工作。对于大部分学科,尤其是人文学科类的专业基本没有所谓对口的工作,需要结合未来的职业发展进行能力的组合设计打造。所以,对于职业(工作)来说,很多时候我们是在做多选题,而不是连线题,是从很多的可能选项中去找一个相对最适合自己的选项作为自己的职业。所以，不要盲目地在工作和专业之间找这种一一对应的关系。

第二节　探索职业世界

当我们试图了解工作世界的时候，一般至少要了解两方面的内容：一是职业信息的内容(类型)，二是职业信息的获取方式。

一、职业信息的内容

要想清楚地了解一个职业的全貌，一般来讲，我们需要收集的职业信息包括四大类(表 5-6)：一是趋势类信息，需要全面了解职场(岗位、行业)的发展趋势和可能机会，预设应对的方式；二是数据类信息，需要掌握相关的就业、升学等数据，如 2022 年因考研报考人数(457 万)急剧增加(增幅 21%)，而招生数量(110.7 万)同比略减(0.7 万)，被称为史上"最难考研季"，部分高分学生落榜；三是体验类信息，需要增加对职位的实际感知和具体体验，这需要实际的岗位接触而获得，如适不适合当中学教师，只有通过真实的实习体验才能确认；四是技巧类信息，需要熟悉各种求职策略、技巧和方法等。当前，这些信息的收集不是一蹴而就的，大学生需要在日常的学习工作和生活中留意收集，从而形成对职业的直观认识。

表5-6　职业信息分类

序号	类别	说明	相关资料
1	趋势类信息	分析职场机会和风险，预设应对方式	留意收集职场趋势、动态，观察思考其给职场带来的影响。比如，中美贸易摩擦、互联网行业的"35 岁现象"、公务员招考录取比例变化、事业单位人事制度改革等；思考分析经济发展状况、社会传统和文化环境对人的职业选择的影响路径；理解工作岗位发生的变化，新增和消失的就业机会、雇佣关系的变化以及职场对技能要求的变化等
2	数据类信息	掌握每年全国高校毕业生的毕业去向、就业满意度、职业期待吻合度、毕业生起薪、工作与专业相关度以及毕业后的离职率、自主创业比例、红牌/绿牌专业等	《中国大学生就业报告(就业蓝皮书)》；《中国就业市场景气指数报告》(CIER)；北森《中国企业招聘指数(BRI)报告》；微信公众号"薪酬报告"所发布的各行业薪酬数据；第一财经发布的《城市商业魅力排行榜》

(续表)

序号	类别	说明	相关资料
3	体验类信息	各行业从业者对他们所从事的行业以及职业的评价，特别是主观感受方面。这些信息往往不易获得，却对职业选择至关重要	无
4	技巧类信息	熟悉各种求职策略、技巧，知道如何帮助来访者找到并获得工作职位，以及适应这一工作。因此，平时需留心收集各行业的入职门槛、简历撰写及面试技巧相关的信息，在必要时给予来访者具体指导	无

(资料来源：罗晓燕)

二、职业信息的探索分类

了解职业世界的四种方式(图 5-8)，具体包括：

(1) 搜一搜。通过企业官网、招聘网站、社交软件等搜索意向职位信息。

(2) 聊一聊。与父母、职场榜样、年长者、企业 HR(人力资源)等内部人员和重要他人沟通交流，从他人的经验中获取有益职位信息。

(3) 看一看。通过专业见习、参观参访、企业开放日等活动去职场体验学习，获取更加立体的职位信息。

(4) 试一试。通过实习实践、工作应聘获取相应岗位机会，通过实际的工作了解更加真实的职场。

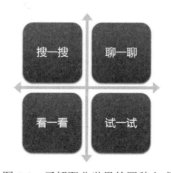

图 5-8　了解职业世界的四种方式

三、职业世界的探索方法

职业世界探索分类谈到的四种方式可以细分为以下更加明确的方式，各种方式在效率和准确性上各有优劣，我们可以通过表5-7获得更加详细的说明。

表5-7 职业世界信息获取方法

序号	获取方式	类型	效果	主要载体
1	互联网、电脑资讯等电子信息	可读信息(查阅)	效率越来越慢	学职平台； 职业信息集成类网站； 招聘网站，如智联招聘、前程无忧、应届生求职网； 投资机构网站； 知乎、微信、抖音等社交平台； 百度、新浪、今日头条等信息类网站
2	文字性资料及出版物			纸质或电子版的专业书籍、期刊杂志、行业研究报告等。具体可在搜索引擎中搜报告、研究、专题、案例等关键词，或者"公司名称+研究报告"，还可以加上"pdf"，完成更精准的搜索； 行业内主流期刊，由刊物组织年度的行业交流会、论坛等
3	视听材料			电影、磁带、幻灯片等
4	课堂教学		距离越来越远	通过课堂演示来获得职场认知
5	模拟招聘大赛	可感信息(接触)		模拟招聘大赛或职业生涯规划书大赛等校园实践活动
6	行业展览会			从行业展览会上，可以获得很多企业和岗位的具体情况，比如行业内都有哪些企业，各自的实力水平、具体产品的特点、人员状况等
7	招聘会或人才交流会			学校或社会组织的招聘会
8	生涯人物访谈(与家人朋友讨论)	可触信息(体验)	准确性越来越高	找到从事相关职业的资深从业者进行访谈，可以检验通过其他渠道所获信息是否准确、真实，有时还可以获知其他途径所无法找到的职业内幕信息。经常与猎头、HR交流，彼此共享信息和资源，也可以通过在行、领英、脉脉等职场社交平台有目标地结识相关从业者
9	实地参观			企业参访、校园开放日等
10	实习体验			专业见习或者较长时间的实习体验活动，像影子一样陪在员工身边观察他的工作表现，获得真实职场体验
11	工作实践			以工作者身份开展的真实的职场实践，获得实际工作经验

第五章
探索职业世界：拓展发展空间

通过职业世界的探索形成我们关于职业的理解，一般来讲，可以通过撰写职位说明书形成对职业的最终认识，可参考表5-8获得对IT工程师的理解。

表5-8 职位说明书

一、岗位标识			
岗位名称	IT工程师	岗位编号	
所在部门	人事行政处	薪资岗级	
拟定/日期	—	版本	V1.0
审核/日期	—	批准/日期	—

二、岗位使命
依据人事行政部管理职责和目标，在人事行政经理的领导下，制订和、完善计算机系统管理方案，拟订相应的技术方案，并具体组织实施，以确保公司计算机系统安全正常运行

三、岗位职责	
工作领域	具体工作职责
1. 计算机软硬件管理和维护	(1) 维护、修复计算机或网络设施，以确保网络设备处于良好的备用状态； (2) 建立或更新公司各岗位计算机硬、软件配置档案； (3) 申购公司所需的计算机、周边配套硬件及耗材，建立相关台账；对办公耗材的使用进行监督管理； (4) 负责公司员工电脑享受公司补贴的审查过程中技术部分的审核
2. 网络平台建立和维护	(1) 内部局域网、公司VPN专网的建设和安全管理； (2) 网络资源分配、权限管理、网络资源使用监督，确保信息安全； (3) 确保公司电子办公系统、办公电话系统、视频信息系统的维护和保养，保障公司各部门的正常使用； (4) 维护公司服务器正常运行并确保服务器数据安全
3. 培训和技术支持	(1) 制作信息系统使用的培训课件并开展培训； (2) 公司大型活动中提供设备运行支持； (3) 配合集团信息中心的各项系统升级等； (4) 负责公司信息系统的招标采购
4. 信息流程的管理	(1) 负责公司流程制度体系信息化的建设和维护； (2) 负责公司流程制度体系信息化的变更；
5. 其他	完成上级交办的其他工作

四、汇报关系		
层级	岗位名称	人数编制
直接上级	人事行政经理	1
直接下级	无	

(续表)

	五、工作联系	
内部联系	公司管理层、项目事务部、采购管理部、营销管理部、设计管理部、成本管理部、工程管理部、人事行政部、财务管理部	
外部联系	集团公司信息中心、通信运营商、IT设备服务商、信息系统服务商	

六、岗位权限

1. 对计算机及周边设施处理有技术评估权
2. 对违反公司计算机管理规定的员工有处罚建议权
3. 对计算机、信息系统、耗材采购有建议权

	七、职业通道	
晋升岗位	信息中心主任	
轮换岗位	—	
接任岗位	网络管理员	
降级岗位	网络管理员	

	八、任职资格	
学历及专业	本科以上,以计算机、信息管理或者信息类相关专业为主	
工作经验	(1) 3年以上工作经验; (2) 2年以上本职工作经验; (3) 1年以上管理岗位的工作经验	
知识要求(表示选中)	计算机维护知识	精通、熟悉、掌握、了解
	网络维护知识	精通、熟悉、掌握、了解
	房地产知识	精通、熟悉、掌握、了解
	信息系统管控知识	精通、熟悉、掌握、了解
专业技能	熟悉地产行业的信息系统建设、维护的常用工具;具备地产公司流程管理的经验及能力;具备大型信息化系统的实施能力,具备管理供应商、与公司各部门对接需求能力	
资格证书	具有思科(华为)工程师证或者大型软件厂商(SAP、用友、金蝶)高级顾问资格,或者担任地产公司信息工程师3年以上	
电脑水平	熟练掌握常用办公软件	
素质要求	(1) 督导能力、倾听与反映、以客户为本培养人才; (2) 监控能力、判断能力、影响力、创新能力; (3) 积极主动性、诚实、正直、坚韧性、专业学校能力;	

(续表)

素质要求	(4) 分析能力、建立自信、领导能力； (5) 团队精神、收集信息能力
九、工作环境	
工作场所	80%的时间在室内工作，20%的时间需要出差
工作设备	笔记本电脑
出差频率	从不；不超过 2 天/月；3～5 天/月
	6～10 天/月；11～15 天/月；15 天以上/月
加班强度	从不；1 天/月；2～3 天/月
	4～5 天/月；6～7 天/月；8 天以上/月

四、常用职业世界探索活动介绍

（一）我的专业去向地图

该活动主要通过信息收集、头脑风暴等方式，以小组合作的形式，探索本专业的就业去向，拓宽学生对职业世界的认知。

规则程序：

(1) 由 6～8 名学生组成一个小组，选出组长和记录员。

(2) 请收集关于本专业典型就业去向信息，进行汇总、合并和分析。

(3) 请绘制本专业典型就业去向地图，要求至少 8 个去向，符合本专业的实际，表达方式为"行业+组织+职位"。

（二）职业发布会

该活动主要是为了激发学生收集和分析职业资料的兴趣，扩宽学生的职业认知，提升学生的表达能力。该活动的讨论重点主要为收集信息的渠道和维度，请注意收集职业信息的准确性和全面性以及与自身的适宜性。

规则程序：

(1) 由 6～8 名学生组成一个小组——"职业资料发布会"项目组，选出组长和记录员。

(2) 每组选定一个与专业和生涯目标密切相关的职业，并通过多种途径收集职业信息。

(3) 将收集的职业信息通过海报、PPT 或者视频等形式进行制作，并以"新闻发布会"的形式发布。

(4) 发布会结束后，接受其他组的问询或者补充信息，各组之间相互打分。

(三) 职业生涯人物访谈

该活动主要是通过与一定数量的职场人士(通常是自己感兴趣的职业从业者)会谈而获取关于一个行业、组织(单位)和职业(岗位或职能)"内部信息"的一种职业探索方式。通过职业生涯人物访谈，学生可以了解该职业岗位的实际情况，获取相关职业领域的信息，进而判断自己是否真的对该工作感兴趣。对于没有工作经验和社会阅历的大学生来说，生涯人物访谈本质上是一次间接、快速、高效的职业体验，是了解职业的一个比较好的方法。

规则程序：

(1) 寻找生涯人物。结合自己的兴趣、技能、工作价值观、教育背景和已掌握的职业知识列出未来可能从事的几个职业，然后在每个职业领域寻找 3~5 位职场人士作为职业生涯人物。生涯人物可以是自己的亲人、老师和朋友，也可以是他们推荐的其他人，还可以借助行业协会、大型同学录或某个具体组织的网页来寻找其他职场人士。生涯人物选择注意事项：①职业生涯人物的职业应是自己向往的，且与个人发展方向一致；②每个职业领域的生涯人物应结构合理，既要有初入职场的人士，也要有工作了一定年限的中高层人士，一般为工作 1~2 年、3~5 年、6~10 年和 10 年以上人士；③正式访谈前，学生应该提前了解待访谈的职业生涯人物，包括姓名、职务、联系方式、工作内容等；④对于生涯人物的讲话、文章或者大众传媒和单位网页上可以获得的信息要尽可能收集和熟悉。

(2) 拟定访谈提纲。结合目标职业信息设计访谈问题，对生涯人物的访谈可以围绕行业、组织(单位名称)、职业(职位)、工作的性质类型、主要内容、地点、时间、任职资格、所需技能、市场前景、行业相关信息、工作环境、工作强度、福利薪酬、工作感受、员工满意度等要点进行。

(3) 预约并实地采访。预约方式有电话、QQ、电子邮件和普通信件等，其中电话的预约方式最佳。预约时首先要介绍自己，然后说明找到他的途径、自己的采访目的、感兴趣的工作类型以及进行采访所需要的时间(通常为 30 分钟左右)，确定采访的日期、时间和地点(注意：联系前的准备要充分，电话联系时应备好纸和笔，以备临时电话采访；联系时一定要有礼貌，时间要短)。访谈方式可以是面谈、电话访谈、QQ 访谈，最好是面谈。在面谈开始前，采访者一般可以用已经从其他渠道了解的生涯人物的好消息轻松地打开话题。之后就可以按设计好的问题开始访谈了。遇到生涯人物谈兴正浓时，采访者要乐于倾听，给生涯人物留出提供其他信息的机会。在访谈结束时，请生涯人物再给自己推荐其他相关的生涯人物。这样就可以滚雪球的方式拓展自己的职业认知领域。

注意：

① 采访前为自己准备个"30 秒的广告"，因为在访谈过程中生涯人物可能会问采访者的职业兴趣和求职意向。

② 面谈前应征求生涯人物的意见，视情况对谈话进行录音，或书面记录，或不记录。

③ 面谈一定要守时、简洁，不浪费他人时间。

④ 访谈结束后，对于不允许访谈现场记录的内容应迅速补记。

⑤ 采访结束后一天之内，要通过合适的方式表示感谢。

(4) 访谈结果分析。在一个职业领域采访 3 个以上的生涯人物后，用职业信息加工的观点来分析，与自己对该职业的认识进行比较，找出主观认识与现实之间的偏差，确定自己是否适合这一行业、职业和工作环境，是否具备所需能力、知识与品质，形成书面总结报告，进而详细地制订大学期间的自我培养计划。如果访谈结果与自己之前的认识严重脱节，就必须进入另一个职业领域，开展新一轮生涯人物访谈。

附录1：职业生涯人物访谈注意事项

(1) 访谈前要做好充分准备。

(2) 访谈中要注意着装和仪表，态度要和蔼、大方；要注意文明礼貌、措辞得体。

(3) 时刻注意安全问题，增强安全意识，提高防范能力，确保万无一失。

(4) 尊重被访谈者，注意保护他们的信息安全和个人隐私。

(5) 认真对待，不走过场，真正通过访谈达到探索职业的目的，为个人的职业定向和职业选择做准备。

附录2：职业生涯人物访谈通用提纲

(1) 您是如何找到这份工作的？

(2) 就您的工作而言，您最喜欢什么？最不喜欢什么？

(3) 您的职位是什么？您的主要职责是什么？

(4) 从事此行业的人都做些什么？

(5) 工作地点一般在哪里？

(6) 在行业内，从什么样的工作岗位做起能学到最多的知识、最有益于发展？

(7) 工作场所有哪些特征？

(8) 在工作方面，您每天都做些什么？

(9) 您在做这份工作时，日常面临的问题是什么、什么最有挑战性？

(10) 个人的主要成就是什么？最成功的是什么？

(11) 在这个职位上，如果想获得成功必须拥有并保持什么样的能力？

(12) 您目前还缺乏的必须改进的能力有哪些？怎么改进它们？

(13) 在您的组织中，能够在同样一个岗位上把成功和不成功区别开来的行为是什么？

(14) 您认为做好这份工作应该具备哪些知识、技能和经验？

(15) 目前，行业内要求从事这份工作的人具备什么样的教育和培训背景？

(16) 您认为什么样的个人品质、性格和能力对做好这份工作来讲是重要的？

生涯规划与人生设计

(17) 这项工作需要的个人品质、性格和能力同别的工作要求的有什么不同吗？

(18) 学校中的哪些课程对这个行业比较有帮助？

(19) 行业内，单位对刚进入该领域工作的员工一般会提供哪些培训？

(20) 在您的工作领域里，初级职位和略高级别职位的薪水一般是什么水平？

(21) 这个行业是否有季节性或地理位置的限制？

(22) 这个行业存在的困难及前景如何？

(23) 据您所知，有什么职业杂志、行业网站或其他渠道能帮助我深入了解这个领域吗？

(24) 您的熟人中有谁能够成为我下次采访的对象吗？可以说是您介绍的吗？

思考题

1. 请完成一份目标职业的"职业环境分析报告"，完成后你有什么新的思考？
2. 你的专业可能从事的职业有哪些？

第六章
科学决策行动：果断自主选择

前面的章节主要集中讲授生涯觉醒、自我认知和外部探索三个部分，学习这三个部分之后需要进行的便是生涯决策和行动。随着"新高考"的推动，"决策"最早开始于中学阶段，如高中生普遍面临着"选科""升学路径"和"高考志愿填报"三大典型决策场景，新一轮高考改革让学生对学业、职业甚至生活方式有了更大的选择权，如何协助学生做出适合自身发展的选择成了学校教育面临的"新课题"，也是青年大学生"人生考试"必答的"选择难题"。同样，大学生面临着专业分流、第二专业选择、考研就业考公、选职业、毕业后的职业转换等重大人生选择，这些都是与本章内容密切相关的决策问题。一般研究认为，与大学生教育密切相关的生涯节点有 7~8 个，这些生涯节点既是大学生发展的"关键点"，也是高校生涯教育乃至高校教育本身需要重点考虑的"教育点"。这些生涯节点虽让我们的"生涯之旅"时而困惑，时而焦虑，大学生好像随时都要面对人生发展的风暴、海流、旋涡……但若积极准备、主动应变，也会创设更多的发展选项，给自己带来无限的成长机会，实现人生直线加速甚至弯道超车。

无论你是一名辅导员、生涯规划师或者是一名大学生，你肯定遇到过这样的问题：我是继续考研还是当兵？我是本专业考研还是跨专业考研？我是考研还是考公？这几个就业单位我该去哪里？我是就业还是创业？这些都是大学生生涯发展中必然会遇到的典型生涯决策问题。从学科选择到专业选择，再到职业定向，如何帮助青年大学生在多项选择之间权衡利弊，做出最优的生涯决策成为生涯教育的一项工作重点，决策的有效与否直接影响到大学生的终身生涯发展。帮助学生了解决策这个复杂的认知过程，了解决策风格，掌握有效的决策方法，提升决策能力，对大学生的成长成才具有重要的意义。

第一节　生涯决策概述

决策的定义最初来自管理学，该观点认为，决策是为了实现特定的目标，根据客观的可能性，在占有一定信息和经验的基础上，借助一定的工具、技巧和方法，对影响目标实现的诸因素进行分析、计算和判断选优后，对未来行动做出决定。决策是人们在政治、经济、技术和日常生活中普遍存在的一种行为，是管理活动中经常发生的一种行为。在此基础上形成生涯决策的概念。

一、生涯决策的概念

吉普森研究认为，生涯决策是一个复杂的认知过程，通过此过程，决策者组织有关自我和职业环境的信息，仔细考虑各种可供选择的职业前景，做出职业行为的公开承诺。沈之菲认为，生涯决策是个人在多项选择之间权衡利弊，以达成最大价值的历程。综合来看，生涯决策看起来是一个选择行为，但实际上是个体在综合分析内外因素的基础上进行决策的过程。金树人教授区分了生涯决策(又称"生涯决定")的性质，能够帮助我们更好地了解生涯决策的本质，其主要观点对于我们理解决策的概念意义重大，具体如下：

(1) 决策的意义。任何生涯决策都将带来不同的发展方向。从个人角度来看，方向本身没有好坏之分，但有适合之别。存在主义大师萨特有句经典名言："我们的决定，决定了我们。"对目的的选择，由于赋予过去以意义并决定了将来的可能，从而成为自我的基础。由选择而赋予意义，不同的选择走向不同的未来。是出国、读研，还是工作？是创业、进入企业，还是选择科研？是留在大城市还是回到家乡？正确的决策能够引导学生达到成功的目标，错误的决策会让学生尝到失败的苦果。学生如何进行生涯选择在一定程度上决定未来的发展方向，这个性质告诉我们要高度重视每一个选择，并且增强选择的能力。

(2) 决策的纠结。决策通常不是一件容易的事情，它通常发生在直接导致利益或者损失的不确定性情境中，它意味着多种选择因素的取舍，意味着突然激增的认知信息，意味着人生发展的转折。生涯决策涉及人生重大问题，并且决策的反馈周期长，反馈成果隐性化，决策影响因素主观化，所以通常伴随着焦虑、冲突，做决策的过程也充满茫然感、无助感和压力感。例如，我们不知道从长短期看哪个选择好或不好？我们也不知道判断决策标准的正确与否等，有时候看起来已经有了一个决策答案，但还是会纠结不已。

(3) 决策的复杂。造成生涯决策困扰的根源在于决策问题影响因素的复杂性，正所谓"剪不断理还乱"。例如，一个考研与否的决定可能受目标期待、学业成绩、原生家庭、舍友影响、学习状态、考研学院等多种因素的影响。通常来讲，这些影响因素分化性和整合度均较差，它们"相互纠葛、混沌一片"，所以教师、生涯规划师或学生本人协助决策的一大技巧便是帮助学生进行澄清，将各种决策影响因素逐步分条明确、分层排布，并确定影响权重，有时候这种澄清的过程也是决策的过程。

(4) 决策的要素。决策涉及多种影响因素，这些相互关联的因素便形成"轻重"与"概率"。其中，"轻重"指的是决策时所考虑因素的"轻重"，"概率"是指选择项目成功的"概率"。金树人认为，从本质上讲任何决策都是"轻重"与"概率"的加乘考虑。例如，某个就业单位的选择可能涉及行业发展、公司性质、职位性质、兴趣匹配、能力匹配、地域分布、薪资待遇和未来机会等多种因素，学生必须澄清这些决策要素，并经分析、斟酌，确定各种因素的"轻重"。另外，"概率"是造成不确定感的主要原因，很多学生对"概率"的判断来自主观感觉，而不是客观事实。引导学生分清因果，做出理性推论在一定程度上可以加速决策。例如，一个学生不确定选择哪个选项，逐一对每个选项做因果推断，引导分析各个选项的科学性和合理性，在一定程度上也能够解决这个学生的决策问题。

二、影响生涯决策的因素

虽然人们在生涯决策中本能地喜欢使用"个人生涯理论"(PCT)来解决生涯问题，进行生涯决策，但实际上，生涯决策涉及多种影响因素，无论是学生的专业选择、职业选择，还是人生的选择，我们都需要对内外部信息进行全面、客观的了解。安妮·罗伊一生致力于阐明与生涯决策有关的复杂事实，解决人们选择某种特定职业的原因。她用12种因素来解释一个人的职业选择，这12种因素又可归为4个不同的类别。她将这些因素整合为一个代数公式，称为"罗伊职业选择公式"，即

$$职业选择=S[(eE+bB+cC+)+(fF,mM)+(lL+aA)+(pP\times gG\times tT\times iI)]$$

说明：

S=性别。

第一组：E=总体经济状况，B=家庭背景，C=机遇。

第二组：F=朋友，同伴群体，M=婚姻状况。

第三组：L=一般的学习和教育，A=掌握的特定技能。

第四组：P=生理特点，G=认知能力或特殊天赋，T=气质与个性，I=兴趣与价值观。

接下来，我们对生涯选择公式逐一进行分析：

(1) 大小写字母的区别。罗伊使用小写字母来表示调节系数，用来表明12个用大写字母表示的"一般因素"会如何在特定的时间点及个人所处的独特环境中受到"个人独特品质"的影响，每个人的公式都是独特的，这些大小写字母既说明了影响生涯选择的一般因素，又表明了影响生涯决策的个体特点。在实际的生涯决策中如何在看似理性的

公式面前导入个体因素是实现理性决策的一个必然过程，也是很多决策工具看起来很科学但不好用的原因，根本原因就是没有带入个人变量去考虑。

(2) 总调节系数的说明。罗伊没有在 S(性别)因素前面添加调节系数，但 S 因素却是影响其他所有 11 个因素的总调节系数，表明性别在一定程度上影响职业选择。从经验上来讲，不同的行业或者职业对性别是有一定的要求的。

(3) 四组影响因素。罗伊将影响职业选择的因素分为四组：

第一组是关于个体的客观现状，如财富、背景、大环境等，这是人们无法控制的因素，只能接受；

第二组是个人的人际支持系统，需要人们努力去发展；

第三组是个体习得的知识和可使用的技能，这事关个体的学习经历和实践经验；

第四组是个体生理特点、天赋、个性、价值观，这是个体内在的特质。

"罗伊职业选择公式"既能帮助我们更加充分地理解错综复杂的生涯选择，也能帮助我们解释职业生涯发展和职业选择艰难的根本原因，从而帮助我们更好地解释和指导学生的职业选择。罗伊的"亲职理论"强调了遗传基因与原生家庭教育对孩子的影响至关重要，不同的个体，受原生家庭和个人成长经历的影响，其发展存在明显差异，但其在职业选择公式中也加入了后期的教育习得和个人品性的多个因素，预留了其他发展的可能性，我们大学生应该立足于个人的现实心理需求、兴趣和特长，发展技能，提高认知能力，澄清自己的兴趣、价值观、技能，了解职业知识，认识职业世界，进而提高职业生涯的决策技能，并学会控制自己的职业生涯，从而更好地发展自己的职业生涯。

三、生涯决策风格

生涯决策的影响因素众多，由于在生活背景、教育背景、家庭支持、知识状态、兴趣、性格等方面的差异，每个人在决策过程中会表现出各不相同的风格类型和决策特点，这就是我们要讲的生涯决策风格。生涯决策风格是指个体在长期的生涯决策过程中形成的比较稳定的决策倾向。不同的生涯决策风格对决策结果影响重大，其主要表现在：拥有不同决策风格的人在制定决策方式时对决策的步骤有不同的偏好；不同决策风格的人对行动的迫切性有不同的反应，他们在对待风险的态度与处理问题方面各有差异。从这个角度来看，了解决策风格(活动 6-1)对于理解人们的决策至关重要。

评测你的决策风格

请回想迄今为止在你人生中的 3 次重大决定，并挑选其中一项按以下提纲予以

第六章 科学决策行动：果断自主选择

描述：

　　Environment：目标或当时的情境；

　　Option：你所有的选项；

　　Decision style：你的决策方式；

　　Choice：你最终做出的选择 C；

　　Evaluate：对结果的评估。

请根据自己对重大决定的描述，总结一下自己在做决策时的特点。

按照不同的标准有不同的决策风格分类。

（一）按照决策时对自己和外部环境的了解程度分类

按照决策时对自己和外部环境的了解程度分类是比较典型且有影响的决策风格。它来源于丁克里奇(Dinklage)的研究，他区分了 8 种典型的决策风格(表 6-1)，这 8 种决策风格均与对自己和外部环境的了解程度有关，又表现出相对独立的特征，其方案分类清晰、描述准确、易于掌握，但是不同的分类之间也存在一定的交叉。

表6-1　丁克里奇8种典型的决策风格（"八分法"）

序号	决定类型	环境		自己		行为特征	口头禅
		已知	未知	已知	未知		
1	延迟型		√		√	这种类型的人经常迟迟不做决定，或者要到最后一刻才做决定	着什么急
2	宿命型	√			√	自己不愿意做决定，把做决定的权利交给命运或别人	船到桥头自然直
3	顺从型	√			√	这种类型的人自己想做决定，但是无法坚持己见，会屈从权威的决定	他们都这样干，我也这样吧
4	麻痹型		√		√	这种类型的人可能是害怕做决定的结果，也可能是不愿意负责，选择麻痹自己，不做决定	我不决定就不会失败
5	直觉型		√	√		根据感觉而非思维做决定，大多数情况下只考虑自己想要的，而不在乎外在的因素	我觉着……，我以为……
6	冲动型		√	√		不考虑其他选择或进一步收集信息，遇到第一个选择就紧抓不放	想这么多有什么用

(续表)

序号	决定类型	环境		自己		行为特征	口头禅
		已知	未知	已知	未知		
7	犹豫型	√			√	由于选项太多,无法顺利做出选择,经常处于摇摆不动的状态,下不了决心	我就是拿不定主意
8	计划性	√		√		做决定时倾听自己内在的声音,也考虑外在的要求,按部就班,理性决策,完成生涯转换	理性思考,满意决策

这8种典型的决策风格根据生涯决策时的典型行为特征进行描述归类,每个人的决策风格不同,职业生涯决策的过程就会有所不同,但没有任何一种决策风格具有绝对意义上的好坏之分(表6-2),关键是对自己的决策风格要有正确的认识,努力做到扬长避短,针对不同的情况,采用不同的决策类型,做出不同的决策结果。例如,延迟型的决策者虽然拖延决策,但是往往深思熟虑、充分酝酿,他们一旦决策,就不轻易改变,为了提高决策速度,通常可以采用"设定截止日期"的方法;宿命型的决策者看上去超脱自然,容易拥有平和心态,但有时候需要增加把握命运的主动决策行为;顺从型的决策者高度依赖权威者,他们可以利用权威者经验丰富、久经沙场的优点提高决策的正确性;麻痹型的决策者通过回避问题而避免决策,能够减少问题的发生量,但应该主动面对问题;直觉型的决策者依靠感觉而非思维做决定,有时候能打开未知的新大陆,有"得来全不费工夫"的意外之喜;冲动型的决策者带来了快速的决定和高效的行动,可以通过适当控制决策的速度来提高决策的准确性;犹豫型的决策者虽然表现得慢慢腾腾,但耐心细致、思虑周全;计划型的决策者崇尚理性,拥抱因果,看上去很科学,但是由于现实中影响决策的因素众多,有时候只能在有限理性的环境下做出满意决策,这种类型的人应该避免追求完美状态。

表6-2 常见决策风格的差异

类型	时间		信息		自主性		连续性	
	早	晚	充分	缺乏	自主	依赖	一致	多变
延迟型		√	√		√		√	
宿命型		√		√		√	√	
顺从型		√	√			√		√
麻痹型		√	√			√		√
直觉型	√			√	√			√
冲动型	√			√	√			√

(续表)

类型	时间		信息		自主性		连续性	
	早	晚	充分	缺乏	自主	依赖	一致	多变
犹豫型		√	√		√			√
计划型	√		√		√		√	

总之,我们要尽可能完善自己的决策类型,培养和提高自己的决策能力,尽可能做出科学合理的决策。

(二) 按照决策时的价值追求分类

按照决策时的价值追求分类,可将生涯决策分为四种类型,即期望型、安全型、逃避型和综合型,每个类型形成自己独特的风格。

(1) 期望型。这种风格的人在生涯决策时通常将自己最看重的东西放在首要位置,他们选择自己最希望得到的东西。比如,有的学生有"传媒梦""名校情结",这促使其将考研意向学校定为中国传媒大学,至于自己的学业成绩、考研难度就完全不考虑;有的学生喜欢当领导,看重权力就选择考公务员。

(2) 安全型。这种风格的人在生涯决策时通常考虑安全稳定、生活保障、容易成功、变动性不强的职业。例如,有的学生对稳定性有要求,于是选择看起来稳定的职位,如教师、公务员、事业编。

(3) 逃避型。这种风格的人在生涯决策时通常排除自己明确不喜欢的部分,这种风格和"期望型"恰恰相反,期望型因为自己想要的部分做出选择,逃避型因为回避自己不想要的部分做出选择,这种类型的人实际上有时候并不知道自己真正喜欢什么。

(4) 综合型。这种风格的人在生涯决策时通常考虑多方面的要素,不只是突出某一主导要素或者回避某一逃避要素,他们通常在综合多维度因素的基础上做出正确选择。例如,一个学生在面临推免到本校读研和某市国税局两个决策选项时,综合个人能力、兴趣、性格和未来发展等多种要素,确定到某市国税局工作,然后读在职研究生继续提升学历。

四、生涯决策制定者的类型

虽然我们学习了决策理论或决策工具,但好像仍不能做出有效的决策。生涯决策技巧本身简单易学,难点在于用技巧将"人"代入。决策的每个选项、每个因素都带着个人的个性倾向,如兴趣、性格、能力和价值观,也埋藏着许多外在的社会变量。在个体咨询的过程中,有些来访的学生已经报告确定了生涯目标,但有时候看起来仍然犹豫不定。有时候我们很难区分一个人是否已经决策。彼得森、桑普森和里尔登对此进行研究，确定了生涯决定者的三种状态，分别是已决策者、未决策者和迟疑不决者，对其详细介绍如下。

(1) 已决策者。已决策者指那些在职业或者生涯选择上已经做出决定的人。他们独立地将自我知识和社会知识进行整合，制定出让自己和社会都感到满意的决策，明确生涯发展的方向。虽然已经决策，但是必须明确该决策是否让决策者已经满意。有些决策是决策者满意的；有些决策可能只是为了免除继续生涯探索的烦恼；有些决策是为了免于父母催促，草草决定；有些决策是因受压于毕业前要找到一个工作。按照玛西亚的"自我同一性"理论，他们表现出低探索和高承诺"同一性早闭"现象，这类个体没有体验过明确的探索，但却做出了承诺，这种投入基于父母或权威人物等重要他人的期望或建议，他们接受了权威人物预先为他们准备好的同一性。我曾咨询过一个案例，一名学土木工程的大一女生，在兴趣(RSE)、性格(ESTJ)、价值观上和土木工程专业非常匹配，自身也有往房地产或建筑业方向发展的想法，但是受父亲想让其做公务员的影响，转专业到了汉语言文学专业。暂且不去评估转专业的优劣，该生在没有对本专业充分探索的基础上，因为一个汉语言文学"好考公务员"的粗略印象而进行了跳转，就是典型的"探索不够承诺来凑"的"已决策者"了。

这么来看，"已决策"既包括一种客观的决策状态，即是否做出了一个生涯决定，也包括一种主观的决策状态，即是否感到舒服、满意。依据此标准我们可以将其区分为已决策且满意者和已决策但不满意者两种类型。前者属于一种最理想的状态，他们的生涯任务是进一步确认自己的选择并采取有效行动——执行选择；后者虽已经做了一个决定，但对所做决定不满意，他们的生涯任务便是调试心态，接纳现在的决定或者修正现有的决定。

(2) 未决策者。未决策者指那些还没有在职业或者生涯选择上做出决定的人。造成未决策的原因很多，有的人是因为尚未思考该话题，有的人是因为适合他们的方向较多而不好选择，有的人可能害怕决策带来的风险而延缓决策。同样，根据主、客观决策状态的划分标准，该类型可以进一步分为"未决策但满意者"和"未决策且不满意者"两种。"未决策但满意者"因没有一个明确的决定且没有因此感到不适，他们处于生涯的不觉状态，暂时没有意识到需要做出生涯决策，明确发展方向的需要，他们面临的生涯任务是唤醒生涯意识，认识到生涯规划的重要性，这也是我们在第一章讲述的内容。"未决策且不满意者"因没有做出一个生涯决定，感到非常不满意。他们面临的生涯任务是进一步探索，增进自我知识和外部认知，从而协助未来做出有效的决策。需要说明的是，这种类型的决策者虽然没有决策且不满意，但是大多数人处于人生的转折阶段，面临着重大的生涯选择，他们的生涯决定需要"启动"金树人提出的"分化再统整"的过程，我们要鼓励他们接受"不满意"的状态，经过探索和澄清后，这种紊乱、心乱如麻的情绪状态会慢慢稳定下来，各个选项浮出水面，渐渐明朗，最终做出让自己满意的决定。

(3) 迟疑不决者。除了"未决策且不满意"这种决策状态之外，还有另一类决策者，他们被称为"优柔寡断者"，在一定程度上他们都属于未决策者的状态。具体来说，既没有决策，也不满意，这种类型的决策者不仅无法完成决策，而且迟迟不去做决策，他们通常选择无限期拖延决策或者将决策的责任转嫁给别人。例如，有的学生在几个考研目标学校之间犹豫徘徊，有的学生到了 11 月份、12 月份还未做决定，他们通常通过延缓决定来逃避决策风险，避免失败。

这种对决策者状态的划分，方便我们了解决策者所属的状态，有利于为不同的决策者类型提供有针对性的帮助，但是这种主客观标准的划分并不是绝对的，因为不同类型的决策者、不同的决策问题、不同阶段的生涯问题会表现出不同的决策状态。

五、决策困难的等级

制定个人决策对某些人而言非常困难，有些人在生涯决策过程中会表现出优柔寡断、生涯不决和决策困难等问题，这会对个人的职业生涯发展产生重要的影响。造成决策困难的因素到底是什么？什么因素会干扰我们做出有效决策？对这些问题的意识和觉察能够帮助我们采取有效的措施，以便成功地进行生涯决策。学者加蒂、克劳兹和奥西普以决策和信息加工理论为基础，将生涯决策的过程划分成几个不同的成分，用来辨识在不同决策阶段引发生涯决策困难的认知因素。他们认为，每个成分都由各种困难构成，依据理论总结和实证研究，他们将这些困难按层级划分成 3 大类 10 小类。

(1) 缺乏准备性。该决策模型包括缺乏动机、犹豫不决、不良信念。

(2) 缺乏信息。该决策模型包括对决策过程缺乏了解、对自己缺乏了解、对生涯缺乏了解以及对获得其他信息的途径缺乏了解。

(3) 不一致信息。该决策模型包括不可靠的信息、内在冲突以及外在冲突。

缺乏准备性发生在决策过程之前，缺乏信息和不一致信息则发生在决策过程之中。该决策模型从决策困难的角度探讨职业决策问题，易于理解，尤其适用于面临很多选项时以理性的方式做出职业选择的情况。Gati 等研究编制了生涯决策困难问卷，为了方便查阅，我们将决策困难的 3 个维度与问卷对应起来(表 6-3)，该量表在我国大学生群体中具有一定的适用性。

表6-3 Gati生涯决策问卷维度及对应题目

类型	主要维度	序号	相关问题
缺乏准备性	缺乏动机	1	我知道我必须选择一个职业，但现在我还没有做决定的意愿
		2	工作并不是人生中最重要的事，所以选择职业这种问题并不太让我担心

(续表)

类型	主要维度	序号	相关问题
缺乏准备性	犹豫不决	3	我认为不必现在就选择一个职业，因为随着时间的推移，我自然会做出"正确的"职业选择
		4	对我而言，做决定通常是困难的
		5	我通常觉得自己的决定需要得到专业人士或者自己信赖的人的认可和支持
		6	我总是害怕失败
	不良信念	7	我喜欢按照自己的方式做事
		8	我希望进入我所选的职业，它也能解决我的一些个人问题(如人际关系、家庭和感情等)
		9	我认为只有一个职业适合我
		10	我期望，通过选择的职业可以实现我全部的抱负理想
		11	我认为职业选择是一次性的决定和终生的承诺(一旦选择一份职业就不能再考虑其他，也不能更换)
		12	我总是按照别人的要求去做事，即便这样做与我个人的意愿相违背
缺乏信息	对决策过程缺乏了解	13	我不知道要采取哪些步骤
		14	我不知道需要考虑哪些因素
		15	我不知道如何将有关自身的信息((如自己适合做什么)和不同的职业信息(如不同职业对人的要求)结合在一起
	对自己缺乏了解	16	我还不知道我对哪些职业感兴趣
		17	我还不确定我的职业偏好(如我想要什么样的人际关系，我喜欢什么样的工作环境，工作中发挥哪些专长)
		18	我不太了解自己的能力(如数字能力、语言能力等)或者性格特质(如坚毅、主动、耐性等)
		19	我不知道，将来我的能力或性格特质会是什么样的
	对生涯缺乏了解	20	我对现有职业或培训项目的种类不太了解
		21	我对自己感兴趣的职业或培训项目的特点不太了解(如市场需求、薪水、升迁机会、工作性质等)
		22	我不知道未来的职业会是什么样的(如发展前景、市场需求等)
	对获得其他信息的途径缺乏了解	23	我不知道如何获得有关个人更多的信息(如我的能力或性格特点)
		24	我不知道如何获得有关现有职业和培训项目，以及有关它们特点的准确的和最新的信息

(续表)

类型	主要维度	序号	相关问题
不一致的信息	不可靠信息	25	我经常改变我对工作的偏好(如有时我希望自己当老板,有时却希望被人雇用)
		26	我获得的有关个人能力或性格特征的信息有相互矛盾的地方(如我相信我对其他人很有耐心,但别人说我没耐心)
		27	我获得的有关某种职业或专业培训是否存在及它们的特点等信息有相互矛盾的地方
	内在冲突	28	好几种职业对我都有相同的吸引力,从中选一个对我来说很困难
		29	能录用我的职业或培训项目不是我喜欢的(人家看中了我,我看不中人家)
		30	我感兴趣的职业也包括了一些令我不喜欢的事(如我喜欢机械,但是不愿学那么多年)
		31	我喜欢的职业特点不能全部集中在一个职业中,但是我不愿意放弃任何一点(如我想做一个自由职业者,但是我也想拥有稳定的薪水)
		32	我的能力和技术与我感兴趣的职业的要求不相匹配
	外在冲突	33	我周围重要的人(如父母、老师或朋友等)不同意我所考虑的职业选择或我期望的职业特点
		34	不同的对我很重要的人推荐给我应该选择的职业,或者他们认为我应该考虑的某些职业特征有相互矛盾的地方

第二节 生涯决策的理论

认知信息加工理论(Cognitive Information Processing Theory,CIP)认为生涯发展就是看一个人如何做出生涯决策以及在生涯问题解决和生涯决策过程中如何使用信息,他们尝试从信息加工取向看待生涯问题解决,他们认为个体内在对信息处理的历程是个体进行有效生涯抉择的重要条件。这个观点为生涯辅导学者提供了一个新的视角:从关注生涯选择结果的恰当与否到关注生涯选择的历程,这也成为了解如何进行生涯决策的一个重要理论。该理论模型在生涯咨询诊断过程中可以帮助咨询师快速定位来访者的问题,抓住工作的重点,形成有效的解决方案。

一、主要假设

1991年，盖瑞·彼得森、詹姆斯·桑普森、罗伯特·里尔登合著的《生涯发展和服务：一种认知的方法》一书阐述了一种思考生涯决策和生涯发展的新方法，后来被称为认知信息加工理论。这种方法基于以下基本假设：

(1) 生涯选择以认知与情感的交互作用为基础，既包括生涯决策的知识层面，也包括接纳这个历程的情感层面，生涯是理性与感性交互作用的结果。

(2) 进行生涯选择是一种问题解决活动，它包括问题的起始状态、目标状态和问题空间。问题解决就是缩小问题空间的过程。除了更加复杂和含糊之外，生涯决策问题和其他数理化问题的解决大概一致。

(3) 生涯问题解决者的能力取决于知识和认知操作，这个知识包括对自我的知识和外部的知识，如学科、专业、大学和职业等。这个认知操作指的就是我们的决策过程和元认知。

(4) 生涯问题解决是一项记忆负担繁重的任务，以选择职业为例，它要调用并同时处理来自自我(如兴趣、性格、技能、价值观等)和外部(如行业、组织和职业)的信息等。

(5) 生涯决策要求有动机，我们要有主动的生涯意识和积极的生涯关注。

(6) 生涯发展包括知识结构的持续发展和变化。这里的知识结构同样指的是自我知识和外部知识(以职业知识为主)，由于自我和环境都在不断改变，这些图式结构也在不断地成长和改变，生涯发展持续进行。

(7) 生涯认同取决于自我知识，生涯认同的定义为"自我知识记忆结构的发展程度"，生涯认同是自我知识里面图式的复杂性、统整性及稳定性的函数。

(8) 生涯成熟取决于一个人解决生涯问题的能力，这个能力来源于一个人对自我知识和外部知识的统合，表现为一个人独立而负责地做生涯决定的能力。

(9) 生涯咨询的最后目标是促进来访者信息加工技能的发展，提高来访者的决策能力。

(10) 生涯咨询的最终目的是增加来访者作为生涯问题解决者和决策制定者的能力。

综合以上10条假设，生涯辅导的本质就是提供信息加工的能力，它包括两条主线：一是自我知识和职业知识越来越丰富、越来越清晰；二是统整这些知识的认知历程更加精细，这些都提供了生涯决策的基础。

二、理论模型

认知信息加工该理论把生涯发展的过程视为学习信息加工能力的过程。该理论的提出者按照信息加工的特性构成了一个信息加工金字塔(图 6-1)。位于塔底的领域是知识领域，包括自我知识和职业知识，其中自我知识包括价值观、兴趣、技能以及相关的个人特性，职业知识包括了解特定的职业、大学专业和工作及其组织方式；塔的中间领域是决策技能领域(程序)，包括沟通－分析－综合－评估－执行五个阶段；塔的最上层领域是执行处理领域(执行控制运算)，也称为元认知，是一个人所具有的关于自己思维活动和学习活动的知识及其实施的控制，是任何调节认知过程的认知活动，即是任何以认知过程与结果为对象的知识，包括自我言语、自我觉察、控制与监督。

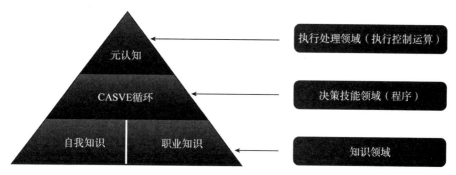

图 6-1　信息加工金字塔模型

信息加工金字塔模型能够提供人在解决生涯问题和进行生涯决策方面有效性的相关信息。例如，了解我们对自己是否了解(自我知识)、对外部知识是否清晰(学科、专业和职业等)、决策技能是否薄弱(CASVE 循环)、决策时是否有非理性信念或消极思维。又如，当学生来访时，如果是"我不知道自己能干什么工作？""我也不知道自己到底适合干什么工作？"这一类的问题，我们可能判断学生缺乏自我知识，在金字塔的左下端，这时候我们的工作重点是帮助来访者澄清他的兴趣、能力、性格和价值观，探索本专业可能对应的职业世界。如果是"我学的这个专业能干什么？""这个行业的发展前景怎么样？"这一类的问题，很显然是职业知识的缺乏，在金字塔的右下端，这时候我们的工作重点是帮助来访者探索行业、组织和职业信息，如让他做生涯人物访谈、企业参访和实习等。

三、决策程序

在进行重大决策时，为了降低风险，尽可能充分地考虑到决策所涉及的各方面因素，我们通常使用的一个决策程序就是 CASVE 循环(图 6-2)，它确定了做决策的五个基本步骤，即沟通(communication)、分析(analysis)、综合(synthesis)、评估(value)与执行(execution)，在一定程度上可以优化我们的决策程序，提升决策能力。

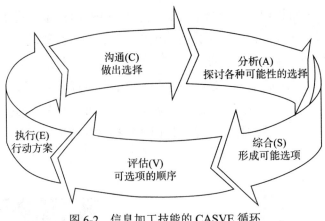

图 6-2　信息加工技能的 CASVE 循环

(1) 沟通：识别问题所在。意识到问题是解决问题的第一步，只有先意识到问题，这些问题才能被解决。沟通是决策过程的第一个阶段，主要是识别出相应的问题及其本质，因为在这个阶段我们会发现关于理想与现实情境之间存在差距的信息。这些信息可能通过各种交流途径传达给我们，如身体信息(如疲倦、头疼、瞌睡等)、情绪信息(如厌恶、焦虑、紧张、失落等)、外部消息(他人传递来的各种信息)。例如，有的学生开始思考"毕业了去哪里工作"，使我意识到这是一个需要做出选择的阶段。在这个阶段，我们从认知上(对现状和期待的看法)和情绪上(感受如何)与问题充分接触。当我们充分意识到这些沟通交流时，说明存在一个问题或差距，而且已经不容忽视，然后我们开始分析问题的根源，探索问题的成因，找到问题的根源所在。又如，大一学生(尤其是成绩差点的学生)在专业分流的时候普遍存在着一种情绪上的紧张状态，他们不确定自己能否被分到自己喜欢的专业，作为班主任或者辅导教师，在大一新生刚入学的时候可以通过模拟专业分流活动，澄清喜欢的专业方向和主导分流的影响因素，如成绩和志愿，让学生为未来做准备，保持学习动速。

(2) 分析：考虑各种可能性。分析是决策过程的第二个阶段，主要是思考各种可能性，寻求潜在的选择项。因为在这一阶段，好的问题解决者往往会花时间进行充分的观察、思考、研究，从而更充分地了解现实与理想之间的差距，同时他们会有效地做出反应。他们经常会提出一些问题并自己尝试回答，如要解决这个问题我需要探索自我的哪些方面？要探索外部职业环境的哪些方面？我的重要他人怎样看待我的选择？好的决策者不会用冲动行事的方式(冲动型决策风格)来减少在沟通阶段所感受到的压力或痛苦，因为冲动、盲目行事只会是低效或无效，甚至可能导致问题恶化。这是"了解自己和各种选项"的阶段，应尽可能了解所有可能导致差距(问题空间)的相关因素，明确自己的决策风格，确认自己是否已经理解如何把自我认知和职业信息相结合。

(3) 综合：形成各种选项。综合是决策过程的第三个阶段，主要是形成各种可能的选择项，因为我们将在这一阶段对分析阶段提供的信息进行综合梳理，从而制订消除问题或差距的行动方案,基本任务是"为了解决问题我可以做些什么"。这是一个"扩展或缩小我的选择清单"的阶段,我们应尽可能扩展问题解决的可选择清单,发散地思考每一个可能的问题解决方法。我们要列出大致能符合自己的兴趣、价值观或技能的所有可能的职业或专业选择,对其进行仔细的梳理,再删减一些"不太合适"的方案,最终浓缩成3~5个解决方案。这个"综合的过程"基本经过扩大再缩小的过程,扩大过程被称为"综合细化",指尽可能拓展解决问题的备选清单,发散性地思考每个可能的问题解决方法(头脑风暴法);缩小的过程被称为"综合结晶",指将选择清单缩减掉更少的数目,通常保留3~5个选项。我们需要注意,这个分析和综合阶段需要反复核查信息和决策过程的质量,判断的标准是:前两个阶段提及的差距或问题可以被消除。

(4) 评估:对选项进行排序。评估是决策过程的第四个阶段,主要是对前面所形成的解决方案进行选择,其实就是"选择一个职业或工作"的过程。首先,评估每一种选项对决策者本人和他人的可能影响,分析各选项的优点和缺点,权衡各自的利弊。其次,根据前面的分析,对综合阶段得出的各种选项进行排序。也就是从可行性和满意度两方面评估信息,将所有的选项进行排序,根据各选项的排列位次选出一个最佳方案,并且制订出详细的实施计划,在情感上和行动上都做出承诺,将其变为现实行动。此阶段,职业决策的问题也就基本上得到解决。

(5) 执行:采取行动解决问题。执行是决策过程的最后一个阶段,主要是通过具体行动来执行相应的方案,将其变为现实。我们将根据实施计划把自己的选择转换为实际行动。执行包括形成"手段—目标"的联系,以及确定一系列逻辑步骤,以达到目标。考虑到评估阶段得出的结果,这是把第一选择作为决策目标重新建构,然后关注那些有助于达到目标的具体的、积极的事物的过程,这是"实施我的选择"的阶段,可用选定的最佳实施方案来解决问题。

以上就是经典的CASVE循环五个阶段,有以下两点需要补充和提醒:

(1) 任何生涯决策问题的顺利完成都有赖于五阶段中的每一阶段的成功,整个过程的好坏取决于最糟糕的那一阶段。在这个过程中,有3处最容易出问题:一是在沟通阶段,人们有时候无法承受面临的问题,常常感到焦虑、迷茫、抑郁等,以至于始终无法进入分析或综合状态;二是在评估阶段,在缩小选择范围后,无法对其中的一个做出承诺,也常常感到挫败、焦虑等;三是在执行阶段,虽然做出选择,人们还是很难付诸行动。因此,要想成功进行生涯决策,必须集中精力将CASVE循环的每一个步骤都完成好。

(2) 生涯决策的过程中经常要经历"沟通再循环"的过程。CASVE循环过程是一个自身不断重复的持续过程。在执行阶段之后,个体又回到沟通阶段,以确保已经确定的选择是否良好,尤其要重点检查现实与理想状态间的差距是否已经确实被消除。这是一个"知晓我已经做了一个好的选择"的阶段。决策过程无论是对解决个人问题,还是对解决团体问题都非常有用。用系统的方法思考这五个步骤，能够提供一个有用的工具，它能使你成为一个更有效率的人，成为一位高效的生涯决策者。

四、决策信念

要想成为一名有效的生涯问题解决者，我们必须认为自己在这一领域是胜任的、有能力的，必须对自己的决策技能做出积极的自我评价，有决策的自我效能感。而在实际的生涯问题解决过程中，我们却存在很多消极的自我对话："每一次面临选择，我都做不好""我永远是一个失败的决策者""我本应该做出更好的决策"。这些类似自言自语式的内在对话叫自我对话，它是内在思维的表现，上述例子被称为生涯决策中的不合理信念，会产生消极的自我对话，阻碍有效的生涯决策。自我对话对应着信息加工金字塔模型(图6-1)中的执行加工领域，是元认知的三大分类之一，这个元认知是指对认知过程的监控和调控，是对认知过程的觉察，它知道让我们何时启动CASVE循环，何时获取更多有关自我知识的信息，以及如何执行选择。对决策信念的了解有三个过程，详细介绍如下：

(1) 认识不合理信念。认识不合理信念指的是个体内心中不现实的、不合逻辑的、站不住脚的信念，即那些绝对化的、过分概括化的和极端化的思想认识，这些思维的内容受某些原则的指导，这些原则就是我们常说的信念。通常，积极的信念会带来积极的自我对话，强化积极的行为，促进生涯决策；消极的信念会带来消极的自我对话，阻碍有效的生涯决策。

(2) 辨别不合理信念。有些人对自己和工作世界抱有消极的、自我挫败式的想法，这直接影响了生涯问题的解决，导致生涯决策过程出现问题。例如，"既然考研，就一定考最好的学校""没有我擅长的领域""做公务员喝茶看报纸很无聊"，这些影响我们决策的消极想法虽然很普遍，但是很难觉察，它们常常"不声不响"地影响着我们的决策过程。要矫正这些观念，首先要辨别它们。这些不合理信念的共同特征如下：

① 绝对化。绝对化是指人们以自己的意愿为出发点，对某一事物怀有其必定会发生或不会发生的信念，它通常与"必须""应该"这类字眼连在一起。例如，"专业必须对口""既然考研必须考名校""必须万无一失""如果找不到理想的工作，宁可失业"等。

② 过分概括化。这是一种以偏概全、以一概十的不合理思维方式的表现。艾利斯曾说过，过分概括化是不合逻辑的，就好像以一本书的封面来判定其内容的好坏一样。例如，我数学不好，我学不好土木工程专业；我学建筑学(大一学生的案例)，毕业后只能去设计院工作了；"一想到干公务员，只能喝茶看报纸，一眼看到头，就深感很没有意思"。

③ 糟糕至极。这是一种认为如果一件不好的事发生了，将是非常可怕、非常糟糕，甚至是一场灾难的想法。这将导致个体陷入极端不良的情绪体验，如耻辱、自责自罪、

焦虑、悲观、抑郁的恶性循环，难以自拔。例如，"如果选错了行业，这辈子就完了""大学生找不到工作，那可丢死人了"。

(3) 改变消极的生涯信念。通常，改变消极的生涯信念的第一个步骤就是让自己意识到自己的非理性的思维模式，并与之对抗、与之辩论，通过不断地调整自己的认知来达到一个对现实世界的客观认识，只有将不合理信念转变为合理信念，由此带出适当的行为，才有可能促进生涯决策。桑普森提出了改变消极观念的"四步法"，从一般意义上提供了改变消极观念的步骤。具体如下：

① 找出消极的观念和陈述。作为决策者，要找出影响我们生涯决策的不合理信念，如"每次一遇到决策，我必然焦虑不堪"。

② 挑战消极想法或陈述的合理性、有用性和真实性。我们通常采用"辩论式"或者苏格拉底式的发问来引导来访学生意识到自己信念的不合理之处。例如，我们可以直接质疑，你说每次决策你必然焦虑不堪，你有什么证据能证明？我们可以夸张地提问，你说你每次决策都必然焦虑不堪，那么平时去哪里吃饭或者吃什么你都不能决策，对吧？

③ 改变消极观念，将之转变为更加积极的想法或陈述。这时候我们形成新的观念，决策通常会带来焦虑情绪，适度的情绪反而能够促进我们解决问题，我们应该积极面对。

④ 按照新的方式行动，这种新方式与新的、已变化的想法或陈述相一致和对应。此时此刻，我们应积极地面对当下的生涯决策问题。

为了更好地熟悉识别不合理信念并尝试建立新的信念的过程，我们可以通过活动6-2反复练习。

活动6-2

请识别不合理信念并尝试建立新的信念

以下为常见的不合理信念，请你识别并尝试建立新的信念。

1. 我从事……不行，从事……不行。很想知道自己适合做什么，擅长做什么。

2. A. 工作没有意思；B. 学不到东西；C. 感觉团队不和谐……所以我现在都不知道该做什么了。

3. 单一元素择业观：因为我喜欢漫画，所以希望从事漫画工作。

4. 我希望探索和了解自己，但是尽量不要付出太多代价。

5. 这个公司(职位、上司)不好，所以我不想待在这个行业/地区了……

6. 我也想做好，但是没有人教我。

不合理信念会出现在信息加工金字塔模型的任何位置。它包括我们生涯决策制定的8个重要方面，即自我知识、职业知识、沟通、分析、综合、评估、执行和执行加工。

接下来我们遵照信息加工金字塔模型从自我知识、职业知识、决策制定和执行加工四个方面进行分析。

(1) 自我知识。对自我知识存在一些僵化的、绝对性的信念，我接触过几个咨询案例能够支撑这个话题，如有的学生会说"没有一个学习或者工作领域是我感兴趣的""我数学不好，学不了土木工程专业""我画画好，我想学建筑学""我去初中实习，看着班主任管理工作太烦琐了，我当不了老师"，这些学生对自我的兴趣、性格等存在着刻板且固定的想法，这严重影响到未来的生涯决策。当学生的这个领域出问题，我们可以通过正式或非正式的手段协助学生增进自我知识，如通过测评让学生了解兴趣类型，通过经验梳理出学生的性格优势。

(2) 职业知识。对外部知识存在着一些不合理信念，这些外部知识以职业知识为主，也包括一些专业、大学的知识，如有些对专业的误区"天若有情天亦老，人学法律头发少""女生一定学不了土建""无论怎么样，我们都无法真正了解一个职业""当公务员喝茶看报纸，没意思"等。

(3) 决策制定。决策制定是指在决策制定 CASVE 循环的五个方面时存在的不合理信念，如"毕业还早呢，我不想考虑就业的问题"，这是在沟通阶段存在的问题；"我不可能完全了解自己"，这是在分析阶段存在的问题。

(4) 执行加工。这些元认知是有效解决生涯问题和决策中最强有力、最重要的部分，它们与"思维的思维"有关，如"我必须找到完美的工作""我必须决策时，我会变得非常焦虑"。

第三节 生涯决策的探索

生涯决策看起来是在某个固定点上对方向的最终抉择，就像食品生产线上最终产出食品，但是这个最终产出食品却依赖整个生产线各个环节的输出和联动，生涯决策也是同样的道理，不仅依赖一个固定的点，还依赖于生涯觉醒、自我知识、外部知识整合及整个生涯流程的付出，更依赖行动来验证决策的优劣。除此之外，生涯决策的一个意义就是对自己在决策中看重的价值因素进行一次全面的盘点，考虑各方面的平衡，同时给自己看重的价值排序，看看自己最想要的是什么价值，这也是一个深入了解自己价值观的过程。

一、生涯决策的主要探索方法

一个完整的生涯决策涉及三个阶段，分别对应不同的决策任务，使用不同的决策工具(表6-4)。

表6-4 生涯决策的主要探索方法

阶段	主要任务	主要方法
信息收集阶段	收集关于自我和外部(学科、专业和职业)的信息	测评法、问卷调查法、资料查阅法、深度访谈法和生涯体验法
生涯决策阶段	对收集的信息进行分析、综合和评估的过程	平衡单技术、因素分析法和SWOT分析法
执行处理领域	对决策过程的认知和调节	生涯决策风格、积极自我对话、与不合理信念辩驳

(1) 信息收集阶段。信息收集阶段的主要任务就是收集关于自我和外部的职业信息，形成对自己兴趣、性格、能力和价值观的认识，形成对学生、专业和职业的关联性认识。在这个阶段，决策问题主要是信心不足导致的，所以决策的重点就是收集信息，常用的探索方法包括测评法、问卷调查法、资料查阅法、深度访谈法和生涯体验法等。

(2) 生涯决策阶段。生涯决策阶段的主要任务是对收集的自我信息和外部信息进行分析、综合和评估的过程，这是我们理解的狭义上的"决策阶段"，常用的技术包括平衡单技术、因素分析法和SWOT分析法等。例如，一个高中生对自己选科进行决策，一个大学生对考研目标学校进行决策，通常可以使用决策平衡单协助决策。

(3) 执行处理阶段。执行处理阶段的主要任务是对决策过程的认知和调节，这时候的决策问题是不合理信念导致的，通常处理办法就是与不合理辩驳，建立新的合理信念，常用的技术包括生涯决策风格、积极的自我对话和与不合理信念辩驳三种方法。

二、常用生涯决策工具介绍

从上文可以看出，对应不同的决策阶段有不同的决策工具，下面我们介绍几种狭义生涯决策阶段的常用工具。需要说明的是，很多决策的工具看起来非常理性科学，它们有固定的操作流程和步骤，但是实际操作起来就会发现决策工具在使用上的问题：

(1) 主观性。虽然会对各个选项的各个因素进行赋分评估，但是每个客观的分数后面都是主观的感觉，同时这种主观性还与个人需求变化有关，如一个生病的人会把健康权重和分数增高。

(2) 叠加性。分数能否相互叠加？虽然影响因素很多，但是影响最终决策的还是那几个关键要素，它们是如何影响我们的判断？

(3) 变化性。价值因素会受环境变化的影响。决策平衡单更多的是对当下情况进行评估，缺乏前瞻性。根据不同的决策问题应采用不同的决策工具，或者结合不同的工具综合使用。常用的生涯决策工具介绍如下。

(一) 决策平衡轮

决策平衡轮是教练技术里的常用工具，通常是将一个圆平均分成若干等分(一般分成

8等分），然后将自己工作、生活或生命中一些并列的内容填写在图中，以帮助自己清晰现状，觉察到平时忽略的部分，找出希望有所改变的内容，然后制订计划，采取行动。在生涯决策领域的具体操作中，一般是将要考虑的决策要素 3～8 项放入平衡轮，依次对每个选项对应的决策要素打分，打完分后整体权衡平衡轮，便于系统思考、科学决策。

操作步骤：

(1) 首先必须明确需要决策的具体选项，如考研的三个目标学校、两个就业单位等。

(2) 在 A4 纸上画出尽可能大的圆，然后将圆进行 8 等分，有几个决策选项就画出几个 8 等分的圆。

(3) 在每个选项对应圆形的外围写上影响决策的影响因素。

(4) 将每个选项对应的影响因素按照 1～10 打分，圆心代表 1 分，圆周代表 10 分，10 分代表最大权重，根据实际的打分结果用弧线在相应的 8 个扇区标示出来，并将得分的部分用笔涂黑。

(5) 将完成的平衡轮并排摆放，仔细观察并审视整个平衡轮，感受不同选项不同方面的得分，体会自己对于每一种选择的整体感受，如你从中发现了什么？有什么新的觉察？你对平衡轮的整体满意度如何？你最满意的是哪一部分？最不满意的是哪一部分？你最希望提升满意度的是哪几个维度？

下面提供"决策平衡轮表单"(图 6-3)，并以考研决策为例，列出考研决策的影响因素，在实际运用过程中可以使用海报纸和彩笔让学生图形化表达，能够激发学生的学习兴趣，同时帮助学生立体化地呈现决策选项和影响因素。

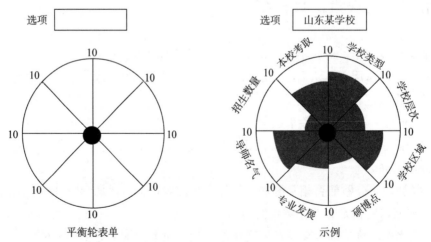

图 6-3　决策平衡轮表单

（二）因素删除法

因素删除法是指借由删除若干次要的考虑因素，而达到快速决定的生涯选择方法，是一种典型的规范性、理性的生涯决策模式，最早由特福司基(1972 年)提出，后经 Gati

应用在生涯决策过程中,当学生面临的选项过多的时候,适合使用因素删除法。该法比较适合应用于个体生涯咨询和生涯团体辅导等,主要适合缩小选择面,不太适合做最后的决定。其操作步骤如下:

(1) 定义问题。明确地界定做决定的目标以及确定有哪些可能的选项。例如,学生可能面临到底选择哪一个职业的问题,选项可能是土木工程师、造价工程师、项目管理岗、工程监理等。

(2) 确定可能的影响因素。由于学生的认知限制或价值观不一致,通常在做决定的时候不可能考虑所有的因素,有的时候只有2~3条,作为辅导教师,要帮助学生尽可能多地澄清所有的影响因素并让学生意识到。例如,一个土木工程专业的学生可能考虑的影响因素包括专业对口、职业发展、薪酬待遇、工作区域、平台大小、兴趣匹配等。

(3) 排定选择因素的重要性。将选择因素按照重要性厘清排序,从而协助衡量各选择因素在各个选项上的轻重。例如,上面提到的最佳标准,各个影响因素按照重要性程度排序,依次是兴趣匹配、专业对口、平台大小、职业发展、薪酬待遇、工作区域等。

(4) 确定选择因素的"最佳标准"和"接受标准"。引导学生确定每个选择因素的最佳标准和接受标准,其中最佳标准是指理想的标准,接受标准是妥协的标准,虽不满意但是可以接受。例如,刚才提到的区域,最理想的标准在本市,接受标准是可接受1~2个月的短期外派,薪酬的理想标准是8000元,接受标准是6000元。

(5) 根据喜好删除不佳选项。按照选择因素排列的优先级,逐一评估各个决策选项,当某个选项被选择因素评估为同时不具备"最佳标准"和"接受标准",即可在因素删除法表单(表6-5)上删除相应选项。每个选项在每个选择因素上有三种状态,分别是 x=删除,不予考虑;"O="保留,继续考虑;"$*$="再收集资料,继续确认。

表6-5 因素删除法表单

影响因素	选项					

注:1. 确定每一个影响因素的"最佳标准"和"接受标准",按照影响因素排列的优先级逐一评估各个选项,只要影响因素被评估为不具有最佳标准与接受标准者,即可在评估表上"删除"。

2. "x="删除,不予考虑(不符合标准);"O="保留,继续考虑(符合标准);"$*$="再收集资料。

生涯规划与人生设计

(6) 检查与再确认。在删除不合适的选项后，需确认是"形式上的删除"还是"实质上的删除"，一般需要回答确认，检查删除的选项。详细的步骤如下：

① 回到先前的步骤，看看当事人是否有充分的理由与信心割舍列出来的选项，虽然舍掉了某些选项，是否还对某些没有删除的因素还心存挂碍。

② 重新阐述删除该选项的主要理由。

③ 检查勉强被删除的选项。

④ 如果某些选择因素太过苛刻，是否能降低门槛。

(7) 收集更多的信息。对保留的选项暂不决策，尽可能多地收集详细的信息，以便做进一步的比较。例如，我们需要进一步通过实习体验某些职位，通过生涯人物访谈了解某些职位。

(8) 环顾全局决定选项。将所有选项的优缺点详细列出，从中排列出选项的最后决定顺序。

(9) 列出实施的具体步骤。针对决策的选项，列出详细的实施计划或者方案，以实现目标。例如，跟岗实习、技能提升、撰写简历等。

（三）决策分析系统

卡茨(Katz)依据经典的决策理论提出职业决策理论，该理论包括决策者使用的三种系统，即信息系统、价值系统和预测系统。他特别强调检查决策者的职业价值观，他认为职业价值观是职业选择中知觉、需要及目标的综合，好的决策应该是选择具有最大期望值的选择对象，这个期望值是回报价值与客观可能性的乘积，决策策略就是挑选具有最大期望价值的选择对象。卡茨在原有的期望价值论的基础上研制出了决策分析系统(system of interactive guidance and information，SIGI)PLUS版本。其中，决策分析的精华在第8部分，需要决策者思考以下三个问题。

(1) 职业回报是什么(回报价值)？这个回报能满足我的需要吗？

(2) 进入这个职业的概率如何(客观可能性)？

(3) 从整体上来看，这个职业是一个好的选择吗？

操作步骤如下。

(1) 简介：SIGI是什么？请详细说明SIGI。

(2) 自我评估：我要什么，我的专长是什么？提供澄清个人价值、技能的机会，选择主要的兴趣范围，评估喜欢的工作活动，认定工作的价值。

(3) 搜寻：我喜欢的职业可能有哪些？帮助使用者根据价值观、兴趣、能力及教育程度等列出个人的职业清单，通常列出供决策的3个职业。

(4) 信息：我喜欢的职业有哪些特征？根据职业信息所需技能、升迁展望、薪资水平、职业展望、教育条件等，比较职业的差别，确定喜欢职业的特征和不喜欢职业的特征。

(5) 技能：我能行吗？根据职业清单中任何职业所需要的技能评估自己具备的技能，确定自己的能力与喜欢的职业的匹配程度。

(6) 准备：我行吗？列出职业能力所需要的教育训练或职业训练，估计完成这些"职业准备"的可能性。

(7) 应对：我行吗？针对所需要的"准备"制订应对方案，如针对课程的选修、学分的选择、奖学金的申请等提供具体可行的应对建议。

(8) 决策：什么才是对的选择？根据前述获得的各种数据评估各个选项的潜在报酬及成功概率，提供做决定的策略。决策维度包括职业潜在的报酬(回报或效用轻重)和回报的概率(概率评估)，这两个维度包括优、良、中、差四个等级。首先，进行职业回报的评估，评估包括满足价值的程度、是否在兴趣的范围内、是否为喜欢的活动三个层面。每项职业都要依次对应这三个层面进行四种评估，最后确定综合得分(优、良、中、差)，并标注在职业决策方块的纵轴的相应位置；其次，进行概率评估，即评估每一个职业的风险或成功的概率，评估包括工作能力、必需的准备、职业展望三个层面，等级仍然是优、良、中、差。每项职业都要依次对应这三个层面进行四种评估；最后，确定综合得分(优、良、中、差)，并标注在职业决策方块表单(图 6-4)横轴的相应位置。最后 3 种职业在"报酬"和"机会"这两个维度的结果就呈现在"决定方块"上了。

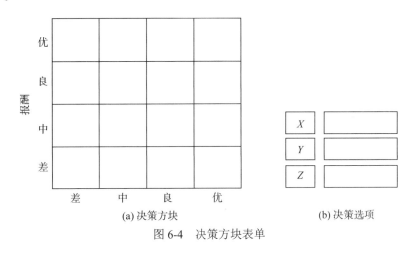

图 6-4　决策方块表单

(9) 下一步：如何实现计划？建立短期的目标，列出达到目标的行动纲要。

（四）决策平衡单

决策平衡单可用来协助当事人做好重大决定，可以帮助当事人具体分析每一个可能的选择方案，分析各方案实施后的利弊得失，最后排定优先级，确定最终方案。在进行职业选择时，我们经常会遇到两个及以上的不同生涯选项，如果能进行直观的量化，以分数的形式对各个方案进行比较，则可以让自己对职业生涯目标更加清晰。

决策平衡单是指通过直接打分和价值量化的方式判断各个选项的利弊得失，细化各个备选方案的分值，使复杂的情况条理化，使模糊的信息清晰化，使错误的观念正确化，从而帮助自己进行合理选择。决策平衡单的基本样式见表6-6。

表6-6 决策平衡单的基本样式

选择项目		权重 (1~5)	选项A		选项B		选项C	
考虑因素			加权分数					
			得(+)	失(−)	得(+)	失(−)	得(+)	失(−)
个人物质方面得失	1. 经济收入							
	2. 工作难易程度							
	3. 升迁的机会							
	4. 工作环境的安全							
	5. 休闲的时间							
	6. 生活变化							
	7. 对健康的影响							
	8. 就业机会							
	9. 其他							
他人物质方面得失	1. 家庭经济							
	2. 家庭地位							
	3. 与家人相处的时间							
	4. 其他							
个人精神方面得失	1. 生活方式的改变							
	2. 成就感							
	3. 自我实现的程度							
	4. 兴趣的满足							
	5. 挑战性							
	6. 社会声望的提高							
	7. 其他							
他人精神方面得失	1. 父母							
	2. 师长							
	3. 配偶							
	4. 朋友							
	5. 其他							
各项得分								

(续表)

选择项目 考虑因素	权重 (1~5)	选项 A		选项 B		选项 C	
		加权分数					
		得(+)	失(-)	得(+)	失(-)	得(+)	失(-)
加权总分							
优先级							

注:优先级按照1、2、3排序即可。权重按照1~5设定,打分按照1~10打分,注意得分"+",失分"-"。

操作步骤:

(1) 确定生涯决策的相关选项。首先必须明确参与决策的各个选项,列出各个备选的发展方案,分别填写到决策平衡单的"选项"中。例如,考研决策选项:北京大学、北京师范大学、山东大学;职业决策选项:某单位公务员、某国企、自由职业等。有了决策选项才能产生决策要考虑的因素(价值因素),没有选项就没有影响因素。

(2) 确定生涯决策需要考虑因素的维度(图6-5)。主要从自我和他人两方面分别考虑物质与精神层面的利弊得失,我们将自我、他人、精神、物质两两结合,形成要考虑的四个基本要素,分别是自我物质方面的得失、他人物质方面的得失、自我精神方面的得失和他人精神方面的得失。其中,自我精神方面主要考虑个人的能力、性格、兴趣、价值观、心理需求、生活方式、成就感、自我价值、社会声望、才能展示等;自我物质方面主要考虑升迁机会、社会地位、工作环境、发展前景、工作内容、休闲时间、生活变化、健康影响、社会资源、培训机会等;他人精神层面主要包括父母、师长、配偶、家人的支持等;他人物质部分主要是择偶和建立家庭、家庭经济收入、与家人相处的时间、家庭地位等。

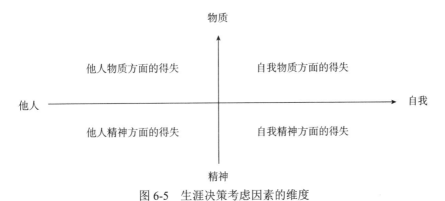

图6-5 生涯决策考虑因素的维度

通常在考虑生涯决策因素时,我们可以综合采用访谈法和生涯细目表(表6-7)对比法进行,确定自己的平衡方格单(表6-8)。

表6-7 生涯细目表

考虑因素	具体的得失内容
自我物质方面	(1) 经济收入； (2) 工作的困难度； (3) 工作的兴趣程度； (4) 选择工作任务的自由度； (5) 升迁机会； (6) 工作稳定、安全； (7) 从事个人兴趣的时间(休闲时间)； (8) 其他(如社会生活的限制或机会、对婚姻状况的要求、工作上接触的人群类型等)
自我精神方面	(1) 因贡献社会而获得自我肯定感； (2) 工作任务合乎伦理道德的程度； (3) 工作涉及自我妥协的程度； (4) 工作的创意发挥和原创性； (5) 工作能提供符合个人道德标准的生活方式的程度； (6) 达成长远生活目标的机会； (7) 其他(如乐于工作的可能性)
他人物质方面	(1) 家庭经济收入； (2) 家庭社会地位； (3) 与家人相处的时间； (4) 家庭的环境类型； (5) 可协助组织或团体(如福利、政治、宗教等)； (6) 其他(如家庭可享有的福利)
他人精神方面	(1) 父母； (2) 朋友； (3) 配偶； (4) 同事； (5) 社区邻里； (6) 其他(如社会、政治或宗教团体)

表6-8 平衡方格表单

我的选择

影响因素	正面影响因素	负面影响因素
自我物质方面的得失		
他人物质方面的得失		
自我精神方面的得失		
他人精神方面的得失		

(3) 确定加权系数(权重)。各项考虑因素对当事人的意义不完全等值，需要对不同考虑因素设定"权重"来标示不同考虑因素的重要程度。通常权重按照1～5设定，即最为重要的因素可以乘以5倍的系数(×5)，依次递减，最不看重的因素可以乘以1倍的系数(×1)。

(4) 逐项进行打分，计算加权得分。根据当事人所收集到的资料和当事人对自己的了解程度，对各个选项、各个层面的考虑因素依次打分(按照1～10打分)，并计算加权得分，确定每个选项的加权总分。

(5) 首先确定最佳方案，得出每个选项的总分，确定选项优先级。然后进一步讨论和调整分数，得出每个选项的最后总分，确定选项优先级。例如，考虑有没有更好的选项(增加新选项)，也可以所有选项都不选择(宁缺毋滥)；考虑每一个因素的权重，每个项目打分多少的调整等。

引导反思：一是要确定各个选项是真实存在的，不是空想出来的；二是任何决策意味着选择，更意味着行动，积极引导下一步的行动计划；三是综合分析决策平衡单，做完后问自己，这张表反映了你的内心吗？有什么收获；四是做好决策后如果有遗憾，有没有什么办法补救；五是如果哪一个结果都不想要，也许你的内心早就有了答案。

（五）决策四步法

决策四步法是贾杰在《活得明白》中提出的，主要用来澄清四个与决策有关的问题(图 6-6)，即时间问题、决策权问题、价值观问题和最终目标问题，帮助我们做出理性决策。

1. 决策前要明确的问题

(1) 决策要有冒险勇气。决策本身具有很大的不确定性，是一种朝向未来的冒险行为，因此人和决策都要面对各种不确定性。

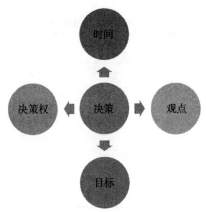

图 6-6 决策四步法

(2) 决策必须学会取舍。我们之所以要进行选择，就是要从多个选项中进行取舍，选择某个选项就意味着要舍弃其他选项。我们需要权衡各个选项的利弊，实现价值最大化，尽可能避免陷入完美主义情结，排除各种决策困难。

(3) 决策要有实际行动。决策主要包含两个方面：一是选择行为方面，二是实践行动方面。如果只进行选择而不采取实际行动，就无法从根本上获得价值最大化选择的目标，也无法摆脱决策所带来的压力；如果只采取行动而不进行明确的选择，就很难保证持久有效的实践行动。因此，任何决策实际上都包含选择和行动两个方面，二者缺一不可。

(4) 尽量合理决策。决策是根据当事人所收集到的各种信息来进行取舍，选择面对的都是不确定性的未来，所以任何决策都是实时情境下所做出的最佳决定。

2. 合理决策的四个步骤

(1) 明确时间界限。遇到决策问题而难以选择时，先整理一下自己的情绪，平息一下自己的心情，然后进行提问(自我提问)：这个问题出现多长时间了？之前，你已经尝试了哪些努力？在什么时间点之前必须做出决策？这是对当事人决策准备程度的探索，也是对决策问题迫切性的再审视。根据以上问题确认来访者是情绪型决策、确认型决策，还是梳理型决策？

类型1：情绪型决策

当来访者回答说时间持续了很久，最晚到什么时候也不知道。针对同样的问题，他可能经常找到你，反反复复持续了很长时间。

这类决策在时间上没迫切性，或者根本没做选择的必要性。来访者只是因对现实的不满和抱怨找你来倾诉(吐槽)，并不是真正要做出决策选择，应对的办法就是进行情绪上的安慰，帮助对方缓解焦虑和压力，不要盲目地给对方出谋划策。可以告诉对方，不选择也是一种选择，这说明现在的状态是可以接受的，建议对方给自己找一些更有意义、更有价值的事情来丰富生活。

类型2：确认型决策

如果来访者回答，做了很多思考，自己有想法，为此做了很多事，就是拿不定主意。

这类来访者内心是有主意的，只是不太确定，需要通过不断表达来厘清自己的思路。应对的方法就是不跳进选项中，鼓励当事人积极确定，做出决策选择。

类型3：梳理型决策

如果来访者回答，××时候开始的，最晚××前必须有一个选择。

此刻，我们才需要扮演咨询师角色，进入下一个问题排查。用我们所掌握的引导决策的方法和对方一步步澄清那些影响他决策的原因，确定决策地图，引导做出决策结果。

(2) 明确决策权。拥有决策权时，我们才可以做决策；对于没有决策权的事情，我们实际上无权选择也无法左右事情的发展，那么我们只能放松心态去适应现实，不必纠结如何选择。明确决策权可以帮助我们确认遇到的是一个决策问题还是适应问题。通常，当决策权超过60%时，属于一级决策，可以选择选项；当决策权低于60%时，属于二级决策，只能选择应对方法，或者去争取决策权。

(3) 探索个人观点。如果有明确的时间限制，而且自己也确实拥有决策权，那就需要进一步澄清自己的个人看法和价值观点，科学而合理地选择自己真正想要的方案。假如你和周围的人(父母、配偶、朋友、同学、同事、教师……)去商量，请分别回答：他们会建议你怎么做？他们为什么会这样建议你？对于他们的建议，你怎么看？通过这些投射性的问题来获取当事人真正的观点。

(4) 跨越选项看目标。当我们不知道要去哪儿的时候，对路径的比较是没有意义的。因此，在对不同的选项进行利弊比较之前，最好先澄清一下目标是什么。一旦明确目标，你就可能瞬间做出决策。有时候，不去选择也是一种选择，抛开这些选项可能还有更好的选择。例如，当我们对不同的选项权衡利弊、反复比较，但却不知道应该如何选择的时候，可重新澄清一下自己最终的目标是什么。

我们通常采用决策四步法(活动6-3)来澄清四个与决策有关的问题。

"决策四步法"活动探索

活动目的

现在你最想要解决的问题是什么？你是否面临着决策的问题？通过四步决策法可以帮助你做出理性的决策。

活动步骤

第一步：明确时间界限。"最晚到什么时候，你就要必须做出一个选择了？"

第二步：分清决策权限。"对于这件事情，你自己拥有多大的决策权限？""这是一个决策问题，还是一个适应问题？"

第三步：探索价值观点。假如你去和周围的人(如父母、教师、同学、朋友等)商量，请分别回答："他们会建议你怎么做？""他们为什么会这么建议你？""对于他们的建议，你怎么看？"

第四步：厘清最终目标。"现在请把这些选项都放下，认真思考一下，你的最终目标是什么？""现在评估一下，哪个选择会让你离这个最终目标更近？""基于这个最终目标，除了这些选项，还有别的选择吗？"

(资料来源：贾杰)

(六) 生涯幻游法

生涯幻游法是经典的后现代咨询技术，是结合音乐欣赏，透过幻游的画面，带领参与者去他想象中的未来空间，并鼓励参与者分享自己的幻游场景，帮助参与者了解自身的期待和价值观，对于未来给予期待和规划。这种体验可以帮助参与者了解自己希望成为什么样的人，从而找到向往的生活和努力的方向。

操作步骤：

(1) 请你轻缓地阅读引导词(活动6-4)，阅读时必须非常缓慢和放松，最好同时播放轻柔的背景音乐，在标注(停顿)的地方要有停顿。

(2) 请学生根据引导词进行幻想，不用说话，在心里默默记下自己的幻游经历。

(3) 分享幻游场景，澄清自身的期待和价值观，引导当下和未来串联。

活动6-4

生涯幻游引导词

指导语：好，现在请你尽可能放松，在你的位子上坐好，调整成你感觉最舒服的姿势。现在请闭上眼睛，尽可能放松自己(停顿)。

调整你的呼吸：吸气(停顿)、呼气(停顿)，吸气(停顿)、呼气(停顿)。

好，保持这样平稳的呼吸。

接下来，放松身体每一部分肌肉，放松(停顿)、放松(停顿)、放松(停顿)。

想象现在你已经乘坐上时空穿梭机，目的地是10年后的某一天。

想象你正好清晨刚刚醒来(停顿)。

(1) 你是睡到自然醒还是被闹钟吵醒的呢？现在是几点钟？你在哪儿？

(2) 观察一下四周是什么样子的？(停顿)你看到了什么？闻到了什么？听到了什么？

(3) 起床后的第一件事情是什么？(停顿)

第六章
科学决策行动：果断自主选择

(4) 洗漱完，你考虑要穿什么衣服去上班，想象你正站在镜子前面装扮自己，你最后决定穿什么衣服？(停顿)

(5) 当你想到今天的工作时你的感觉怎样？是平静、激动、厌倦，还是害怕？(停顿)

(6) 你现在正在吃早饭，是有人和你一起吃，还是你一个人吃？(停顿)

(7) 现在你准备去上班，出门后回头看看你住的房子，它是什么样子的？(停顿)

好，现在出发。

(1) 你用什么交通工具去单位？有人和你一起吗？如果有的话，是谁呢？当你出发时请注意周围的一切。(停顿)单位离家有多远？(停顿)

(2) 到达单位了，想象一下单位是什么样子的？它在哪里？看起来怎么样？(停顿)

(3) 现在你走进工作的地方，那儿都有些什么人？多少人跟你一起工作？他们在做什么？单位的人都是怎么称呼你的？(停顿)你的办公室是什么样子的？

(4) 接下来你要做什么？(停顿)想象下你一上午都做了些什么工作？(停顿)你是用你的思想在工作还是做一些简单的事务性工作？(停顿)你跟别人一起工作，还是独自工作？(停顿)你是在户外工作还是在室内工作？(停顿)

现在上午的工作结束了，你该吃午饭了。你去哪里吃饭？跟谁在一起吃饭？你们谈些什么？(停顿)现在回到工作中来。下午的工作与上午的工作有什么不同吗？(停顿)

你一天的工作结束了，这一天让你感觉到满足还是沮丧？为什么？(停顿)今天你还想去别的地方吗？(停顿)在这一天当中，你还想做什么？(停顿)

现在，你回家了，有人欢迎你吗？(停顿)回家的感觉怎样？(停顿)你如何与家人分享这一天所做的事？(停顿)

你准备去睡觉了。回想这一天，你感觉如何？(停顿)你希望明天也是如此吗？(停顿)你对这种生活感觉究竟如何？(停顿)

过一会儿，我将要求你回到现在。好了，你回来了，看看周围的一切，欢迎你旅游归来。喜欢你幻游的生活吗？喜欢的话可以分享你的经历。

如果你不想分享幻游生活，可以花些时间思考下列问题。

1. 我10年后从事的工作的描述。

(1) 工作是_____。

(2) 工作的内容是_____。

(3) 工作的场所在_____。

(4) 工作场所周围的环境是_____。

(5) 工作场所周边的人群有_____。

2. 我10年后的生活形态的描述。

(1) 婚姻状况：□已婚　□未婚　□其他_____。

(2) 家庭成员有子女_____人。

(3) 和父母同居一房：□是　□否　□其他＿＿＿＿＿＿。
(4) 居住的场所在＿＿＿＿＿＿＿＿＿＿＿＿＿。
(5) 居住场所周围的环境是＿＿＿＿＿＿＿＿＿＿。
(6) 居住场所周围的人群有＿＿＿＿＿＿＿＿＿＿。

3. 请说明下列问题。
(1) 我在进行幻游时，印象最深刻的画面是＿＿＿＿＿＿＿＿＿＿＿。
(2) 我在进行幻游后，对比与现在环境最大的不同点是＿＿＿＿＿＿。
(3) 我在进行幻游后，最深的感受是＿＿＿＿＿＿＿＿＿＿＿＿。

4. 我在进行幻游后，觉得未来的生涯发展会是怎样的？
(1) 我认为我未来会从事＿＿＿＿＿＿＿＿＿＿职业。
(2) 你认为你的未来会与幻游过程相关吗？□是□不是□其他＿＿＿＿＿。

（七）空椅子技术

空椅子技术是格式塔学派常用的一种技术，是使来访者内射外显的方式之一，是完形治疗法中著名而有影响的技术中最为简便易行且适于心理或者生涯辅导的。空椅子技术的目的是帮助当事人全面觉察发生在自己周围的事情，分析体验自己和他人的情感，帮助他们朝着统整、坦诚以及更富生命力的存在迈进。空椅子技术常常运用到两张椅子，要求来访者坐在其中的空椅子上，一个扮演"胜利者"，然后再换坐到另一张椅子上，扮演一个"失败者"，以此让来访者所扮演的两方持续进行对话。这种方法可使来访者充分地体验冲突，而由于来访者在角色扮演中能从不同的角度接纳和整合"胜利者"与"失败者"，因此冲突可得到解决。

通过两部分的对话，使人们内在的对立与冲突获得解决或者获得较高层次的整合，即学习去接纳这种对立的存在并使之并存，而不是要去消除一个人的某些人格特质。

空椅子技术应用在生涯领域是通过与 4～5 位不同的"生涯贵人"进行对话的方式厘清未来的发展方向，促进有效决策。

操作步骤：

(1) 生涯探寻者坐在椅子上，请4～5位同学作为该生涯探寻者的"生涯贵人"，围绕在该生涯探寻者周围。

(2) 生涯探寻者提出自己的生涯目标并说明为什么会有此生涯目标，可以从兴趣、性格、价值观、能力、机会等角度进行可行性描述。

(3) 周围的"生涯贵人"根据生涯探寻者提出的生涯目标从相反的角度进行质询，引导生涯探寻者进行思考，从而使生涯探寻者更加全面地了解自己与职业生涯目标的契合性。

提问内容：
① 在个人条件和生涯期待下，可以考虑哪些生涯目标？
② 对这些生涯目标的追寻下，个人可能遭遇哪些困难？
③ 对生涯目标的追寻，个人需要哪些生涯能力或准备？
④ 如何得到关于此生涯目标的进一步资料？

主要目标：

通过提出生涯目标和"生涯贵人"们进行提问对话，反思自己的生涯目标是否合适；如果要达到这些生涯目标，需要在职业能力上做哪些准备。

(4) 生涯探寻者不断地澄清生涯目标，"生涯贵人"变身支持系统，从情感支持、信息支持和具体支持三个角度给予生涯探寻者帮助，鼓励生涯探寻者细化目标、形成计划，产生生涯行动。

思考题

1. 你遇到的生涯决策问题是什么？请尝试使用决策平衡单去解决？
2. 请识别头脑中不合理的生涯信念并尝试建立新的信念？

第七章
强化生涯管理：实现人生价值

随着数字化时代的到来以及国际政治经济形势的各种变化，职场人面临着前所未有的压力和惶恐——他们困惑自己的人生选择，他们开始认真地反思人生的意义，他们尝试做出职业转换，他们被迫做出职业生涯中的重要决策甚至是人生的重大决定。虽然职业生涯管理很重要，但对大多数人而言，职业生涯管理这件事通常是处于被动的、迷茫的、困惑的状态。这一方面源于生涯管理本身的复杂性和持续性；另一方面源于我们缺乏主动进行生涯管理的意识和能力。但是有一点是可以肯定的，职业生涯管理为更好地掌控自己的生活提供了可靠的模型。人们对生涯管理的关注主要体现在人们对生涯一系列的"隐喻"上，如称生涯管理为"科学""技术""艺术"和"工艺"，这些隐喻能够帮助我们更有效地进行职业生涯管理。例如，对自我的兴趣、能力以及职业前景有更为全面和允分的认识，通过生涯规划技术与企业提供的发展通道实现对自我生涯的管理，提升职业竞争力，实现人生价值。

第七章 强化生涯管理：实现人生价值

第一节　职业生涯管理概述

一、职业生涯管理的概念

职业生涯是人类满足感与不满足感的重要来源，人们需要对此进行管理。职业生涯管理是指组织和员工根据自身需求制订个人发展目标与发展计划的活动，它包括组织和个人两个方面，是二者的结合。一是组织职业生涯管理，是指由组织实施的，旨在开发员工的潜力、留住员工、使员工能自我实现的一系列管理方法；二是自我职业生涯管理，是指由个人实施的，个体通过自己的努力实现职业目标的过程，是个人在职业生命周期的全程中，由职业发展计划、职业策略、职业进入、职业变动和职业位置的一系列变量构成的发展过程。King 等研究认为职业生涯管理基本上是职业生涯的自我管理，职业生涯管理是一个全方位整合的持续发展的过程系统，在职业生涯的自我管理过程中，个体将规划和管理的思想运用到自己职业生涯自我定义目标的实现中。一个令人满意的生涯管理系统能够增进幸福感，而没有生涯管理的人生将会盲目混乱。本章的重点内容是职业生涯的自我管理，即大学生如何做好大学期间和毕业后的职业生涯管理，实现人生价值。

一般认为，职业生涯规划系统涵盖生涯认知(自我认知和外部探索)、生涯选择和生涯管理三大基本步骤(图 7-1)。其中，生涯管理是生涯教育中最容易忽视却又特别重要的，其核心内容是对生涯发展有关的目标、计划和行动进行自我认知、自我体验、自我控制的过程。

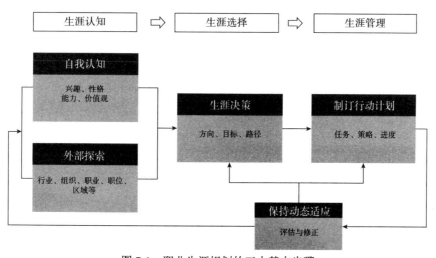

图 7-1　职业生涯规划的三大基本步骤

根据前面的课程逻辑，学生在进行充分的自我探索和外部探索之后，经过科学决策确定人生发展目标，制订明确可行的计划，并在实施过程中进行自我监控和自我调节，以有效应对未来生涯发展中的各种变化。大学生生涯管理所需的主要能力包括目标管理、时间管理、压力管理、情绪管理和人际交往等。

二、新的生涯发展形态

对于大学生来说，有效职业生涯管理的前提是对未来职业生涯发展形态的了解，必须正视一个事实：我们正在进入一个全新的职业形态，这将直接影响大学生如何打造生涯发展模式、能力结构和重要在校经历等。由于移动互联网、大数据、云计算、人工智能等新技术的飞速发展，组织再造、工作重塑和心理雇佣契约发生变化，在今天这种复杂性、变化性和不稳定的组织环境中，个人再也无法像过去那样终身与一位雇主打交道，稳定地沿着组织的职业阶梯向上攀登，越来越多的人会遭遇行业、组织和职位或主动或被动地转换，职业生涯发展也可能出现中断，工作的流动也打破了组织的界限，一个人常常会在不同的产品领域、技术领域、组织和其他工作环境中出入。这就是当今职业生涯新的发展形态——多变性职业生涯(protean career)，又称"易变性职业生涯"，它是霍尔在1976年提出的员工个体需要管理职业生涯的新趋势。他指出，多变性职业生涯是指个人而非组织在管理职业生涯，它包括个人在多个组织、不同职业领域中教育、培训和工作中的各种经历，这是一种由于个人的兴趣、能力、价值观及工作环境的变化而经常发生改变的职业生涯。因此，新时代主导职业生涯发展的应该是个人而非组织，人们不再是依照组织需要，而是根据自身职业发展目标来选择雇主或工作岗位，甚至为此在不同组织间频繁流动。这种转变是个体从根据社会职业规范的自我组织向根据职业成长规划的自我延伸的进步体现，体现的是个体的职业生涯建构过程。

多变性职业生涯的隐喻

隐喻在多变性职业生涯的概念的起源上非常重要，"protean"来源于变形虫(proteus)，它是一种神秘的希腊海洋生物，能够随意改变形状。"protean"一词的词典释义也是"多变的、有各种形状的、多样的"。霍尔表示，希腊神普罗提斯(Greek Proteus)的隐喻可以随意改变自己的形象，他描述了这个可爱的野蛮人，能够重新打包他或她的知识、技能和能力，以适应不断变化的工作环境，从而保持市场化。

（资料来源：摘自知网随问）

（一）多变性职业生涯的特征

要想了解职业生涯形态的变化，首先必须了解多变性职业生涯所具有的不同于以

往的特征,具体如下:

(1) 主动性。多变性职业生涯强调职业生涯开发中个人的驱动性,个人的需要比组织的需要更重要,个人主动生涯管理的意识和能力比以往更加重要。

(2) 再设计。多变性职业生涯强调人们在传统的职业生涯阶段划分的基础上可重新设计自己的职业生涯。例如,我们可以选择在30岁才开始进入自己的职业生涯的第一步,也可以选择在40岁的时候改变自己的职业生涯的发展方向,而这在传统的职业生涯理念中是不可思议的。在这个动态复杂的社会,个人要增加自我职业生涯的设计。

(3) 独特性。在多变性职业生涯中,每个人的职业生涯都应该是独特的。首先,职业生涯的开发应该考虑自己的"天赋"。只有在自己具有天赋的领域发展自己,才能获得最大的职业满足感,也才能在发展中克服障碍,使自己发展到最高层次。但是,由于个体对自己的天赋的认识是有过程的,而且在不同时期的认识可能有变化。这就决定了在多变性职业生涯观念下,人们改变职业生涯方向是可能的,也是可以的。其次,每个人的职业生涯可能有不同于他人的"峰""谷""入口"和"出口"。

(4) 发展性。个人的开发和终身学习是职业生涯开发的中心,这使得自我学习能力变得越来越重要,"活到老,学到老"不仅成为一个口号,更应该是职业生涯发展的"终身实践"。

(5) 流动性。个人可以在不同的产品领域、技术领域、职能、组织等之间流动。而且这种流动可能产生许多新的可能性例如,一个学习中国古典绘画的人,可能在蛋糕装裱方面发展自己,将两者结合。许多新的职业就是这样诞生的。

(6) 累积性。职业生涯年龄比生理年龄更重要。一个才刚刚18岁的人可能已经在某个行业有了10年的从业历史,这使得这个人的职业生涯道路与一个常人的18岁的职业生涯道路变得完全不一样。"选择一行,钟爱一生",个体连续性品牌的打造和能力的积累日益重要。

(二) 新旧职业生涯特征对比

与多变性职业生涯相关的概念是传统职业生涯(也被称为"组织职业生涯")和无边界职业生涯的概念,前者与之对立,后者与之相近,传统职业生涯是工业经济时代的产物,依托稳定的科层制组织结构而产生,个体可能终身受雇于某一个或少数组织,基于组织所需发展特定的技能,组织通过职业阶梯为雇员提供职业生涯管理计划,帮助个体发展职业生涯。例如,我们的爷爷一辈,他们不仅在一个组织退休,有的还让孩子继续"接班";从我们的父辈开始,这种固定在一个组织发展的现象开始松动。无边界职业生涯是亚瑟(M.B.Arthur)等于1994年提出的,指一种不限于单一雇用范围的一系列就业机会的职业路径。这种雇用范围不仅指当前的组织,还包含不同的岗位、专业、职能和角色。该概念与多变性职业生涯几乎同时产生,概念内涵有较多的相同点。总之,在多变性职业生涯中,雇佣关系、心理契约、职业生涯边界、工作技能等都与传统的职业生涯

生涯规划与人生设计

有着明显的区别。

表 7-1 将三种职业生涯在不同维度上进行了对比，这对于我们大学生的意义就是增进对新的职业生涯形态的了解，并有意识地进行职业生涯的准备和设计。

表7-1 三种职业生涯形态的对比

比较维度	传统职业生涯	无边界职业生涯	多变性职业生涯
雇佣关系	以忠诚交换工作安全	以绩效或灵活性交换可雇佣性	遵从内心意愿选择职业
心理契约	关系型	交易型	交易型
职业生涯边界	一个或两个组织边界	多个组织边界	一个或多个组织边界
工作技能	与组织需要有关（组织需要导向）	可迁移性	可迁移性，不断更新的知识结构
培训与学习	正式培训	在职培训	在职培训、持续学习
职业发展阶段	与年龄相关	与学习能力相关	自主选择
职业生涯目标	加薪和晋升等	可雇佣性的提升	心理成就感
职业成功标准	薪水、晋升、职位	心理意义上的成就感	心理意义上的成就感
职业生涯模式	线性的等级结构	跨边界性、短暂性	跨边界性、多样性
职涯管理责任	组织	个体	个体

(资料来源：王忠军、温琳、龙立荣等，2015)

做好职业生涯管理的前提条件就是增进对当今职业生涯形态的新理解。多变性职业生涯形态展现出了当代职业生涯发展新趋势：从稳定型到无边界的流动，从生存型到自我实现型，从单一式职业发展路径到多元式职业发展路径。这个新的职业生涯形态强调个人对职业生涯负责任、跨越单个组织边界、个人胜任力的提高和可雇佣性的增强，这是一种更为灵活的职业生涯发展管理模式，也为当今大学生做好学涯管理、助推职涯发展提供了方向遵循——更新生涯观念、培养主动意识、保持终身学习、培养可迁技能，从而保证在未来职业道路上抢占先机。

第二节 学业生涯管理

我经常遇见大四毕业生来找我咨询："老师，你能告诉我现在比较热的行业吗？""什么工作薪资比较高？""我适合这个发展方向吗？"……学生的问题虽呈现了他们对未来职业的期待和热情，但也反映了其缺少生涯认知的基本事实和因迷茫而导致的焦虑情绪。学生应该在大一甚至更早完成"探索期"再认知任务：自我认知和外部认知，如果延缓到大四毕业时还没有完成，显然会影响到整个职业生涯的进度和发展层次。所以，生涯管理一定要趁早开始，提前谋划。大学生应从学生时代就开始通过探索自我、认识自我，强化生涯管理，逐渐找到自己的人生目标。专业学习只是实现自己人生目标的基础手段而已，为未来职业生涯做好准备才是大学生涯管理的主要目标和根本动力。接下来我们将从大学(主要是本科阶段)和毕业后(学习生涯结束后)两个阶段详细讲述生涯管理的相关重点，首先讲述的是学业生涯管理。

一、学业生涯的发展模式

舒伯及其同事率先从事生涯模式(career pattern)的研究，并提出了生涯模式的概念。舒伯认为，生涯模式代表着不同角色的交互影响，形成自己独特的生涯发展路径。不同学生有着不同的心理特征、环境资源和发展路线，代表着不同的角色投入，这些角色随着发展阶段的更迭，组合形式也会有所不同，这些整体变动历程形成了不同的生涯模式。如果学生在自我认知和外部探索的基础上，能够明确生涯发展的主线，就能更加清楚未来职业、现在生活和学业的关系，就会增强学习的目标感，更加积极主动地投入学习。

最早关于生涯模式的分类是舒伯和霍尔提出的。舒伯提出：男性的生涯模式包括稳定生涯型、传统生涯型、不稳定生涯型和多重尝试型四种类型，女性的生涯模式包括稳定家庭主妇型、传统生涯型、稳定职业妇女型、双轨生涯型、间断生涯型、不稳定生涯型和多重尝试型七种类型。舒伯关于男性的生涯模式的划分是以"职业"角色为主轴，并以进入前的尝试和进入后的稳定为主要考量因素；关于女性的生涯模式的划分则是以"职业"和"家庭"两个角色为主轴。1999年，霍尔(Hall)根据组织中生涯路径的迂回状态，提出了"多样化生涯路径模式"，整理出10种不同的生涯模式，分别为传统晋升型、美国之梦型、早期高峰型、晚期高峰型、稳定状态型、多重波段型、翻腾不定型、昙花一现型、中年更新型和老骥伏枥型。

目前，关于学业生涯发展模式的研究不多，尚未在使用上达成共识。2019年，南京大学刘慧基于实践经验，从学生发展类型角度提出了拔尖领军型、学术科研型、交叉复合型、综合发展型四种类型，不同类型有助于区分不同学生在职业目标内容和职业技能积累方面的差异。这四种类型的划分取决于不同特质、现实条件和发展需要，不同的发展类型在未来发展路径、资源调取、平台使用上存在显著差异。黄素菲等根据课程改革的行动研究，基于"生涯兴趣小六码"的结构模式，提出多元生涯发展路径，称为四种课程路径。该路径描述了以专业为基础的学涯模式，分别为：①专业生涯路径。例如，IR学程：生命科学、生技研发、医师(外科)领域；RI学程：生物技术、生态环境保育等生技领域。②应用生涯路径，如生资、分生、生化、制药、结构及临医等领域。例如，IS学程：食品营养、医师(内科)等领域。③跨学科生涯路径。跨领域，如科管、科法或智财所等。例如，IA学程：社会科学研究人员；EC学程：管理人员领域；CE学程：

采购、业务人员等领域。④转领域生涯路径。毕业后可从事补习班教师、导演、作家、公司职员、心理师、建筑师、剧团演员、会计、文法商等。例如，SA 学程：以生物或化学为主的高中、初中、小学教师等教育领域；AI 学程：作家、评论家、剧作家等艺文领域。这些研究试图将学生发展类型类别化，回应不同发展类型的学生如何统整多个角色，同时往多重角色方向整合，并描述每一种发展类型的特征和发展路径。因此，对大学生生涯发展模式的划分应综合考虑"专业—职业"递进关系，回应"学习者、工作者和生活者"角色的调和，描述未来的职业发展方向。

舒伯认为，生涯模式代表着不同角色的交互影响，形成自己独特的生涯发展路径。从指导实践上来看，大学生的生涯发展在一定程度上也表现为不同角色在各个学期、各个任务上的推进，不同学生有着不同的个性特质和环境资源，理应有自己独特的生涯发展模式。该生涯模式有4个基本原则：①该生涯模式讨论的原点是专业，并且指向未来的职业，基本上是以专业为基础确定为科研型、技术型、管理型和专业外发展的交叉复合型；②该生涯模式是在自我认知和外部探索的基础上，理性决策之后确定的发展方向；③该生涯模式是一种方向性引导，是指大学生做出学业事件选择和发展职业所围绕的中心，是学业规划的锚点(学业锚)；④四种模式之间本身并没有绝对的界限，其基本功能在于区分三大角色及角色的投入，并以关键事件(经历)为主要外显表现，以能力增长为内隐结果，最终形成大学生生涯发展模式的观点，即以专业为依托、以职业倾向和职业能力为基础、以职业为目标，解答在角色分配和关键事件(经历)理解方面的差异、节奏等个性化发展问题，是学生学业发展的主轴。基于对生涯模式理论的研究，结合工作实践，提出四种生涯发展模式的设想：第一种是专业科研型，以本专业高精尖基础研究为主要方向，适合对某领域进行深度研究和创造性探索；第二种是专业技术型，以本专业的技术应用和实际操作为主要方向，适合对某领域进行专业认知和技术性应用；第三种是专业管理型，以本专业的通用职能和管理事务为主要方向，适合对某行业进行深度认知和职能性工作；第四种是交叉复合型，以本专业外的职业和行业为主要方向，专业知识与行业、职能选择关系不大。四种生涯模式详见表7-2。

表7-2 四种生涯模式

发展类型	主要特征
专业科研型	以本专业高精尖基础研究为主要方向，适合对某领域进行深度研究和创造性探索。该类型的学生一般求知欲强，善于抽象推理，重视分析与内省，知识渊博；其主要职业方向为科研型教师、研发人员、科学家、理论工作者等
专业技术型	以本专业的技术应用和实际操作为主要方向，适合对某领域进行专业认知和技术性应用。该类型的学生注重实用，关注实效，追求高、精、深技术，喜欢解决实际问题；其主要职业方向为工程师、技术人员、产品经理、会计师、内外科医师、讲师、咨询师等

(续表)

发展类型	主要特征
专业管理型	以本专业的通用职能和管理事务为主要方向，适合对某行业进行深度认知和职能性工作。该类型的学生一般善于人际交往、喜欢管理和影响他人，愿意从事事务性工作；其主要职业方向以本专业所(大致)对应的行业为基础，从事管理、行政和事务性、职能性工作，包括行政人员、党团宣传、人事、市场等
交叉复合型	以本专业外的职业和行业为主要方向，专业知识与行业、职能选择关系不大。该类型的学生探索性强，利用掌握的专业外行业知识或可迁移技能就业；其主要职业方向为本专业外工作领域，以市场营销、销售等弱专业性工作

二、学业生涯的发展阶段和管理重点

生涯发展是一个连续式、有次序且具有固定形态的过程，呈现了连续性和阶段性的发展特点：一是连续性，它展现了一连串纵贯式的生命全期发展；二是阶段性，它显示出在某特定阶段的关键特点和主要任务，并有意识地为下一个阶段做准备，最早关于这种人生不同阶段的划分一般是从纵贯一生的时间长度进行的。例如，比勒将人生分为成长期、探索期、维持期和衰退期四个阶段；金斯伯格认为，职业在个人生活中是一个连续的、长期的发展过程，并把它分为幻想期、尝试期和现实期三个阶段；舒伯认为，人的职业选择是随着环境变化以及个人成长而不断动态发展变化的，他将人的职业发展分为成长期、探索期、建立期、维持期和衰退期五个阶段。这些阶段的划分为理解大学阶段的学生生涯发展特点提供了理论基础，但是这种人生"大阶段"所呈现的大学"小阶段"又有哪些具体的特征？这需要我们结合科学研究和理论实践进行推导定义，然而现在关于大学学业阶段的管理并没有统一的观点，而把握这种大学学涯的阶段特征对于理解学生特点、把握教育重点、优化教育供给具有重要意义。

金树人、顾雪英提出了大学生学涯发展阶段的观点：大一为新生定向与适应期，主要任务是新生适应(包括规章制度、环境资源、人际关系等)、了解学习方式和专业科目、开始自我探索；大二为自我评量与探索期，主要任务是继续自我探索、设定学习目标、继续人际探索；大三为设定目标，接受现实考验期，主要任务为继续职涯探索、设定生涯目标、持续人际探索、吸取谋职新知；大四为谋职、准备考研，主要任务是有效生涯决策、参加求职行动、实现求职目标。这种阶段分类最小时间单位为学年，分类内容依据以低年级(大一、大二)学业和高年级(大三、大四)求职为主，强调了人际探索和暑期工作实践的重要性。

刘勇对生涯辅导四年工作重点进行区分：大一为适应阶段，主要任务为了解大学专业、师资队伍、环境资源，了解专业和工作关系，建立正确的学习态度和信念；大二为探索和学习阶段，主要任务为认识自我、审视自我概念、掌握交际技能；大三为择业准备阶段，主要任务为了解职业等外部知识，澄清个人价值观，确认决策方案的现实性和可操作性，发展在生活、工作实践中的经验，学会适应工作需要的技能；大四择业安置阶段，主要任务为了解就业形势、熟悉就业政策和流程、提高就业技能等。其分类时间最小单元为学年，分类主要内容为学业适应和就业准备，突出学业适应、职业技能提升和就业准备等。

温多红、周西安基于发展目标和学年特点将大学分为四个阶段：大一为引导适应期，主要任务为培养独立生活和学习的能力，分析自我，了解专业，激发学习热情，专业成绩优秀，提交入党申请书；大二为塑造成型期，主要任务为提高领导、沟通、协调和科研等综合能力，明确目标，扩展知识面及完善知识结构，取得英语、计算机或者专业资格证书，成功加入党组织；大三为巩固定向期，主要任务为明确发展方向和目标，了解专业前沿，加强锻炼，探索未来职业；大四为总结优化期，主要任务为客观评估学业目标执行情况并优化目标，增强社会责任心，明确岗位职责与规范，梳理正确观点，合理选择人生道路。其分类的时间单位依然为学年，分类内容低年级阶段以学业适应为主，高年级阶段以职业选择和职业准备为主。

刘慧综合学生生涯教育现状、人才成长规律等，将大学生生涯发展过程分为四个阶段：生涯规划期(大一、研一)，主要任务是唤醒规划意识，提升个体原动力；生涯积累期(大二，研一、研二)，主要任务是进行职业实践和技能积累，提升职场竞争力；决策行动期(大三、大四、研二、研三)，主要任务是拓宽职业路径，开始职业选择和求职，开启职业生涯；生涯反馈期(大四下、研三下和毕业后)，主要任务是开展调查研究，反馈人才培养。其分类最小时间单位为学年，但是第一次有了"学期"的概念，如单独将生涯反馈期确定为大四下，并且确认本科和研究生阶段存在发展任务的"重叠性"的特点。分类内容以明显的就业为导向，从学生的角度分为生涯规划期、生涯积累期和决策行动期三个阶段，从学校的角度则增加了生涯反馈期，首次形成包括多主体(学生、学校、企业)、多层次(本研)、分阶段(四个阶段)的工作闭环。

纵观多位学者的理论和实践研究，大学阶段划分必须综合考虑阶段名称、时间和主要任务，从分类最小时间单元来看，主要以学年为单位，部分研究开始"跨学年"，部分阶段划分开始出现"分学期"。这种以学年为单位的划分基本上是遵循大学四个学年的设置特点进行的，虽然在一般理解上更加稳妥，但是设置最小时间单元还要充分考虑学生相对独立的发展特征和发展任务相对一致的阶段。从整体上看，阶段的主要任务不是孤立的学业、职业或生活(休闲活动)，而是包括学业、职业和生活的综合性概念。据此，我们提出生涯发展的五阶段模型，从时间角度看，将生涯阶段划分的最小时间单元

第七章
强化生涯管理：实现人生价值

设置为"学期"，并且突破单个学期甚至超过学年的概念；从任务角度看，在纵向上要体现自我认知、外部探索、决策行动等生涯规划的经典流程，在横向上要包括学业、职业和生活三大任务，并且以广义的学业概念来统称，最终确定以学期为最小时间单元，体现专业和职业发展的关系，以生涯探索、生涯决策、生涯行动、生涯管理为主线。五阶段模型以专业学习为基础，以职业准备为目标，探索学业生涯、职业生涯和生活生涯发展，明确各个阶段的关键任务、主要目标和教育路径，反映了大学生在大学 8 个学期在生涯发展任务上应该达到的程度，可作为我们生涯教育或者更大范围思想政治教育的理论依据。

第一个阶段：适应期(第 1 学期)。该阶段的主要任务包括：迅速适应学校环境，了解规章制度，掌握发展资源；促进生涯觉醒，树立自主意识，增加角色意识；形成专业认知，调整学习策略，初定学业目标。该阶段的特色路径为新生入学教育、新老生经验交流会、专业认知活动、实验室开放日、生涯发展档案、职业生涯人物访谈、生涯教育活动等。

第二阶段：探索期(第 2 学期)。该阶段的主要任务包括：充分进行自我探索和外部探索(专业和职业)；加强学业行动，夯实专业基础，巩固学业成绩；引导理性决策，初步确定生涯方向。该阶段的特色路径为职业生涯指导课、职场体验、专业招聘会体验、职业生涯规划书大赛、撰写学业规划书、朋辈学业辅导、暑期实习、学困生辅导。

第三阶段：准备期(第 3~5 学期)。该阶段的主要任务是明确生涯发展模式，体验多种生涯发展路径；夯实专业基础；参加实践活动，建立人际网络，提升职业能力，在学业成绩、资格证书、关键经历等方面有标志性成果，确定生涯发展方向。该阶段的特色路径为考取资格证书(英语、计算机和专业)、职业体验和职业实习、校园(社会)实践、主要班干部、考研经验交流会、个人发展答辩会。

第四阶段：冲刺期(第 6~7 学期)。该阶段的主要任务是制订学习计划，选择考研、考公和就业方向之一聚焦备考；拓展专业深度，形成专业偏好；提升职业(研究)技能，提升综合素养。该阶段的特色路径为考研(考公)复习与考试辅导、就业力提升训练营、模拟求职大赛、职业实习。

第五阶段：毕业期(第 8 学期)。该阶段的主要任务是实施学业评价，形成高质量学业成果；撰写毕业论文，完成毕业手续；实施求职(考研、考公)行动，初步角色转换，开启职业(新一段学业)生涯。该阶段的特色路径为考研面试与调剂辅导、论文写作训练营、就业指导，除了特色路径之外，各个阶段都可以将生涯测评、生涯咨询、生涯团辅、学业辅导等作为常规路径。

学涯发展五阶段模式见表 7-3。

表7-3 学涯发展五阶段模式

阶段名称	适应期	探索期	准备期			冲刺期		毕业期
学期	1	2	3	4	5	6	7	8
学年	大一		大二			大三		大四
主要任务	迅速适应学校环境，了解规章制度，掌握发展资源；促进生涯觉醒，树立自主意识，增强角色意识；形成专业认知，调整学习策略，初定学业目标	充分进行自我探索和外部探索(专业和职业)；加强学业行动，夯实专业基础，巩固学业成绩；引导理性决策，初步确定生涯方向	明确生涯发展模式，体验多种生涯发展路径；夯实专业基础；参加实践活动，建立人际网络，提升职业能力，在学业成绩、资格证书、关键经历等方面有标志性成果，确定生涯发展方向			制订学习计划，选择考研、考公和就业方向之一聚焦备考；拓展专业深度，形成专业偏好；提升职业(研究)技能，提升综合素养		实施学业评价，形成高质量学业成果；撰写毕业论文，完成毕业手续；实施求职(考研、考公)行动，初步角色转化，开启职业(新一段学业)生涯
特色路径	新生入学教育、新老生经验交流会、专业认知活动、实验室开放日、生涯发展档案、职业生涯人物访谈、生涯教育活动等	职业生涯指导课、职场体验、专业招聘会体验、职业生涯规划书大赛、撰写学业规划书、朋辈学业辅导、暑期实习、学困生辅导	考取资格证书(如英语、计算机和专业等)、职业体验和职业实习、校园(社会)实践、主要班干部等、考研经验交流会、个人发展答辩会			考研(考公)复习与考试辅导、就业力提升训练营、模拟求职大赛、职业实习		考研面试与调剂辅导、论文写作训练营、就业指导
常规路径	生涯测评、生涯咨询、生涯团辅、学业辅导(均不分阶段，按需进行)							

(资料来源：张晶)

三、学业生涯的管理步骤

"生涯"不是高高在上的抽象概念，它将我们未来可能的生活角色、生活环境和生活事件具体化，将我们未来的具体化形象与目前的状况联系起来进行考虑，学业生涯管理要围绕生涯的三个关键要素(环境、角色和事件)展开，学业生涯管理包括三个步骤，具体如下。

（一）了解工作环境，增强适应能力

大学生要想做好生涯管理，必须同时考虑两个场景：一是学校环境，二是工作(组织)环境。大学生一方面要了解工作环境的特征和要求，另一方面要适应学校的环境要求，并积极地为未来工作做好准备。大学生普遍缺乏对职场环境的了解，从校园到职场存在诸多"中空"，了解工作环境的要求不仅对于适应大学环境，而且对于未来职业发展都至关重要，有助于大学生从"校园人"向"职场人"的转变。

关于这两个场景的描述最有影响力的研究是丹尼尔·费罗曼。通过对初入职场的大学生所经历的"入职冲击"的一些观察，对即将毕业的大学生，他提出的忠告是，他们将要踏入的工作世界与他们将要离开的学校世界是截然不同的，他从文化、态度和学习过程三个方面进行了比较，对于想做好学业生涯管理的大学生提供了一个理解的角度。这里需要说明的是由于时间、文化视角的差异，大家在理解起来会有和现在经验不一致的地方。这里只提供一个理解的框架，大家可以结合现在工作环境的要求，明确当下大学环境适应的重点。例如，对比表中(表7-4)强调校园文化得到反馈既规律又具体，工作文化得到反馈既无规律又很少。这对大学生的启发与反馈很重要，相比较高中，大学和职场的直接反馈既少也泛，所以我们既要主动监控、自我反馈，又要主动与老师、经理、同事、同学进行交流，以获取外部反馈。

表7-4 大学环境和工作环境对比

工作环境	大学环境
工作文化 1. 更固定的时间安排； 2. 你不能缺勤； 3. 得到的反馈既无规律又很少； 4. 没有暑假，节假日也很少； 5. 很少有问题的正确答案； 6. 任务模糊、不清楚； 7. 根据团队表现进行评估； 8. 工作循环周期更长，持续数月或数年； 9. 奖励通常以主观标准和个人判断为基础	校园文化 1. 弹性的时间安排； 2. 你可以逃课； 3. 得到的反馈既规律又具体； 4. 充足的假期和自由的节假日； 5. 问题总有正确答案； 6. 教学大纲提供明确的任务； 7. 分数上的个人竞争； 8. 工作循环周期短，每周班级会面1~3次，每学期17周； 9. 奖励以客观标准和优点为基础
你的老板 1. 通常对讨论不感兴趣； 2. 分派紧急的工作，交付周期很短； 3. 有时很独断，并不总是公平的； 4. 以结果(利益)为导向	你的老师 1. 鼓励讨论； 2. 规定完成任务的交付时间； 3. 被期待是公平的； 4. 以知识为导向

(续表)

工作环境	大学环境
学习的过程 1. 具体的问题解决和决策制定； 2. 以工作中的临时性时间和具体、真实的生活为基础； 3. 社会化、共享型的学习	学习的过程 1. 抽象性、理论性的原则； 2. 正规性、结构性和长程性的学习； 3. 个人化的学习

注：因时间、文化视角的差异会有理解上的差异。

(资料来源：里尔登等，侯志瑾)

（二）明确生涯定向，打造个人品牌

每个大学生都希望获得职业生涯的成功，无论进入什么层次的学校，他们都怀着最美好的梦想，然而美好的梦想种子并不总能开花结果，其中一大部分原因是个人定位出了问题，我们都有共同的经验：你会发现有些大学生有明显的特点，让人印象深刻；有些大学生默默无闻，容易被人忽略；有些大学生虽然学习成绩差，但是社会经历丰富，未来发展良好；有些大学生整体泡在实验室，学习成绩扶摇直上，简直就是小科学家，这些都是我们对某位大学生的综合印象。那么大学生应如何打造自己的个人标签呢？生涯定向意义重大。生涯定向是指个体确立职业方向、选择职业目标、明确发展路径，并为此制订计划、采取行动的过程。有无生涯定向及其状态好坏，不仅是大学生进行职业生涯规划的关键步骤，而且是影响大学生发展状态乃至未来职业生涯成功的重要前提。在数字化时代，大学生面临着多变性职业生涯形态和多雇佣形式，每个大学生都需要有明确的生涯定向，并积极关注如何建立个人的"名片"、打造个人的独特标记和品牌。但是从学生培养的现实情况来看，他们在个人生涯定向和品牌打造上还存在一些问题，主要表现如下：

(1) 不着急。这些学生普遍认为毕业还早，现在不着急，最后往往"竹篮打水一场空"。

(2) 跟着学。这些学生采用追随策略，看学长学姐做什么、考什么，就做什么、学什么，虽然能够借鉴朋辈榜样，但是受制于朋辈发展的刻板印象和路径依赖，可能影响高水平学生的跃迁发展。

(3) 走着看。这些学生虽然有点个人定位意识，但是缺乏生涯认知和定位能力，更缺乏行动意识，品牌打造的紧迫感不强，最后囫囵吞枣、不伦不类。

(4) 没有用。这些学生认为职场复杂多变，现在规划得很好，未来变了怎么办，他们不仅缺乏应变的勇气，更缺乏应变的能力。

事实上，这些类型并不能完全概括学生在生涯定向方面存在的问题，考虑到大学生后"探索期"的特征以及时代的"乌卡特性"，我们都应该主动面对不确定性，不断地整合自我和外部世界信息，动态调整、迭代定向。我们可以采用"职业生涯九宫格"工具(活动 7-1)进行个人品牌的梳理。

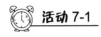 活动 7-1

职业生涯九宫格

职业生涯九宫格希望用一页纸列清楚影响职业生涯发展最重要的构成部分,指引大家去思考和澄清 9 个方面的问题,是大学生不断思考自身生涯发展、打造个人生涯品牌的重要工具。这 9 个要素之间的联动关系以及平衡状态是人一直在孜孜不倦地追求的目标。

操作要点:

"个人品牌"是跟随你职场一生的最重要的无形资产,"工作胜任力""知识和经验"是你要一直培养和提高的内职业生涯,"行业"和"职业"是你要持续关注的外职业生涯,"工作价值观""能力倾向"和"职业兴趣"是你选择职业生涯的核心要素,"行动计划"是落实到行动指向目标的有力措施和计划。

职业生涯规划九宫格表单

个人品牌		
我希望在未来职场留给他人什么印象?		
工作胜任力 为了在工作中表现出色,我应该培养哪些能力素质?	**工作价值观** 我工作是为了什么?	**行业** 哪些行业是既有前景又容易进入的?哪些组织类型适合我?
知识和经验 为了在工作中表现出色,我应该积累哪些知识和经验?	**能力倾向** 我想在工作中发挥哪些能力?	**职业** 哪些职业方向适合我?
	职业兴趣 我喜欢什么类型的工作?	
行动计划 为了实现上述目标,我应该做些什么?		

(资料来源:陈畅)

生涯规划与人生设计

（三）打造重要经历，支撑终身发展

前面讲了生涯定向和目标设定，接下来我们讲大学生的在校经历。在校经历是指大学生接受教育过程中亲身经历的、做过的或遭受的对其自身成长有很大影响的事情或过程(薛宇红、田东平)。例如，学生的兼职经历、实践经历、领导经历、科创经历、学生组织经历等都属于在校经历。有很多研究直接证明了大学在校经历与职业发展的高相关性。例如，陈娜、朱红研究认为，大学生的学习投入对学生的职业成熟度具有良好预测力，大学生参加学术竞赛、自学时间、每周早读次数等学习行为与其就业信心具有正向关系。又如，陈孝彬、高洪源认为，教育经历作为能力的信号是用人单位选择雇员的重要依据。由此可见，优化大学生的大学经历是提高高等教育质量和人才培养质量的重要途径，也是实现生涯目标的根本依据。这和我们的日常经验是一致的，通常来讲，有着丰富在校经历的学生具有较好的日常表现，其未来职业生涯也能获得成功。下面，我们尝试从目标清晰度和经历丰富度两个维度进行分类，具体如下：

(1) 目标清晰度高，经历丰富度高。这类学生有明确的生涯发展方向和清晰的生涯发展路径，他们努力朝着目标去努力、去奋斗，争取发展机会，打造丰富的在校经历。例如，目标为推免研究生的学生，几乎所有的精力都围绕着"推免"的指标展开，他们的在校经历聚集于专业学习、外语学习、科技创新和学术实践上。

(2) 目标清晰度高，经历丰富度低。这类学生虽然知道自己要什么，但是看起来仅仅停留在口头或者想象中，目标没有经过现实的检验。例如，我们经常遇见这样的学生，他们对未来有着清晰的规划，但是从来不付之于行动，最后给大家留下了"眼高手低"的印象。

(3) 目标清晰度低，经历丰富度高。这类学生虽看起来对未来有些模糊，不知道未来要干什么，但是非常吃苦肯干，他们积极参加各种学校活动，如课程学习、科技创新、社会实践、职业实习等，最后成绩也不差，获奖经历丰富，并且能在实践活动中逐渐厘清未来发展方向，逐渐明确生涯发展目标。例如，有个学生不清楚自己未来要干什么，但是交代给他的事情以及学校、学院组织的活动，他都会积极参加，到了大四，他不知不觉就积累了很多高质量的在校经历，最后发展得非常不错。

(4) 目标清晰度低，经历丰富度低。这类学生对目标毫无感觉，也不积极，追求"躺平"，整天碌碌无为，任何实践活动都见不到他的身影，毕业简历上除了基本信息，无其他内容可写，可以说"一张白纸进校，一张白纸出校"。

总体来看，无论目标清晰或不清晰，作为大学生都应积极主动探索，努力学习各门课程，积极参加各项学术实践活动，这对未来生涯发展大有益处。不同的是，如果你的目标更加清晰，你的精力会更加聚焦精深、更有效率，这类学生就可以遵循"登山模式"，不断地沿着目标前进；如果目标不清晰，你就可以边走边看，遵循"漂流模式"，经过多次探索，积累关键经历，增加未来的选择。对大学生来说，什么最重要？答案是在校

经历(事件)。周文霞、薛晓州等在《大学生在校经历对职业发展影响的调查研究》一文中证明了上述判断，他们采用结构化访谈法对326名具有丰富工作经验的已毕业大学生实施调查，请他们根据职场经验重新审视在校经历。结果发现：制订明确的职业目标；维持良好的人际关系；有针对性地实习；认真学习，取得良好成绩；参加社会实践，这是他们认为最重要的5项在校经历。为人处世的能力、学习能力、沟通能力等是需要持续培养的重要素质。因此，大学生需要通过良好的在校经历提高和完善自身综合能力，改变传统的被动学习状态、积极参与社会实践、主动学习，将所学知识和技能与社会需要有机结合起来，从而在未来的生涯发展中脱颖而出。

大学生应该培养的重要在校经历有哪些呢？一般认为，大学生最重要的是要扮演好学习者、工作者和生活者三大角色，在这三个角色的主导下又分为学业创新区、职业准备区和生活休闲区三大"经历主区"，下设8个"经历副区"，包括学业专业区、科技创新区、校园实践区、外语学习区、人际交往区、职业资质区、职业实践区和兴趣爱好区。这些"经历副区"都有相应的载体支撑，具体如下：

(1) 学业专业区。学业专业区主要指在课程学业、学历层次、学业荣誉、辅修专业、关键学业成果等方面的经历事件。例如，在课堂上认真学习；广泛阅读(专业书籍阅读量)、积极讨论、参加学术论坛或者经常收听学术讲座等；论文发表；成绩排在前列(班级排名、专业排名和年级排名)，获得校院奖学金等。

(2) 科技创新区。科技创新区主要指学生在科技创新领域的经历事件，包括通用类和专业类的科创大赛实践，以作品和项目为主要表现形式。例如，积极参加学术科技和创新创业竞赛，如SRT、挑战杯等。

(3) 校园实践区。校园实践区主要指在思想成长、文体活动、班级组织社团、社会实践和志愿服务等方面的经历。例如，参加学生组织(学生会、自律会)、社团等，中国本土研究中经常将参与各类学生组织视为学生社会适应的核心指标；在组织或者班级有党支部书记、学生会主席、部长、班长、团支书等主要任职经历；积极参加校园文体活动，如演讲、辩论赛、教师技能大赛、职业规划书大赛等；积极参加支教助残等志愿服务。

(4) 外语学习区。外语学习区主要指学生外语日常学习和等级考试等方面的经历。例如，英语的听说读写能力、英语四六级、英语专四专八成绩和考研英语成绩等。这方面应该归属于学业专业区，但是考虑到外语成绩和日常学习对大学生发展的重要性，所以单独列出来。

(5) 人际交往区。人际交往区主要指与周围人保持良好的人际关系，做出积极有效的关系管理。这里的人际关系包括亲属关系、同辈关系、师生关系和同事关系等。大学生要经历失去几乎完整的高中同伴群体和发展大学同伴群体的压力。如何处理好大学校园里新的关系网络对大学生活适应、未来职场发展有重要的意义。例如，有的学生处理不好宿舍关系，可能会影响学业成绩；有的学生遇见了一位好老师，可能终身受到老师的影响和指导。因此，大学生要积极利用"助班"、社团、朋辈交流等载体维持良好的人际关系。

（6）职业资质区。职业资质区主要指通过自学或者外训获得相关通用类或者专业类资格证书，或者能代表某一领域能力的结业证书。例如，国家计算机等级考试证书、办公软件、普通话水平测试等级证书等。

（7）职业实践区。职业实践区主要指与职业探索和工作经验积累有关的专业体验、职业体验、职业实习或真实的职场经历等。例如，教育机构实习、某高中实习等。

（8）兴趣爱好区。兴趣爱好区主要指在日常生活休闲时用来缓和情绪、纾解压力、调剂身心的活动，包括运动类、爱好类和身心类等。这些兴趣爱好通常可作为调节身心的重要方式，但是不能占据大学生在校经历的主轴。

一般来讲，这些在校经历分为客观经历和主观经历。其中，客观经历是指个人客观上经历的事件，它更在乎经历的客观存在；主观经历是指一个人主观解释的关于生涯内在的东西，它更重视经历的主观解释。我们通过对一名即将毕业的汉语言文学专业的大四毕业生进行访谈，请他重新审视影响自己大学发展的在校经历，并在学生生涯发展(关键事件)计划表上进行标注，得出该生生涯发展关键事件(经历)地图(图7-2)，这里面的关键事件(经历)显然既有客观经历也有主观经历，有时候对别人来说是无足轻重的事情，但是可能被自己解释为重要的经历。

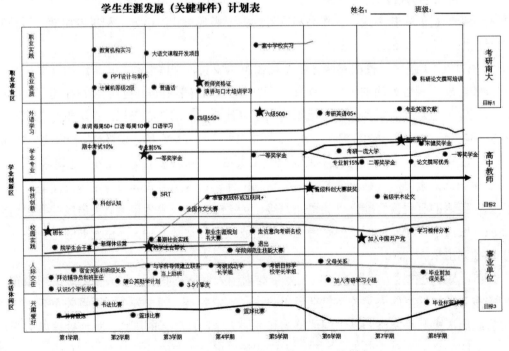

图7-2　学生生涯发展关键事件(经历)计划表

大学生的关键在校经历都有哪些呢？显然没有经过充分探索的学生是不了解的。当然，不同学校的类型、层次、内容均大同小异，或者名称有所差异，但是表 7-5 基本上概括了大学生在校可能会经历的关键事件，大学生可以据此在校园内外寻找相应的事件载体，不断提升经历的丰富度和层次性，为未来生涯发展提前做好准备。此外，广大师生可以使用生涯发展计划(活动 7-2)工具对个人经历进行梳理。

表7-5 大学生关键事件(在校经历)说明表

一级维度	二级维度	主要说明	表现形式	动作载体
学业专业区	学历层次	主要记录学历提升上的学业情况	专科、本科、研究生(硕士)、研究生(博士)	升本、考研、推免等
	学业成绩	主要记录学生在班级、专业上智育或者综测的排名	成绩绩点排名	学期考试
	学业荣誉	主要记录各级各类学业和科研性质的奖学金	荣誉证书	奖学金评定，一般每学年一次
	辅修专业或者比较系统性的学习经历	主要记录本专业外辅修专业或者围绕某知识领域体系性的知识	专业或体系化知识	辅修专业或者自学知识
	关键性的学业成果(论文发表、出版专著等)或者学术论坛(讲座)发言	主要记录学生在学业领域的关键性学业成果或者在各层各类学术论坛(讲座)上的发言	学术成果名称或者论坛名称	撰写论文、专著或参加学术论坛
科技创新区	学术科技竞赛	主要记录学生在各级各类学术科技竞赛上经历及获得的相关荣誉	作品(项目)，成绩排名、荣誉证书	参加各级各类学术科技竞赛
	创新创业竞赛	主要记录学生在各级各类创新创业竞赛上经历及获得的相关荣誉	作品(项目)，成绩排名、荣誉证书	参加各级各类创业创业竞赛
	专利发明等	主要记录取得专利上经历及获得的相关荣誉	专利成果	申请专利

(续表)

一级维度	二级维度	主要说明	表现形式	动作载体
校园实践区	思想成长	主要记录学生的入党、入团经历,党校团校培训经历,思想引领活动类(如青年马克思主义者培养工程)及获得的相关荣誉	证书或经历	参加活动
	文体活动	主要记录学生在文艺、体育、人文素养类的校园文化活动的经历,以及获得的相关荣誉	证书或经历	参加活动
	班级组织社团任职经历	校院学生组织(如学生会、记者团)主席、部长、副部长、主任、班长、团支书、社团负责人、班委和课代表等	任职时间,职位大小等	参加班级、学生组织和社团
	社会实践(暑期和寒假)	主要记录学生在暑期"三下乡"社会实践活动及寒假社会实践活动经历,以及获得的相关荣誉	证书或经历	参加活动
	志愿服务	主要记录学生参与支教助残、社区服务、公益环保、赛会服务等各类志愿公益活动的经历,以及获得的相关荣誉	证书或经历	参加志愿服务
外语学习区	课程英语	主要记录学生在英语课程上的学习成绩	成绩	参加英语课程学习
	英语四六级	主要记录英语四六级资格证书	证书	考取四六级证书
	专业四八级	主要记录专业四八级资格证书	证书	考取专四专八证书
	考研英语	主要记录考研英语成绩	成绩	考研英语学习

(续表)

一级维度	二级维度	主要说明	表现形式	动作载体
外语学习区	雅思托福等	主要记录雅思托福资格证书	证书和成绩	雅思托福学习
	听说读写能力	主要记录听说读写上的学习经历	实际能力	日常四大能力锻炼
人际交往区	亲属关系建立与维持	主要记录学生与父母、儿女、夫妻、兄弟姐妹、重要亲戚建立亲密关系的经历	紧密度和支持度	建立亲属亲密关系
	同辈关系的建立与维持	主要记录学生与重要朋友、宿舍舍友、同学关系的重要经历，如社团组织、学习榜样、考研学长学姐等建立的关系	紧密度和支持度	建立同辈友谊关系
	师生关系的建立与维持	主要记录学生与班主任、辅导员、导师或者其他行政人员的关系	紧密度和支持度	建立师生关系网络
	同事关系的建立与维持	主要记录学生在职业实习实践或者职场中建立的关系，如同事、主管和下属	紧密度和支持度	建立同事关系网络
职业资质区	计算机	主要记录全国计算机等级考试(1~4 级)、软件水平考试(初、中、高)、程序员认证考试、软件设计师等	证书	参加各类计算机培训或者资格考试
	办公软件	主要记录以 OFFICE 办公软件(PPT、Word、Excel)为主的经历，尝试学些简单的图片处理和视频处理软件	实际能力	参加各类办公软件培训或者相关比赛

(续表)

一级维度	二级维度	主要说明	表现形式	动作载体
职业资质区	普通话	主要记录学生在普通话上的能力能力,分为三级六等,是师范类专业需要掌握的技能	证书	参加普通话水平测试
	专业软件	主要记录与专业或者行业应用密切相关的软件,如土木专业掌握AUTOCAD、Project	证书或实际能力	参加各类软件培训或者考试
	专业资格证书	主要记录与专业或者行业应用密切相关的资格证书,如师范生的教师资格证书;心理学的心理咨询师证书等	证书	参加各类资格证书培训或者考试
	职业培训(资质)经历	主要记录学生参加各类培训项目和学习经历,如CAD制图、心理咨询培训等为主要标志	证书或经历	参加与发展有关的各类资格证书或者培训项目
职业实践区	职业实践(实习)经历	主要记录学生在各类企事业单位职业体验、职业实习和就业习的经历,以及获得的相关荣誉	经历	参加职业体验、实习和就业
兴趣爱好区	运动类	主要记录学生在网球、篮球、足球、羽毛球等运动健身锻炼上的经历	证书或经历	参加体育竞赛或者日常的体育锻炼计划
	爱好类	主要记录学生在摄影、美术等爱好类活动经历	证书或经历	参加兴趣爱好类活动
	身心类	主要记录学生在日常生活休闲时用来缓和情绪、纾解压力、调剂身心的活动经历,如听音乐、爬山、钓鱼、看电影、旅游等	经历	参加身心放松类活动

第七章
强化生涯管理：实现人生价值

学生生涯发展计划

学生生涯发展计划表单以"学期"为基本时间单元，以"经历"为发展脉络，统筹考虑学生发展目标和生涯模式，形成个人生涯发展关键历程表。其主要功能区域和使用办法介绍如下。

1. 功能区域

该计划表单(图7-3)包括可见的8个经历区、学期和发展目标(通常为1~3个)，同时隐藏着一个生涯模式。

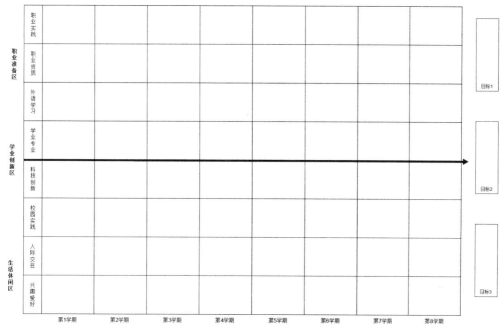

图7-3 学生生涯发展计划表单

(1) 经历区。(可参考上文)

(2) 学期。计划表以学期为单位设计关键经历，同时考虑一个关键经历的时间跨度、重大经历的周期性和经历反馈的即时性三个要素，尽量引导学生明确每个学期的关键任务，同时为下一个阶段积极做准备。

(3) 发展目标。有些学生目标清晰，可以根据情况填写1~3个目标；有些学生目标不清晰，可以写一个大方向，甚至不写目标，有了经历既有助于学生反省自我，又提供了未来选择权。

(4) 生涯模式。生涯模式是在经历打造过程中学生主导的发展模式。例如，有的学生清楚地知道自己想往本专业的研究型方向发展，则他应围绕学业和科研方向重点打造；

有的学生确定了专业应用路线,则应在专业学习的同时,更加注重职业实践和资格证书的打造;有的学生发展方向与专业无关,选择公务员或者选调生,那么可能更加重视校园实践经历,通过参加实践活动锻炼可迁移技能与自我管理技能;等等。根据经验我们总结出专业科研型生涯模式、专业技术型生涯模式、专业管理型生涯模式和专业交叉型生涯模式四种,以帮助学生了解自己的发展主轴。

2. 功能介绍

(1) 功能区介绍。介绍表单的主要功能以及四大功能区设置。

(2) 介绍大学生的三大角色和三个目标。三个主要角色分别是学习者、工作者和生活者,学生应清楚角色分工、角色比例和角色支撑的关系;对于三个目标,学生可以根据自己的情况填写,不清楚的可以空出来。

(3) 填写关键经历。引导学生思考在大学期间、各个学期需要完成的关键事件,关键事件应该根据主导的"生涯模式"和发展目标分经历区填写。

(4) 引导思考。对大一的学生来说,可以结合"大学生关键事件(在校经历)说明表",引导学生唤醒生涯发展意识,通过关键时间表让学生明确各个学期、各个角色需要完成的关键事件,更像是"计划表";对于大二、大三的学生来说,填写各个学期完成的关键事件更像是"复盘表";对于大四的学生来说,填写各个学期完成的关键事件更像是澄清表。学生通过对关键事件的复盘,通过重要经历的支撑,增进自我知识,提升自我效能,瞄准就业行动。

(5) 其他做法。引入生命线技术的操作办法,同时探讨"积极事件"和"负性事件"对学生产生的影响;使用幻想技术帮助低年级学生快速进入活动;在分析每个关键事件的时候可以使用"STAR"法撰写"成就故事",并使用KASO(K—知识、A—能力、S—技能、O—其他)模型进行兴趣、态度、价值观等的分析。

第三节 职业生涯管理

获得一份工作只是一个大学毕业生职业生涯的起点。为了让组织满意,他们还必须提升就业能力;为了让自己满意,他们还需要解决适应问题,如了解职业环境、明确工作角色等。为此,大学生必须进行有效的职业生涯管理,这要求他们主动探索职业世界,积极主动建构与管理职业生涯,即利用自我管理和职业生涯建设的技能,根据自己的某些特征和性格因素,进行反思、评估和决策,以有效地获得、展示和使用工作世界通用的和专业技能的持续过程。从最广泛的意义上讲,职业生涯管理涉及制定切实可行的和有意义的职业目标,确定和参与战略性工作决策和学习机会,努力实现工作、生活平衡以及享受工作、经济和社会之间最广泛的关系;从最直接的意义上讲,职业生涯管理还包括获得和维持工作所涉及的过程。

一、职业生涯的发展模式

从不同的视角出发,员工的职业生涯发展呈现四种模式,分别是生活周期模式、基于组织的发展模式、发展方向模式和综合模式。其中,生活周期模式是以员工人生过程中不同阶段所面临的发展任务为线索来描述职业生涯的发展;基于组织的发展模式是以组织任务为线索,描述人生不同发展阶段应该通过学习满足组织不同需求的各个方面。这里我们重点介绍综合模式。综合模式是生活周期模式、基于组织的发展模式和发展方向模式的结合,它既从个体发展的角度,又从组织发展需要的角度,更从职业导向的角度来考察职业生涯的发展。在综合模式中,职业生涯发展分为四个依次出现、相互关联的阶段(表7-6):探索阶段、建立阶段、保持阶段和脱离阶段。每一个阶段都有自己的发展任务、主要活动及角色关系作为标志,在这里年龄和工作年限仅仅是一个参考尺度,而在人生的道路上,往往会有职业生涯发展阶段的再循环。例如,一个人从一个熟悉的行业跨到另一个完全不熟悉的新行业,即使年龄大,也要重新探索,进入新的职业生涯发展阶段。

表7-6 职业生涯发展阶段

发展标志	探索阶段	建立阶段	保持阶段	脱离阶段
发展任务	使自己的兴趣、技能适应职业的要求,学习	进步、成长、安全,发展生活风格	稳步取得成功,更新技能	计划退休生活、改变职业与业余之间的平衡
主要活动	接受指导	独立,成为有贡献的人	培训、奉献,政策制定	离开岗位
角色关系	学徒	同事	良师益友	协助者
年龄	30岁以下	30~45岁	45~60岁	60岁以上
工作年限	2年以内	2~10年	10年以上	10年以上

二、职业生涯的发展阶段和管理重点

职业生涯是一个由探索、建立、保持和衰退等阶段构成的动态发展过程。对于个体来讲,要察觉不同发展阶段的心理需求和关注重点;对于组织来讲,要根据不同阶段员工的特点,进行动态性的调整,而这些就是不同个体在这个阶段的发展任务和工作重点(表7-7)。职业生涯四个阶段的具体介绍如下:

(1) 探索阶段。个体通过工作实践进一步增进对自我和外部职业世界的认识,确认是否匹配,尽快适应并融入组织。根据组织职业生涯的管理重点,个体要通过多种信息渠道了解对应职位的任职资格、素质要求和职业发展方向；表达个体需求，展现工作能力，做到人职匹配；通过培训学习、新老帮带尽快融入组织。

(2) 建立阶段。个体进一步接受组织文化，展现工作能力、开发潜能、实现个人价值，获得进一步的职业发展。根据组织职业生涯的管理重点，个体要积极地展现能力素质，明确下一阶段的职业发展目标，确认能力差距，通过培训、自学等手段开发潜能，利用参与管理的机会，培养管理能力。

(3) 保持阶段。个体进一步保持继续领先、获取新知识、提高自身综合素质；保持和增强组织地位、巩固个人威信；保持组织成员间的有效支持；保持工作的稳定性。根据组织职业生涯的管理重点，个体可以通过轮岗、工作转换，调整工作内容、增加工作面、更新知识技能，尝试由"吸收者"角色向"传授者"角色转变。

(4) 衰退阶段。该阶段是个体逐步退出职场的阶段，个体职业发展需求降低，开始为退休做准备。根据组织职业生涯的管理重点，个体可以通过培训、政策解读等了解退休前的各项政策、方法，为退休后的生涯发展做准备。

表7-7 不同发展阶段的组织职业生涯管理

发展阶段	个体需求	组织职业生涯管理	
		关键点	内容
探索阶段	(1) 增强对自己和职业环境的了解，以确定自己究竟适合何种职业； (2) 尽快融入组织	指导	(1) 在招聘过程中，为求职者客观地提供组织信息，包括各职位的任职资格、素质要求、职位发展方向等，了解求职者的就业期望、胜任力情况，尽可能做到人职匹配； (2) 通过入职培训(如职前教育、职业生涯培训、轮岗培训等)帮助新员工尽快融入组织，使他们了解其在组织内各种可能的发展方向和上升通道，促使员工有意识地规划和管理自己的职业生涯
建立阶段	(1) 接受组织文化，胜任现职工作，获得尊重与认可； (2) 开发潜能，提升个人能力，实现个人价值，获得职业发展和成功	感受公平	(1) 公平地评估员工的能力素质，使他们了解自己与下一个职业发展目标之间的差距，从而确定下一步发展计划； (2) 根据评估结果，对员工提供差异化的能力提升培训，开发其潜能； (3) 以职业生涯为导向建立科学合理的绩效者评级薪酬体系，将绩效标准与生涯目标合理结合，通过绩效与薪酬的激励作用促进员工的职业生涯发展； (4) 扩大员工工作自主权，赋予员工参与管理的机会，推动并促进公开、平等的沟通

(续表)

发展阶段	个体需求	组织职业生涯管理	
		关键点	内容
保持阶段	(1) 保持技术领先，获取新知识、提高自身综合素质； (2) 保持和增强其在组织保持内的地位，巩固威信； (3) 与组织成员间相互支持，向其他成员分享、传授工作经验，保持工作稳定，避免被裁员	开发	(1) 通过为员工制订有吸引力的个性化培训计划、定期进行工作轮换、适时调整工作内容等措施，促进员工及时更新知识技能； (2) 建立有利于信息沟通的工作环境，促进员工间工作经验的分享，如实施导师制，培训并安排处于保持阶段的员工指导新员工； (3) 将新员工"求发展"的职业诉求和老员工"求稳定与树立形象"的职业诉求相结合
衰退阶段	职业发展需求降低，阶段开始为退休做准备	关怀	提供退休前培训，以使员工了解国家及组织的退休政策与方法、工作交接程序、医学保健知识；进行休闲娱乐活动等

三、职业生涯的管理步骤

通常来讲，学生找到工作只是迈出了职业生涯的第一步，除此之外，学生必须了解如何快速适应工作、表征工作绩效、制订长期目标、获得职业发展。学生需要根据个人发展以及企业发展的不同阶段对职业生涯进行合理的规划，不同的阶段需要按照不同的步骤进行规划。

(1) 自我评价。自我评价是指全面了解自己，增进自我认知。一个有效的职业生涯设计必须是在充分且正确认识自身条件与相关环境的基础上进行的。学生要审视自己、认识自己、了解自己，做好自我评估，包括自己的兴趣、性格、能力和价值观等，即要清楚我喜欢什么、我适合什么、我擅长什么、我愿意干什么。

(2) 确立目标。确立目标是制定职业生涯规划的关键，通常目标有短期目标、中期目标、长期目标和人生目标之分。长远目标需要个人经过长期艰苦努力、不懈奋斗才有可能实现，确立长远目标时要立足现实、慎重选择、全面考虑，使之既有现实性又有前瞻性。短期目标更具体，对人的影响也更直接，是长远目标的组成部分。

(3) 环境评价。职业生涯规划要充分认识与了解相关的环境，评估环境因素对自己职业生涯发展的影响，分析环境条件的特点、发展变化情况，把握环境因素的优势与限制。了解本专业及本行业的地位、形势以及发展趋势，了解本组织的发展状态，如组织结构与组织规模、企业目标与发展战略、企业文化、岗位供给情况、企业决策者风格(知识结构、思想观念、能力构成及兴趣爱好等)。

(4) 职业定位。职业定位是在主客观分析的基础上，确定最佳发展方向。良好的职业定位是以自己的最佳能力、最优性格、最大兴趣、最匹配价值观和最有利的环境等信息为依据的。在职业定位过程中，需要考虑性格与职业的匹配、兴趣与职业的匹配、特长与职业的匹配、专业与职业的匹配等。

(5) 实施策略。实施策略就是要制订实现职业生涯目标的行动方案，要有具体的行为措施来保证。没有行动，职业目标只能是一种梦想。不仅要制订周详的行动方案，更要注意去落实这一行动方案。在企业里，往往依靠 IDP(个人发展计划)完成上述任务。影响目标实施情况的因素包括教育水平、培训训练安排、获得发展的安排，个体要排除各种阻力的计划与措施，争取各种助力的计划与措施。

(6) 评估反馈。整个职业生涯规划要在实施中去检验，看效果如何，及时诊断生涯规划各个环节出现的问题，找出相应对策，对规划进行调整与完善。由此可以看出，整个规划流程中正确的自我评价是最为基础、最为核心的环节，这一环节如果做不好或出现偏差，就会导致整个职业生涯规划出现问题。

四、职业发展通道的主要模式

职业发展通道是企业为员工设计的成长和晋升的管理方案，是员工在企业中所经历的一系列结构化的职位变换。职业发展通道设计指明了组织内员工可能的发展方向及发展机会，组织内每一名员工都可以沿着本组织的发展通道变换工作岗位，这种通道的设计体现在两个方面：一方面，可以让企业更加了解员工的潜能；另一方面可以让员工更加专注于未来的发展方向，明晰发展的路径。职业发展通道的主要模式有以下四类。

(一) 纵向职业发展通道

纵向职业发展通道(图 7-4)指员工在组织的某个职能领域里按照等级或层次逐步向上发展，这是一种单一的纵向通道。这种通道假设每一项当前的工作是为下一项较高层次的工作做准备，员工必须一级一级地从一项工作向另一项工作变动，这种职业发展通道是员工在传统职能型组织中的晋升路线图，是一种传统的职业发展通道。员工的发展方向只能是管理岗位，可以预见的是并不是每个人都能一直沿着晋升的路线走下去，于是就产生了职业发展的停滞。

(二) 横向职业发展通道

横向职业发展通道指员工跨职能边界的工作转换。由于员工不可能一直纵向发展，向上升迁，久而久之就会形成职业惰性。为了解决这个问题就产生了横向职业发展通道的设计，这是通过职位的横向变换为员工提供更加广泛的工作经历，通过工作内容的丰富性来激发员工的工作热情，丰富员工的专业知识，使其了解组织系统运转，实现人才跨部门流动，为员工个人职业发展开辟更加广阔的空间。这种通道设计意味着个体需要适应新的环境，增加专业知识的学习和熟练运用可迁移能力。例如，我们经常遇到某些人因为横向变换岗位不熟悉业务而贻笑大方的事情，所以员工在思考纵向发展的同时，也要注重横向能力的培养，以便顺利实现横向变岗。横向职业发展通道包括序列内轮岗、队伍内序列间轮岗和队伍间的岗位轮。

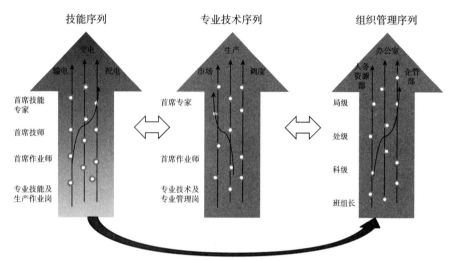

图 7-4　某企业的纵向职业发展通道

（三）网状职业发展通道

网状职业发展通道指承认某些层次的经验的可替换性，晋升到较高层次之前需要扩宽本层次的经历。这种通道设计是纵向职业发展通道和横向职业发展通道的结合，由于纵向职业发展通道的晋升需要更加广泛的经历和经验作为支撑，一般先进行横向的换岗增加工作阅历，然后再通过纵向发展提高职级。网状职业发展通道兼顾了员工的横向经验和纵向发展，对员工在组织中的发展和成长更加有利，但是这种通道设计过于复杂，过于强调单个职位工作的个性化，有时候难以管理和操作，在实际组织中可操作性稍差。

（四）双重职业发展通道

双重职业发展通道是指同时建立包括管理类和专业类双重路径的职业发展通道。这种职业发展通道基于员工的个体差异性和组织对两种不同人才的需求进行设计，能够同时保证为组织提供优秀的管理人才和专业技术人才。例如，大唐移动就是双通道的职业发展体系设计，他们要求管理人员从事管理工作的同时不断提升专业水平，除总办领导以及 EVP 以外的所有的管理人员必须同时选择市场族、技术族、专业族的某一职位类作为其职业发展通道，走双通道发展，这种通道设计意味着员工可以同时在领导力通道(管理)和员工职业发展通道(技术)中发展。图 7-5 为大唐移动的职业发展通道。

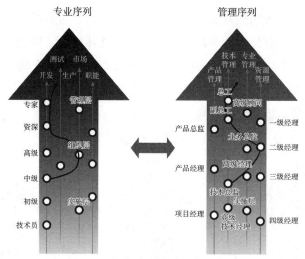

图 7-5 大唐移动的职业发展通道

五、职业生涯的发展模式

著名的职业生涯管理学家施恩提出职业发展的三维圆锥体模型(图 7-6)，描述了个人在特定组织内的三种流动方式。员工在组织内部的职业发展表现为垂直的、向内的(核心度)、水平的(横向的)等三种线路。

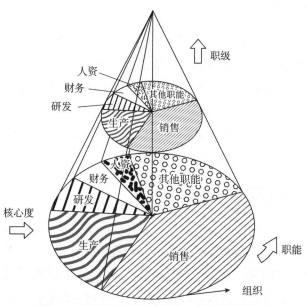

图 7-6 施恩提出职业发展的三维圆锥体模型

说明：朝核心方向变动是从圆锥体的外围向圆锥体的中心变动；横向变动是围绕圆锥体周围，从一个职能或部门向另一个职能或部门变动；纵向变动是一种上下升降的圆锥体。现实的职业发展路线是三种流动方式的有机结合。

（一）向核心地位流动模式

这种流动模式是由组织外围逐步向组织内圈方向变动。这种发展模式一般是在进入组织的初期，在本部门岗位上实现发展的表征，随着员工对组织内外环境的适应，员工对组织了解得更多，承担责任的也越来越大，有时候被要求参与重大问题的讨论和决策，如果出现这种变化说明个人得到组织认可，工作的核心度越来越高，在企业的重要性越高，职业稳定度也就越高。当然，责任的增加意味着工作量和任务难度的增加，个人要认清这种虽在本职位但显然得到发展的状态，积极地转变角色，承担更多的任务，为下一阶段的横向职业发展(去更加重要的岗位)或者纵向职业发展(去更高层次的岗位)做好准备。

（二）横向的职能维度发展

这种流动模式是组织内部个人的工作或职务沿着职能部门或技术部门的同一等级进行发展变动。这种模式的发展变动会让你的工作更加丰富化，对企业的运营会有更全面的了解，有利于把自己培养成掌管全局的管理人员，为以后的纵向发展做准备，这种职业发展通道和横向职业发展通道设计通常是对应的。例如，辅导员老师从学院到学工处的横向变换、到组织部的横向变换，虽然级别一致，但显然这种横向的职位变动正在酝酿着纵向的垂直发展。

（三）纵向的职级维度发展

这种流动模式是指组织内部的职位的晋升，这种发展模式要求员工达到目标职位所应具备的能力、素质等条件，员工总是在能力或素质达到一定水平后，才能上升或被提升到更高层面的职位。企业则通过设立相应的职业发展阶梯，为员工提供职业生涯持续发展的可能性和具体台阶。"垂直型发展"是员工职业发展的主要模式，也是职业生涯成功的主要标志。

思考题

1. 你在学业生涯阶段主要的生涯发展模式是什么？依据是什么？
2. 你的大学学业发展规划是什么？

参考文献

[1] 金树人. 生涯辅导与咨询[M]. 北京：高等教育出版社，2007.

[2] 莎娜. 职业评估[M]. 靳楚楚，译. 北京：中国劳动社会保障出版社，2014.

[3] 吉斯伯斯，赫谱纳，约翰斯顿. 职业生涯咨询技术、过程及相关问题[M]. 2版. 侯志瑾，译. 北京：高等教育出版社，2007.5.

[4] 科尔·因克森. 理解职业生涯：九种你必须了解的职业隐喻[M]. 高中华，译. 北京：中国轻工业出版社，2011.

[5] 埃德加·沙因. 新职业锚：职位和工作角色的战略新规划[M]. 王斌，马红宇，译. 北京：中国人民大学出版社，2015.

[6] 卡尔·罗杰斯. 论人的成长[M]. 石孟磊，邹丹，张瑶瑶，译. 北京：世界图书出版有限公司北京分公司，2020.

[7] 保罗·西维利亚. 兴趣心理学探索[M]. 刘聪慧，译. 北京：人民教育出版社，2018.

[8] 彭聃龄. 普通心理学[M]. 北京：北京师范大学出版社，2006.

[9] 塞缪尔·奥西普. 生涯发展理论[M]. 顾雪英，译. 上海：上海教育出版社，2010.

[10] 吴芝仪. 我的生涯手册[M]. 北京：经济日报出版社，2008.

[11] 奥斯本，赞克. 生涯测评结果分析与应用[M]. 阴军莉，译. 北京：中国劳动社会保障出版社，2014.

[12] 理查德·尼尔森·鲍利斯. 你的降落伞是什么颜色[M]. 李春雨，王鹏程，陈雁，译. 北京：中国华侨出版社，2014.

[13] 曲振国. 大学生就业指导与职业生涯规划[M]. 北京：清华大学出版社，2008.

[14] 堂娜·邓宁. 你的职业性格是什么[M]. 杨良得，译. 北京：电子工业出版社，2009.

[15] 荣格. 心理类型：如何把人分类[M]. 魏宪明，译. 北京：民主与建设出版社，2016.

[16] 格林豪斯，卡拉南，戈德谢克. 职业生涯管理[M]. 3版. 王伟，译. 北京：清华大学出版社，2006.

[17] 罗伯特·C. 里尔登，珍妮特·G. 伦兹，小詹姆斯·P. 桑普森. 职业生涯发展与规划[M]. 侯志瑾，译. 北京：中国人民大学出版社，2010.

[18] 保罗·D. 蒂格尔，芭芭拉·巴伦-蒂格尔. 就业宝典[M]. 熊勇，译. 北京：中信出版社，2002.

[19] 陈德明. 大学生创业规划[M]. 广州：广东高等教育出版社，2014.

[20] 顾雪英. 当代大学生职业生涯规划[M]. 北京：高等教育出版社，2011.

[21] 贾杰. 活得明白[M]. 北京：北京大学出版社，2017.

[22] 苏文平. 大学生职业生涯规划与就业创业指导[M]. 北京：中国人民大学出版社，2018.

[23] 张硕秋. 大学生职业生涯指导[M]. 北京：北京大学出版社，2013.

[24] 钟谷兰，杨开. 大学生职业生涯发展与规划[M]. 上海：华东师范大学出版社，2008.

[25] 钟思嘉，金树人. 大学生职业生涯规划：自主与自助手册[M]. 北京：高等教育出版社，2017.